WOGUO XIAOFEISHUI JINGJI

SHEHUI XIAOYING YANJIU

我国消费税经济社会效应研究

甘　泉◎著

中国财经出版传媒集团

经济科学出版社

Economic Science Press

·北京·

图书在版编目（CIP）数据

我国消费税经济社会效应研究/甘泉著．－－北京：
经济科学出版社，2024.6．－－ISBN 978 - 7 - 5218 - 6003 - 0

Ⅰ. F812. 424

中国国家版本馆 CIP 数据核字第 2024H521G9 号

责任编辑：郑诗南
责任校对：靳玉环
责任印制：范　艳

我国消费税经济社会效应研究

甘　泉　著

经济科学出版社出版、发行　新华书店经销
社址：北京市海淀区阜成路甲 28 号　邮编：100142
总编部电话：010 - 88191217　发行部电话：010 - 88191522
网址：www. esp. com. cn
电子邮箱：esp@ esp. com. cn
天猫网店：经济科学出版社旗舰店
网址：http：//jjkxcbs. tmall. com
北京季蜂印刷有限公司印装
710 × 1000　16 开　17.75 印张　247000 字
2024 年 6 月第 1 版　2024 年 6 月第 1 次印刷
ISBN 978 - 7 - 5218 - 6003 - 0　定价：119.00 元

我国脱贫攻坚战取得了全面胜利，开启了全面建设社会主义现代化国家新征程，正朝着实现共同富裕的目标不断迈进。根据国家统计局公布的 2023 年度统计公报显示，我国国内生产总值超过 126 万亿元，人均国内生产总值 89358 元①。随着我国经济的发展，居民人均收入和消费支出大幅提升，全国居民人均可支配收入 39218 元，居民人均消费支出 26796 元②，经计算分别是 2000 年的 10.5 倍和 9.2 倍；同时居民消费结构也正发生深刻变化。

自 1994 年分税制改革以来，被赋予重要经济社会调节功能的消费税已成为我国第三大税种，2023 年国内消费税为16118 亿元③，占全国税收收入的 8.9%。消费税在组织财政收入、调节消费、促进生态环境保护和收入再分配等方面发挥了十分重要的作用。2016 年，我国全面实施营业税改征增值税，税收体系深度变革，也推动了中央和地方收入格局优化调整。2019 年，国务院印发《实施更大规模减税降费后调整中央与

①② 国家统计局. 中华人民共和国 2023 年国民经济和社会发展统计公报［EB/OL］.（2024 - 02 - 29）［2024 - 03 - 03］. https：//www. stats. gov. cn/sj/zxfb/202402/t20240228_1947915. html.

③ 财政部. 2023 年中国财政政策执行情况报告［EB/OL］.（2024 - 03 - 07）［2024 - 04 - 03］. http：//www. mof. gov. cn/zhengwuxinxi/caizhengxinwen/202403/t20240307_3930117. htm.

地方收入划分改革推进方案》推进消费税制度改革，明确"后移消费税征收环节并稳步下划地方"。《中华人民共和国国民经济和社会发展第十四个五年规划和2035年远景目标纲要》提出"完善现代税收制度"明确"调整优化消费税征收范围和税率，推进征收环节后移并稳步下划地方"。党的二十大报告提出"构建高水平社会主义市场经济体制""优化税制结构"。截至2024年5月，我国18个税种中已完成立法的有12个税种①，税收法治化进程取得显著成绩。2019年底，我国针对消费税立法工作面向社会公开征求意见；2023年全国人大公布的《十四届全国人大常委会立法规划》中消费税税法和增值税税法一同位列其中。

在此背景下，本书主要从消费税基本理论出发，在全面梳理了我国消费税演变发展历史的基础上，重点分析了我国消费税经济社会效应；并结合国外消费税实践与改革发展情况，就完善我国消费税制度提供政策建议。

全书共分为9章，主要从消费税理论、我国消费税历史演变、我国消费税经济社会效应分析、国内外消费税实践和完善我国消费税政策建议等方面展开。

第1章，导论。从整体上阐明本书基本思路，主要从选题背景与研究意义、关于消费税经济社会效应研究的国内外文献回顾和述评、整体研究方法与章节安排、可能的创新与不足等方面进行介绍。

第2章，消费税相关理论。从消费、消费税基本概念入手，重点分析消费税基本属性，阐述了税收效应和税收归宿等

---

① 中新社. 稳定信心 中国不断改善税收营商环境 [EB/OL]. (2023－06－15) [2024－03－03]. https：//www. chinatax. gov. cn/chinatax/n810219/n810780/c5205375/content. html.

问题。

第3章，我国消费税制度演进。系统梳理了我国征收消费税的历史情况，以期更加全面完整地认识我国消费税制度；并重点对分税制改革后我国现行消费税制度的建立与改革完善过程进行了深入分析。

第4章，消费税财政收入功能分析。在梳理国内外相关研究文献的基础上，进一步研究了消费税组织财政收入的功能，着重从消费税占中央财政收入比重、国内消费税发展变动情况、消费税结构和收入弹性等方面分析了我国消费税对财政收入的贡献情况。

第5章，消费税调节消费和生产的功能分析。在相关文献回顾的基础上，对消费税负担和供求弹性进行了理论和实证分析；基于消费税通过价格传导影响消费者消费和生产者经营决策，进而实现调节经济的功能机制；并运用实证分析的方法分析了我国消费税调节经济功能。

第6章，消费税收入再分配功能分析。本章基于相关文献的回顾，阐述了消费税促进收入再分配的基本原理，分析了我国消费税改革现状，并针对我国消费税收入分配功能进行了实证分析。

第7章，消费税环保功能分析。本章对消费税在促进环境保护方面的运行机理进行了分析；分析了我国消费税"绿化"度，并对我国消费税促进环境保护进行了实证分析。

第8章，国外消费税制度介绍及对我国的借鉴。本章重点梳理了国外消费税实践情况及消费税改革最新趋势，并针对国外实践中有益探索进行了全面分析，以期为完善我国消费税制度提供参考。

第9章，我国消费税制度改革方向及政策建议。本章回顾了学界对我国消费税改革的相关研究；分析了现行消费税制度存在的问题；梳理了党的十八大以来，我国出台的有关消费税改革的政策文件；在我国全面推进中国特色社会主义现代化强国建设背景下，就如何完善我国消费税制度提出政策建议。

通过对我国消费税经济社会效应分析相关已有研究文献的借鉴和拓展，本书系统地梳理了我国消费税演变过程，从历史角度更加全景式地梳理了消费税发展历程，为更加全面地认识我国消费税制度提供了可能。在理论上，本书探索性地融合税收经济学、财政学、经济学、管理学、行为经济学、消费心理学、计量经济学、统计学等多学科相关知识，对消费税的经济社会效应问题加以研究。在研究消费税经济社会效应过程中，探索性地引入行为经济学、消费心理学等相关研究成果来分析了消费税的调节作用。在消费税调节功能分析的部分主要采用实证分析的方法，以期更加准确地分析我国消费税调节经济作用的发挥情况。在推进我国消费税改革实践上，本书充分梳理国外消费税实践情况，分析国际上消费税改革趋势，结合我国经济社会发展实际，提出完善我国消费税制度相关对策建议。

限于学识水平，本书中难免存在疏漏，恳请批评指正。

CONTENTS 目 录

第1章

导　论

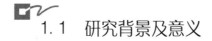

1.1　研究背景及意义

1.1.1　研究背景

我国脱贫攻坚战取得了全面胜利，开启了全面建设社会主义现代化国家新征程，正朝着实现共同富裕的目标不断迈进。2023 年，我国国内生产总值超过 126 万亿元，人均国内生产总值 89358 元。随着我国经济的发展，居民人均收入和消费支出大幅提升，全国居民人均可支配收入 39218 元，居民人均消费支出 26796 元，分别是 2000 年的 10.5 倍和 9.2 倍；城镇居民人均可支配收入和人均消费支出分别为 51821 元、32994 元；农村居民人均可支配收入和人均消费支出分别为 21691 元、18175 元①。居民消费结构也正发生深刻变化，"食品烟酒"消费支出占比由 2010 年的 35.67% 下降至 2023 年的 28% 左右，"衣着"消费支出占比由 10.7% 下降至 2023 年的 5.7%。人民对美好生活的需要日益增长，我国消费升级也呈现出多种新的形式。近年来，我国奢侈品消费发展很快，2023 年我国

---

①　国家统计局 . 国家数据 ［DB/OL］. ［2024 - 03 - 14］. https：//data. stats. gov. cn/。

奢侈品市场达到2.7万亿元，境内奢侈品消费额超过6000亿元（为2011年的8倍多）；境外奢侈品消费额超过4000亿元（占比约42%）①。

一般认为消费税具有征收范围的可选择性，征收环节单一性，征收方法灵活，税额、税率具有差别性和税负可转嫁性等特点，并且它在一国税收体系中具有十分重要的作用：首先，消费税是财政收入的重要来源之一，由于消费税是以消费品的销售额或销售量为计税依据，因此税额也能随着销售规模的增长而增长；消费税的增长可以保证财政收入的稳定和增长。其次，消费税可以推动产业政策实施和引导消费者树立健康向上的消费观。再次，通过对非必需品征收消费税还可以实现对收入分配的调节，促进社会公平目标的实现。比如通过征收奢侈消费税（而这主要由富人承受），可以适当抑制奢侈消费，同时还可以将征收的税款用于转移支付，以调节收入分配、促进社会公平，对推进共同富裕具有积极的意义。最后，消费税还具有一定的"绿化"功能，通过倡导绿色消费，进一步推进环境保护和资源节约。

我国现行的消费税，设立于1994年税制改革。确立了在普遍征收增值税的同时交叉对部分特殊消费品征收消费税的税收制度，我国开征消费税的目的主要在于调节消费结构，适当对超前消费进行抑制，引导消费者树立健康消费观，并保障财政收入稳定来源。2008年11月5日国务院第34次常务会议修订通过的《中华人民共和国消费税暂行条例》（以下简称《条例》）规定：在中华人民共和国境内生产、委托加工和进口《条例》规定的消费品的单位和个人，为消费税的纳税义务人，应当依照本条例缴纳消费税。《条例》规定对烟、酒等15个税目的消费品征收消费税，具体可分为以下几类：第一类是一些过度消费会对身体健康、社会秩序、生态环境等方面造成危害的特殊消费品，如烟、酒、鞭炮、焰火；第二类是高档消费品和非生活必需品，如价值相对昂贵的金银首饰、游艇等非生活必需品，价值较高的手表和化妆品等高档消费品；第三类是高能耗、有污染消费品，如容易产生污染的机动

① 要客研究院. 2023 中国奢侈品报告［EB/OL］.（2024－02－23）［2024－04－14］.
https：//www. yaok. com/news/shownews. php? id＝186.

车、电池、涂料等消费品；第四类是不可再生和替代的资源类消费品，如
成品油、实木地板等。消费税建立以来，税收收入稳步增长，绝对收入额
（不包括进口环节消费税）由 1994 年的 487.4 亿元增长到 2022 年的
16698.81 亿元，年均增长 13.98%①。在财政收入的贡献上，以及引导健
康消费、促进社会公平等方面我国消费税都发挥了十分重要的作用。

2016 年我国全面实施营业税改征增值税，税收体系深度变革，也
推动了中央和地方收入格局优化调整。在推进消费税制度改革方面，
2019 年国务院明确了将消费税征收环节后移以及将消费税稳步下划地
方的改革方向②。我国"十四五"规划中在明确消费税征收环节后移、
稳步下划地方的同时提出"调整优化消费税征收范围和税率"，以进一
步完善我国现代税收制度③。在党的二十大报告中再次强调了"优化税
制结构"。

1.1.2　研究意义

1.1.2.1　理论意义

在全面建设社会主义现代化国家新征程，构建现代税收体系的背景
下，对于我国消费税经济社会效应的系统研究具有十分重要的理论意
义。其一，研究我国消费税经济社会效应将有利于更加深入、全面地认
识消费税的功能和作用；为研究探讨建立更加公平和有效率的消费税制
度提供理论支持。其二，依据我国消费税实践，通过实证分析考察消费
税调节经济效应和纠正负外部性的社会效应，有助于丰富税收经济学理

---

① 国家统计局．中国统计年鉴 2023 ［M/OL］．［2024 - 04 - 12］．https：//www. stats.
gov. cn/sj/ndsj/2023/indexch. htm.
② 中央人民政府网．国务院关于印发实施更大规模减税降费后调整中央与地方收入划分
改革推进方案的通知 ［EB/OL］. (2019 - 09 - 26) ［2024 - 04 - 20］. https：//www. gov. cn/gong-
bao/content/2019/content_5442267. htm.
③ 中央人民政府网．中华人民共和国国民经济和社会发展第十四个五年规划和 2035 年
远景目标纲要 ［EB/OL］. (2021 - 03 - 13) ［2024 - 04 - 20］. https：//www. gov. cn/xinwen/2021 -
03/13/content_5592681. htm.

论研究。其三，从更广的视野看，还有利于我们对商品课税的全面认识，为建立现实、可行的税收制度提供理论依据。

1.1.2.2 现实意义

经济效应是纳税人对税收的行为反应，分析经济效应有利于剖析消费税调控功能的实际效果[①]。系统研究我国消费税经济社会效应问题还具有重要的现实意义：系统梳理消费税在我国经济社会发展中的调节作用，有助于我们正确认识我国消费税制度建立、改革完善的成效，并认识我国消费税制度中存在的问题，进而推动消费税制的改革与完善。例如，对烟、酒等具有上瘾性特征且过量消费有损健康的消费品征收消费税可以引导健康消费。对小汽车、成品油、实木地板等征收消费税有助于促进环境保护，引导绿色消费。对游艇、贵重首饰及珠宝玉石等高档消费品征收消费税有助于发挥消费税收入再分配功能。通过对我国消费税经济社会效应的研究，将对完善我国消费税制度具有十分重要的指导意义。

当前，在全面贯彻新发展理念、加快构建新发展格局、着力推动经济高质量发展的背景下，我国正迈入全面建设社会主义现代化国家的新征程。通过完善消费税制度，进一步发挥消费税调节经济、促进社会公平和环境保护，发挥税收在社会主义现代化强国建设中的调节作用有着现实的意义。

1.2 文献综述

1.2.1 国外研究现状

在西方，很早就有关于消费税的阐述，如托马斯·曼（Thomas Mun）

---

① 李升. 消费税的经济效应研究［J］. 财政科学, 2022（05）: 98-108.

在《英国得自对外贸易的财富》中就主张对酒、盐、油等消费品征税，并对消费税的归宿问题进行了阐述，认为税负主要由富人承担了；托马斯·霍布斯（Thomas Hobbes）的著作中也有对消费税的公平性的反映。此外，对消费税进行阐述的还有德国官房学派的代表人物约翰·攸士第（Johan Justi）、英国的威廉·配第（William Petty）等，其中配第还专门论及了国内消费税，论述了他赞成国内消费税的理由。后来的亚当·斯密（Adam Smith）认为消费税较为公平、征收方便且税负可以规避，其征收方式决定了税收的实际影响。他主张应对奢侈品和必需品区别征税，对奢侈品征高税；并认为，生活必需品税最终归宿于地租和资本利润。对奢侈品征税，尤其是对贫穷者奢侈品课税，即使价格上涨，也不一定会引起劳动工资的提高。而大卫·李嘉图（David Ricado）的消费税思想主要集中在必需品税和奢侈品税的经济影响上。约翰·斯图亚特·穆勒（John Stuart Mill）则是最早按照均等牺牲原则，将税收分为直接税、间接税。所谓间接税就是以支出为课税对象的税收，即消费税；穆勒反对直接税，赞同消费税；他主张按照比例税率征收国内消费税。在西方，后来兴起的公共选择学派一般认为选择消费税优于一般消费税。同时，随着关于消费税的研究的深入和发展，也是伴随着对所得税制度的研究，西方经济学界开始更多地研究广义的消费税、直接消费税，具有代表性的是欧文·费雪（Irving Fisher）主张的"净现金收益税"和美国经济学家威廉·维克瑞（William Vickrey）提出的终身累积平均所得税。

国外一些学者进行了消费税经济社会效应的针对性研究。关于消费税税收负担的研究，如施蒂格利茨和阿特金森（Stiglitz & Atkinson，1994）认为适当的消费税结构可以减少税收的超额负担，消费税的设计应当考虑到不同商品的需求弹性，以及税收对消费者选择的影响。有针对消费税调节作用的相关研究，如卡卡瓦尼（Kakwani，1977）指出征收间接税会导致不平等，进而会对收入分配产生负面影响。史蒂夫·M.洛克（Steve M. Rock，1983）运用测算 S 指数的方法对 1972～1973 年的消费支出调查数据进行研究，并指出烟草税呈现明显累退性。摩尔

（Moore，1996）分析了烟草消费税变化对死亡率的影响，研究认为烟草税增加 10% 预计每年将挽救 6000 多人的生命。赛普斯和门德尔松（Sipes & Mendelsohn，2001）基于美国南加州和康涅狄格州的调查数据进行研究，发现汽油消费税需求价格弹性无论从短期（–0.6 ~ –0.4）还是长期（–0.7 ~ –0.5）来看，需求价格均无弹性。对汽油征收环境附加费只会导致驾驶量的小幅减少，从而只会使环境得到小幅改善；汽油的收入弹性较低（0.1 ~ 0.2），因此汽油税将严重落在穷人身上。戈尔丁和霍蒙诺夫（Goldin & Homonoff，2013）以香烟税为例进行研究，认为通过调整税收政策，政府可以在一定程度上减轻税收对低收入群体的累进性负担。阿加库·伊斯雷尔等（Agaku Israel et al.，2021）以南非为对象进行研究，发现征收电子烟消费税既能增加财政收入又能减少青少年吸电子烟的机会。扎西莫瓦和科洛斯尼辛纳（Zasimova & Kolosnitsyna，2020）以俄罗斯为研究对象，对以酒精含量的高低而实施差异化的税率政策进行研究，并指出差异化税率征税对酒精含量高的酒产品消费会显著下降。波尔·罗维拉等（Pol Rovira et al.，2021）以德国等国家为对象进行研究，认为提高消费税可以显著降低欧洲国家癌症的发病率。

阿尔萨姆勒和奥赛德（Alshamleh & Osaid，2023）指出在许多发展中国家，对酒精饮料和烟草制品的征税是累退的，最具累退性的是对软饮料和化妆品征收的消费税。弗莱彻等（Fletcher et al.，2010）探讨了软饮料税对美国成年人体重指数（BMI）、肥胖和超重的影响，并发现软饮料税对 BMI 有影响，但影响幅度较小。有学者指出美国费城含糖饮品征税后，对含糖饮品的消费水平明显下降（Zhong et al.，2018）。法尔贝（Falbe，2020）以美国为对象进行研究认为糖甜饮料（sugar-sweetened beverage，SSB）消费税是既有效又符合伦理的政策，有助于减少与饮食相关的疾病和肥胖问题。

1.2.2　国内研究现状

我国现行消费税制度形成于 20 世纪末，长期以来关于消费税的研究主要围绕我国消费税制度存在的问题和完善建议的研究，更多地关注实践层面。相关研究也呈现一定的阶段性，针对我国经济社会发展的不同阶段，具体探讨如何完善我国消费税制度。

1.2.2.1　消费相关理论研究方面

郑家驹（1995）介绍了消费税相关理论。邓子基（1997）系统分析了消费税理论并梳理了我国消费税实践。朱为群（2001）在其著作的《消费课税的经济分析》一书中全面论述了关于消费课税的相关理论。陶立新（1990）对消费税效应与供求弹性之间关系进行了数学推理。李万甫（1996）对消费税的地位与收入、限制性消费税、奢侈品消费税、受益消费税进行了研究。郝春虹（2009）从价内计税与价外计税、含税价格与不含税价格等特殊纳税业务的"组成计税价格"等方面诠释了我国现行消费税税基。郭宪和谢剑波（2012）从社会目标和收入目标阐述了消费税理论基础。袁红兵（2014）指出我国需进行消费税法律制度创新，提高消费税的主导效应，增强其在税制结构中的地位，并拓展其收入再分配效应。李升（2022）对消费税在矫正负外部性、消费及行业调节效应等经济效应进行了研究，认为当前消费税未能完全矫正负外部性、消费效应功能发挥受限、行业调节效应不显著、收入分配功能不明显等问题。朱军等（2022）对消费税改革的经济效应与政策选择进行了研究。段梦和娄峰（2023）基于2020年国家投入产出表等数据，构建了多部门财税可计算一般均衡模型（computable general equilibrium，CGE）模型，模拟分析了不同消费税改革方案下的经济效应和财力效应。

1.2.2.2　消费税功能定位研究

贾康（2014）、王赟杰和郭敏（2020）指出消费税具有筹集政府收入、补偿外部性和调节收入分配三大功能。许建标（2018）认为消费税具有筹集收入、调控消费和调节收入分配三项功能。蒲方合（2015）主张将对收入分配的调节和引导健康消费作为我国消费税的主要功能定位，他认为如果将保护环境等职能都赋予消费税的话会导致不同功能间的作用消减。万莹和徐崇波（2020）也指出应理顺消费税的主辅功能搭配，减少不同政策目标之间的掣肘。邓伟（2021）认为消费税功能应有主次之分，主张将消费税定位为调节性税收，主要发挥调节功能，其财政收入功能处于附属地位。冯俏彬（2017）认为消费税的功能应定位为"消费调节"而非组织财政收入。王金霞和王佳莹（2018）主张消费税要从"供给+需求"双端发挥调节作用，提高资源配置的有效性及收入分配的公平性。此外，还应树立环境资本理念，将消费税作为计量资源环境价值的方式，拓展其生态职能。杨世能（2018）认为消费税的核心功能在于调节收入和引导健康消费；而组织财政收入、生态保护等功能也可兼顾。

1.2.2.3 关于消费税税收负担相关研究

任长江（2002）基于市场均衡理论对消费税税收负担进行了研究。朱福兴（2003）从税收负担归宿的均衡分析角度研究了消费税的改革问题。李炜光（2006）指出消费税改革应该防止出现"替代效应"，认为消费税的确增加了部分消费者的负担，但却没有相应地减轻企业的负担，由于竞争因素的存在，对消费品的征税可能传递到相关产业，进一步加重企业的负担。聂海峰和刘怡（2010）对我国增值税、消费税等间接税在城镇居民不同收入群体的负担情况进行了模拟测算，并认为间接税具有显著累退性；其主要研究方法是"投入—产出"表法，而模拟数据基础则为中国住户调查数据。厉荣和孙岩岩（2019）认为税负多集中在生产环节，导致生产企业负担较重。刘蓉和熊阳（2020）则运用微观模拟方法和投入产出模型相结合的方法研究我国城乡家庭消费税负担。

1.2.2.4 关于消费税调节作用的相关研究

一是消费税促进产业结构调整方面的研究。吴清泉（2002）基于当时的经济发展状况，指出消费税的相关政策限制了我国汽车、摩托车等耐用消费品和部分原材料生产资料等相关产业结构的调整，并建议对消费税进行改革。曾庆宾和何志静（2005）也认为消费税制度限制了我国产业结构的优化。李晶和王珊珊（2016）认为可以通过影响消费者和生产者进而促进产业结构升级、优化产品结构。张德勇（2021）指出深化消费税改革，需要着眼加快构建新发展格局；满足人民对美好生活的需要，对涉及升级消费的消费品多做"减法"；而对高耗能、高污染和非健康消费品等其他消费品则可多做"加法"以增强我国消费税的消费调节作用，进而推动优化升级我国产业结构。二是通过实证分析的方法研究我国消费税调节收入分配功能。张斌（2006）认为消费税在收入分配效果不够显著。徐进（2006）认为我国消费税对个人收入分配不具有明显效果，其原因在于消费税采用价内税征税方式，且主要在生产环节对生产者征收。何辉（2016）研究认为消费税的收入分配效应和福利效应都具有时期性，消费税具有收入分配负效应和福利负效应，加剧了收入分配不公。刘蓉和熊阳（2020）研究表明我国消费税的家庭平均负担率为 0.75%，具有累退性，对收入再分配起逆向调节作用。万莹和徐崇波（2020）认为不同消费品的消费税收入分配效应呈现异质性，而我国总体消费税的收入分配效应呈现累进性。进行消费税收入分配研究的还有史锦华和罗添元（2012）、李波和王金兰（2014）、陈建东和伍菱霖（2019）、方杏村和徐盼盼（2022）、李宝锋和丁超凡（2023），等等。三是关于我国消费税"绿化"功能的研究，如刘明慧和王静茹（2020）基于 30 个省份面板数据进行的研究认为消费税对绿色投资的影响存在显著的经济增长"双门槛"效应。岳树民和薄彦婷（2023）建议消费税扩围至"两高"产品，增强消费税双向调节机制。伍红和王昊（2023）从"双碳"目标出发提出优化征税环节、实行价外征收等方面发挥消费税节能减排的作用。管治华和陈俊宇（2023）基于 2008～2021 年省级面板数据进行实证研究认为绿色投资对现行消费税和碳排放间关系具有负向调节作用。

1.2.2.5　关于改革完善我国消费税制度的研究

我国消费税制度改革需从整体改革的视角来定位消费税（冯俏彬，

2017），而对我国消费税改革的研究大致可分为以下几方面：

一是关于消费税收入划分的相关研究。谷彦芳（2017）分析了后营改增时代消费税作为地方主体税种的可能性。刘仁济等（2021）认为消费税在短期内还难以成为我国地方税主体税种，但可通过改革逐步使消费税成为地方税体系的重要组成部分。孟莹莹（2016）模拟分析后得出结论，认为消费税改为地方税有利于增加中西部地区的财政收入、缩小地区间财力差距。田蓉等（2023）从收入全部下划地方和增量分享两个维度模拟测算潜在消费税收入。茅孝军（2020）认为将现有税制直接平移为地方税可能会诱发地区恶性竞争、加剧地域发展不平衡。还有一些学者主张将消费税改为中央与地方共享税，如尹音频和张莹（2014）、韩仁月和张春燕（2019）、赵吉祥（2022），等等。陈少克（2020）建议在扩大消费税征税范围的基础上重构消费税体系，建立作为地方税种的地方消费税。唐明和卢睿（2020）、吉黎和唐米（2021）、崔惠玉和王宝珠（2022）、唐明和席馨（2023）、危素玉和游唐倩（2023）等学者围绕消费税下划地方的改革进行了深入探讨。

二是关于消费税征税范围的改革研究。杨志勇（2014）指出消费税征收范围的选择要反映消费结构升级的现实。朱为群和陆施予（2018）、刘鹏（2020）、张桔（2023）重点研究了对奢侈消费、奢侈性服务征收消费税的问题。马海涛和王斐然（2021）、李波等（2023）、彭晓洁等（2023）对含糖饮料征收消费税进行了深入研究。

三是关于消费税征税环节的研究。周波和王健（2021）认为推进消费税征收环节后移后需要解决征管、税率设计、计税方式、税收体现方式以及地方消费税收入的基数确定等问题。李建军和屈丁林（2020）适当扩大零售环节征收消费税比重，且零售环节消费税适合作为地方税。王文甫和刘亚玲（2021）认为适合消费税征收环节后移的消费品目应该是成品油和小汽车。唐明和凌惠馨（2022）通过模拟测算分析认为卷烟、成品油、小汽车适合后移消费税征税环节，而白酒不适合后移征税环节。李成和林颖（2021）、刘艺等（2023）、赵海益（2023）

分析了小汽车消费税征收环节后移的问题。杨晓妹等（2020）建议按税目分步有序后移消费税征收环节。王慧（2022）认为后移征税环节有助于缓解地方政府财政压力，但也应看到可能增加征管难度，加重行业整体税负，导致区域间财政收入不平衡。

此外，安忠平（2007）从法律层面指出应完善消费税立法，促进社会公平。邓伟（2021）认为消费税立法应当遵循"功能定位—课税原则—课税要素设计"的逻辑。程国琴（2023）从量能课税视角阐述了消费税的立法问题。顾德瑞（2023）建议我国消费税立法模式可采用综合和分散组合的模式。

1.2.3　国内外研究述评

在我国关于消费税的研究特点可基本归纳为：集中研究探讨我国消费税制度实际运行的缺陷、不足，并积极探讨改革我国的消费税制度；且这种趋势也一直伴随着我国消费税制度实施的全过程。关于我国消费税的经济社会效应问题的研究则较为分散、非系统化，这一问题的研究多散见于关于我国消费税存在问题与改革的论述中。

国内外关于消费税经济社会效应实证分析逐渐增多，围绕消费税税收负担率、消费税价格弹性等进行了丰富的研究。近些年针对我国消费税改革的研究相对集中在以下几方面：一是针对我国消费税的实证分析逐渐增多，比如对消费税收入分配效应的实证研究。二是关注消费税征税范围的相关研究，如对奢侈性消费服务、娱乐服务、含糖饮料、一次性消费品等征收消费税的探讨。三是关注我国消费税收入分享机制、征税环节及消费税下划地方的机制等方面的研究。四是关注消费税环境保护功能的理论和实证分析也有所增加。此外还有关于我国消费税立法的理论和实践问题研究等。

当前，我国正在扎实推进高质量发展，进入新一轮税制改革阶段。通过深入研究现行消费税经济社会效应，进一步完善我国消费税制度，将更加有助于发挥其对居民消费的调节、推动共同富裕和社会公平的作用、更好地保障财政收入的稳定。

1.3 研究方法与内容结构安排

1.3.1 研究方法

本书主要在采用规范分析的方法深入阐述消费税相关理论问题的基础上，结合我国不同发展阶段的实际，综合采用规范和实证分析相结合的方法具体研究征收消费税对我国经济和社会的影响。从理论和实证不同角度全面分析我国消费税自设立以来在我国经济社会发展中发挥的重要作用。

1.3.1.1 规范分析和实证研究相结合

本书运用规范分析的方法系统阐述了消费税基本理论，基于我国消费税实践数据，运用计量经济学分析工具就我国消费税经济社会效应进行实证研究。本书采用规范分析的方法，梳理了消费税通过价格传导进而影响消费者消费选择和生产厂商生产决策，分析了消费税税负分担机制，力求从更加全面深入的角度去把握消费税。本书还采用实证分析的方法测算了我国的消费税税收负担等。

1.3.1.2 描述统计分析与回归分析相结合

本书通过对我国消费税实践经验数据统计描述分析，揭示了我国消费税改革完善过程中对经济社会的影响，特别是消费税筹集财政资金的作用发挥情况。依据我国消费税相关统计数据进行回归分析，进一步揭示我国消费税在不同发展阶段如何影响居民消费选择、调节产业结构以及促进环境保护作用的发挥，为进一步完善我国消费税制度提供理论支撑。

1.3.1.3　文献研究法与国际比较法相结合

本书在消费税基本理论、我国消费税演变历史、现行消费税制度改革完善等方面重点采用了文献研究法，对消费税基本理论和我国消费税发展过程进行了详细阐述。为更进一步促进我国消费税改革和完善，本书还采用税制比较分析的方法进一步梳理了国际上其他国家消费税制度，分析阐述各国消费税实践成果，对当前国际上消费税改革发展趋势进行了梳理，为完善我国消费税制度提供思路。

1.3.2　结构安排

消费税是中央税的重要构成之一，但其份额还是相对较少的，也容易被忽视。但不可否认的是目前消费税在中国有着十分重要和特殊的意义。对消费税经济社会效应问题的研究就是要在消费税对经济、社会的影响方面进行一些有意义的探索，为我国消费税制的完善乃至整个税制的完善做出有意义的探索。

具体研究中本书主要从以下几个方面展开：第一，通过规范分析的方法具体阐述消费税相关理论问题。该部分着重介绍消费税制度，从消费与消费税，消费税基本属性，消费税的税负转嫁，消费税的公平、效率等角度来阐述消费税制度。第二，梳理我国消费税制度演进过程，以进一步理清我国消费税发展过程。第三，聚焦消费税筹集财政资金功能，分析我国消费税在组织中央收入中发挥的重要作用，深入分析了我国现行消费税制度自建立以来消费税收入变化情况。第四，聚焦消费税在调节消费和生产方面的作用，从理论上分析了消费税调节经济的功能，并采用实证分析的方法进一步研究我国消费税对消费者消费行为及生产者行为的影响。第五，在理论上阐述了消费税在调节收入分配方面的作用机理，并结合我国消费税经验数据进行实证分析评价我国消费税的收入再分配功能发挥情况。第六，从消费税"绿化"功能的视角分析我国现行消费税在促进环境保护和低碳发展方面的作用，并进行了消费税绿色环保效应的实证检验。第七，更广范围地介绍了国外消费税制度及近些年来国际上消费税变化趋势。第八，站在对我国消费税历史回顾和国际消费税实践经验的基础上，进一步分析我国消费税制度存在的问题，从中国特色社会主义现代化强国建设需要出发提出改革和完善我国消费税制度的具体建议。

1.4 可能的创新与不足

1.4.1 可能的创新之处

本书全面系统地梳理了我国消费税演变过程，从历史的角度更加全景式地梳理了消费税发展历程，为更加全面地认识我国消费税制度提供了可能。

在研究方法上，本书在将理论与实际相结合的基础上，以规范分析和实证分析相结合的方式，并基于不同的发展阶段，针对性地进行研究分析，以期更加准确地理解和认识我国消费税制度。

在理论上，本书探索性地融合税收经济学、财政学、经济学、管理学、行为经济学、消费心理学、计量经济学、统计学等多学科相关知识，对消费税的经济社会效应问题加以研究。在研究消费税经济社会效应过程中，探索性地引入行为经济学、消费心理学等相关研究成果分析了消费税的调节作用。在消费税调节功能分析的部分主要采用实证分析的方法，以期更加准确地分析我国消费税调节经济作用的发挥情况。

在推进我国消费税改革实践上，本书充分梳理国外消费税实践情况，分析国际上消费税改革趋势，结合我国经济社会发展实际，提出完善我国消费税制度相关对策建议。

1.4.2　研究的不足

1.4.2.1　消费税经济社会消费实证分析不足

消费税税目多，涉及行业多，精确数据匮乏，受到细分数据资料的限制，本书在实证分析研究消费税经济社会效应方面还有不足。分析未能按详细的税目展开精准研究。

1.4.2.2　在运用定量分析消费税下划地方的研究还不够深入

由于相关数据的缺失以及受新冠疫情影响相关数据的可比性问题，限制了本书在定量分析上进一步深入研究。同时由于消费税税目的差异化税率结构以及分类消费品的数据不可获得性，使得本书相关定量研究难以深入实施。

1.4.2.3　关于消费税微观层面的实证研究还不够

市场经济条件下，征收消费税通过价格传导影响消费者等微观群体的消费行为，关注消费者等微观群体对征收消费税的反映是消费税经济社会效应研究的一个主要方面，但是由于缺乏翔实的微观数据，本书在对微观层面消费税影响作用的实证研究还有不足。

第2章

消费税相关理论

2.1 消费与消费税

2.1.1 消费的基本概念

人生之为消费者，消费是人生存的一种状态，消费的活跃也是社会繁荣发展的一种表现。消费也是经济学研究的一个重要领域，经济学中的消费概念是人类为了满足自身的一种（短期）需要而对资源的一种消耗（满足长期需要的资源消耗常被认为是投资）。在《消费经济学大辞典》中消费被定义为："社会再生产过程中生产要素和生活资料的消耗。"消费是"生产的对称，社会再生产的基本环节之一，它指人们通过对各种劳动产品（包括劳务和精神产品）的使用与消耗，满足其各方面的需要，以实现人本身的生产和再生产的过程和行为"。① 消费是人类生存和发展的根本保证。从一定意义上来讲，人类的一切经济行为都是围绕着消费的生产、分配、交换，都是为了最终实现消费而开

---

① 林白鹏，臧旭恒．消费经济学大辞典 ［M］．北京：经济科学出版社，2000：3.

展的。

首先消费和生产的关系密切，"没有生产，就没有消费"，同样"没有消费，也就没有生产"①。消费的客体和消费的形式都由生产创造和决定，生产创造消费。同时消费的需求又引导决定着生产，消费在一定程度上决定生产。正因为消费和生产的这种关系的存在，使得消费影响着经济社会的发展，影响着经济增长和社会进步。此外消费状况又反映和影响着收入分配的结构和调整，现有的消费水平、消费方式、消费结构都反映了社会收入的分配状况，同时消费政策的调整和导向作用又可以在某种程度上促进收入分配的公平。

除了经济学领域对消费的概念进行了界定外，从更广的范围看，社会学、生态学等学科也有对"消费"的解释。社会学中的消费作为人类生存的必要条件，在人类社会中有着十分重要的意义和内涵。同时消费还牵涉到社会伦理道德、社会宗教和习俗、社会文化等方面问题。从经济意义上看，消费本身意味着对资源的消耗，而消费又能促进生产，它与生产之间存在非常紧密的关系。随着人类社会的发展和消费的增长，消费对人类赖以生存的生态环境的负面影响也越来越大，过度消费带来的生态问题也逐渐威胁着人类的生存。消费要消耗资源，并给生态带来很多负面影响，尤其是在消费量远超过生态自身可调控程度时，同时人类的消费行为也会向自然排放大量的废弃物，而这些又将对生态造成破坏，进一步加剧了生态的恶化。总之，人类的消费行为是一种物质与能量的转换过程，如果消费过度的话必将影响到生态的平衡，反过来生态环境也将影响到消费（生活）的质量和人类的发展。

因此，消费牵涉到包括经济学乃至社会学、生态学等其他学科方面的问题，并影响着人类的生存和发展。所有涉及和影响消费的政策都将会在消费所涉及的各个领域内产生影响，可以通过制定影响消费行为的政策来实现某些特定的调控目的。而消费税有着特有的功能，使得它在

---

① 马克思.《政治经济学批判》导言［M］//马克思，恩格斯.马克思恩格斯全集：第46卷上册.北京：人民出版社，1979：27-32.

消费相关政策中具有不可替代的作用。

2.1.2 消费税的概念

消费税是流转税的一种，它是以消费品（或消费行为）的流转额作为课税对象的各种税收的总称（邓子基，1997）。消费税是以一定时期的消费为课税基础，在本质上是以消费为课税基础的税收统称（叶金育和顾德瑞，2019）。《新帕尔格雷夫经济学大辞典》中指出消费税可以直接或间接征收[①]。我们常说的增值税、国内消费税、营业税等就属于间接征收的。商品类型存在差异，间接消费税也存在不同，比如增值税和销售税往往会有多个不同税率等级，以实现对奢侈品或对奢侈品购买者的收入不同而征税。而根据购买者的总消费量来征税，或许还要对总支出征累进税的属于直接消费税。在所得税兴起之前，人们都主张对消费而不是收入征税，比如支持这种观点的有霍布斯（Hobbes）、约翰·斯图亚特·穆勒（John Stuart Mill）和欧文·费雪（Irving Fisher）等。而卡尔多（Kaldor）则阐述了征收直接支出税（expenditure tax）比征收所得税有着更好的优点以及实施直接支出税的可能性，米德（Meade）等则进一步发展了这一观点，"直接消费税不根据汇总了的家庭总支出征收，而根据间接监控的就业净收入、投资净收入以及商业活动净收入来征收"[②]，所以它也被称为"现金流量所得税"。目前直接消费税还主要处于理论探讨阶段，实践中的消费税也是世界各国实行的消费税主要是指间接消费税。

按照征税范围和目的的不同，消费税[③]可分为一般消费税（general

[①②] 约瀚·伊特韦尔，皮特·纽曼，默里·米尔盖特，等. 新帕尔格雷夫经济学大辞典[M]. 姜ști学，译. 北京：经济科学出版社，1996：668.

[③] 根据经合组织（OECD）《经合组织收入统计解释指南（2021）》所称的消费税（consumption tax，第5100类）是指"生产、销售、转让、租赁和交付货物以及提供服务的税收"，属于间接税。它主要分为两类：一是"商品和服务的一般税（5110）"，包括增值税（VAT，5111）、销售税（sales taxes，5112）和营业税和其他商品、服务的一般税（turnover and other general taxes on goods and services，5113）；二是特定商品和服务税（5120），主要包括消费税（consisting primarily of Excises，5121）、关税和进口税（customs and import duties，5123）以及特定服务税（taxes on specific services，5126，如包括保险费和金融服务税）。

consumption tax）和选择性消费税（selective excise duties）。一般消费税是指对普遍的或一般的消费品课征的税收，相对来说征收范围较广，主要包含增值税（value added taxes，VAT）或零售销售税（retail sales taxes）。而选择性消费税（又称特定商品和服务税，specific goods and services tax）是指只对部分消费品（如烟草、酒、茶、盐以及一些奢侈品等）课税，课税对象有选择性和税率差别性等特点。正因为选择性消费税的这些特点，使它也常被赋予特定的政策意义，被政府用来贯彻达到一定的政策目标。实践中，我们也习惯于从广义和狭义两个方面来理解、划分消费税。广义的消费税主要指对所有的消费品（消费行为）征税，包括对经济学上讲的整个消费（相对于投资）的征税。而狭义的消费税则一般专指选择性消费税，在一些国家税制中被冠以消费税、产品税和货物税等概念。在这里要研究的消费税应该只限于狭义层面的消费税（选择性消费税），更准确地说应该是主要研究我国税收制度中的消费税。我国消费税的属性应属于选择性消费税，长期以来国内在翻译我国消费税时常使用的是 consumption tax，比如在国家统计局网站（含英文网站）及中国统计年鉴（英文版）均使用的是 consumption tax；而国家税务总局英文网站现在则使用的是 excise tax[①]。

2.2 消费税的基本属性

2.2.1 消费税的征税范围与类型

由于受到历史、文化、风俗习惯以及不同的经济社会发展阶段等因

---

① 国家统计局"国家数据"英文网站，https://data. stats. gov. cn/english/easyquery. htm? cn = C01；国家税务总局英文网站"Tax type"，https://www. chinatax. gov. cn/eng/c1012 70/c101272/c5157954/content. html。

素的决定和影响，各国消费税课税范围都宽窄不一。通常消费税按课税范围不同可分为：限制性消费税、奢侈品消费税、受益消费税和限制污染性质的消费税。限制性消费税主要是指对一些有害品和具有明显外部性的产品，在政策体现上就是"寓禁于征"，如各国较普遍地对一些有害身体健康具有较大负外部性以及具有成瘾依赖性的产品征收消费税。征收限制性消费税，既可以抑制不良消费行为、降低负外部性的影响和体现消费政策导向，又有利于增加财政收入。为了体现社会公平、调节收入分配缓解社会矛盾，各国还对一些奢侈品（以及炫耀性消费品等）征收消费税，奢侈品消费税也是按纳税能力原则征税的体现。征收奢侈品消费税必须考虑各国的经济社会发展水平、社会风俗习惯和历史文化传统。根据经济社会发展所处的阶段不同，奢侈品的界定也有所不同，因此奢侈品消费税的征收范围是有时间阶段性的，一般而言各国对奢侈品征收消费税比较慎重，因为基于特定经济社会发展水平的奢侈品界定存在一定的难度。此外，征收奢侈品消费税还须考虑具体奢侈品的需求弹性，进而制定更加合理的税率。受益消费税是指对诸如机动车及燃料等所征收的消费税，带有一定的费用补偿性质。对于政府提供的服务和公共产品性质的基础设施等的消费，按照消费者受益的事实征收消费税，这种情况下其常常是使用费的代替手段。受益消费税可以代替使用费，因为征税有着比较优势：征税标准比较统一、税收固定，且征收方便。同时，征收受益消费税一般不在于限制消费，更多的是出于保障财政收入的考虑。受益消费税也不仅是作为使用费的代替，还有着其他特别的意义（比如对消费行为的引导）。随着社会生产力的发展、人类活动领域不断扩展，消费需求日益增长，人类对资源的获取需求日益增长，对自然的破坏也越来越严重，环境的破坏、污染的加剧也越来越制约着人们生活质量的提高。因此，借助灵活性较强的消费税对一些资源破坏较大、污染较大的产品征收消费税可以起到一定的环境保护和抑制污染的作用。

根据各国消费税征税范围选择的宽窄可将消费税分为：有限型、中间型和延伸型三种消费税①。有限型消费税征税范围相对较少，征税范围主要聚焦在传统消费品上，其课征范围一般在 10 ~ 15 种之间。我们可以把主要针对烟、酒、成品油、机动车及高档娱乐活动等征收的消费税视为有限性消费税。实行有限型消费税的国家诸如美、英等国。中间型消费税课税范围除了包括有限型消费税所包含的产品外，还将课税范围扩展至食物制品，诸如牛奶、谷物制品等，课税范围一般包括 15 ~ 30 种类别，实行中间型消费税的国家多半在欧洲大陆。而延伸型消费税的范围还要扩展至更多的消费品以及生产资料，比如钢材、塑料、农药等产品。延伸型消费税的征税范围很广，因此它更多地带有一般消费税的性质特征，如日本、印度等国就采用的是这一类型的消费税制度。而我们常讲的（狭义）消费税更多是指有限型或是中间型消费税。

2.2.2　消费税的征收方式

消费税的征收方式包括从量征收方式和从价征收方式。从量税是以课税对象的一定数量单位为标准，按固定税额征税；从价税是以课税对象的价值、价格或金额为标准按一定比率征税。从量税的征税范围较窄，一般征税对象为价格变动较小、品种规格单一、计量方便的大宗产品和包装物价值较高的产品，比如可按数量、体积、容积、重量等征税。从价税既可以采用比例税率也可以采用累进税率，如我国消费税主要采用比例税率，而从量税一般只适合定额税率和固定税额，一般认为从量税还具有累退性质。一般对于限制性消费税这两种征收方式均可采用，而受益消费税则一般采用从量征收方式，奢侈品消费税则常采用从价税形式征收。

2.2.3　消费税的特征

作为流转税的消费税除了同其他流转税一样具有组织收入、调节经

---

① 曾康华. 当代西方税收理论与税制改革研究 [M]. 北京：中国税务出版社，2011：395.

济职能外，还具有其自身的一些特征：

第一，消费税具有征税范围上的选择性和政策调节灵活性地特点。对消费品和消费行为征税可以引导消费和生产、调节产业结构。从世界实践来看，各国一般基于政府收入的考虑而普遍征收增值税；同时为更加有效地掌控调节经济的手段而选择性地对部分产品征收消费税。征收消费税的国家都会基于各国实际选择征收消费税的产品，也会根据不同发展阶段和阶段性调控目标动态调整消费税征税项目。

第二，无论是征收方式还是税率设定，消费税均具有高度的可调节性。可以根据征税对象的特点和消费调节意图选择采用从价征收方式或从量征收方式。在税率设定上可结合消费品具体类型、品质、产品特定成分含量，以及市场供需关系、价格变动、国家的产业和消费导向等多重因素，制定差异化的税率。因此，消费税在税负水平上具有显著的弹性，其调节功能显著，并更强地体现着政府调节消费的政策倾向，也更易于被纳税人和税收承担者所感知。

第三，消费税征税范围边界一般较为清晰，税源相对集中，征税简便。从组织财政收入角度看，税源集中性使得征收消费税更具财政意义。从征税成本角度看，征税简便有助于控制政府收税成本，避免造成额外的社会负担。从征税的可行性角度看，税源集中、征税简便的消费税是政府征税的理想税种。

第四，与增值税道道征收不同，消费税征税环节较单一，作为间接税其税负易转嫁。从世界上征收消费税的国家情况看，一般仅选择生产至消费的某一个环节征税，且一次性征收，而不像增值税一样在多个环节重复征收。无论在哪个环节征收消费税，也无论是采用价内税形式或价外税形式，最终消费税的负担都将可能被转嫁并由消费者承担。

2.2.4　消费税的功能

第一，作为政府收取的一种税，消费税的首要功能还在于组织财政收入。消费税征税对象相对特殊，以烟、酒等价格弹性较弱的消费品作为征税对象，使得消费税税源相对稳定。稳定的税源能够有效保障政府的收入，因此世界各国通常把消费税作为中央税种，以保障中央政府有相对稳定的收入来源。一些发达国家的消费税收入占各税总收入的比例在 20% ~ 30%，发展中国家为 30% ~ 40%，甚至有的国家高达 40% 以上[①]。

第二，消费税具有消费导向性作用，可以起到推动产品结构优化、引导产业健康发展。对某一类产品征收消费税，会影响此类产品的消费规模。在市场经济条件下，消费者在面对征税后的价格，会调整其消费选择，减少征税产品消费而转向非征税产品的消费，这就实现了对消费行为的调节。这种调节可以引导消费者树立绿色、健康、积极的消费观。因为居民消费行为的变化，影响被征税产品的市场表现，进而间接影响企业生产者投资决策，最终实现对企业生产的影响。消费税影响消费者消费选择和企业生产投资决策的具体情况，取决于消费税税负转嫁情况。消费税负担如果大部分由消费者承担的话，消费税对征税产品的消费规模影响可能更大。而当税负不能转嫁时，生产厂商就会承担税收负担，生产成本就会提高进而诱使生产企业调整产品产量和产品结构，并诱使整个生产行业进行调整、优化产业结构；当税收负担不能完全转嫁而由生产厂商和消费者共同分担时，则消费调节作用和产业调整作用都会较明显。

第三，通过对生活必需品（和以低收入者为主要消费群体的产品）免税和减税，并对奢侈品等征收消费税，还可以起到调节收入分配的作用。对生活必需品的减免税可以让低收入者享受必要的生活保障，还可以遏制贫困、缓解收入差距的拉大。对奢侈品征收消费税既可以组织更多的财政收入，也可以在一定程度上遏制奢侈品消费、炫耀性消费，从而抑制贫富差距的进一步拉大。而增加的财政收入也可以用于转移支付，以促进公平收入分配。总之，消费税也可在收入再分配方面有所作为。

---

① 各国税制比较研究课题组编. 消费税制国际比较 [M]. 北京：中国财政经济出版社，1996：14.

第四，随着生态问题越来越被社会关注，以及消费税具有的独特调节功能，使得消费税也可以在促进资源节约、保护生态环境等方面扮演十分重要的角色。由于外部性的存在以及市场价格不能反映社会成本（收益），使得社会生产在资源节约和生态保护方面考虑不足，造成了资源的大量浪费、生态不断遭到破坏，并日益影响着人类的生存。而消费税是对消费品征税，因此它在一定程度上能将真实的价格还原于生产者和消费者面前并影响他们的行为，进而起到生态保护的作用。通过对污染物和污染行为（还包括其他有碍生态平衡的产品要素和行为等）征税，使生产企业的污染成本（生态破坏成本）增加，进而诱使企业减少征税产品产量、调整产品结构，或者通过增加研发投入以改进技术降低生产成本，以达到减少环境污染、保护生态的目的。同时，对一些不可再生性、一次性物品（浪费资源、污染环境的物品）征税，增加该类产品消费的负担，进而抑制其消费量增加，最终实现降低对不可再生资源的消耗，以更好地保护环境。因此消费税在生态保护方面的意义也会越来越显得重要，尤其对目前难以建立完整环境税的发展中国家有着特别的意义。

2.3 税收效应及消费税税收归宿

2.3.1 税收的公平和效率问题

2.3.1.1 税收的公平性分析

公平是一种社会价值判断标准，从不同的角度出发会对公平的判断标准有不同的理解，一般认为存在起点公平、过程公平和结果公平三种理解。除此之外，一般人们更习惯于从社会公平（阿道夫·瓦格纳称为社会公正）和经济公平两个方面来理解公平。社会公平是从社会整体利益的角度出发，调整社会成员之间的收入分配，是社会福利得到提高以达到社会所能容纳的和稳定的发展的结果。通常政府调控手段（比如税收等手段）则是实现社会公平的主要手段之一。而（税收的）经济公平则包含两层次的内容：其一就是税收要保持中性，即对所有纳税人都要一视同仁，为市场竞争提供一个公平的社会环境；其二是对于客观的不公平因素（如资源禀赋的差异），要通过差别税收实施调节，以创造较普遍接受的公平竞争环境。

马斯格雷夫指出实施税收公平的两条途径是：受益原则和支付能力原则，并认为分清这两种税收公平思想很重要。19 世纪以前，包括亚当·斯密在内的许多哲学家、经济学家等都普遍认为税收负担应该与受益相结合，即受益原则（受益传统）。税制设计中受益的范围、标准的衡量及其相关性都涉及这一思想，消费税中的受益消费税就是这一征税思想的直接体现。19 世纪，穆勒等对受益传统进行了批判，受益原则受到冲击，以边沁、马歇尔等为代表的新古典经济学派认为课税的公平机制应该符合纳税人的纳税能力，即支付能力原则。这一原则又包括两层含义：横向公平和纵向公平。横向公平就是境况相同的人应该得到同等的对待，即征税前福利状况相同的人在征税后应拥有相同的福利状况。纵向公平要求对不同境况的人要区别对待，通过差别对待来实现公平目标。征税不应以形式上实现依法征税、满足于政府财政收入的目的，而应该在实质上实现税收负担的公平分配，即征税应坚持"税收量能原则"①。消费税理论尤其是广义消费税（直接支出税理论）在支出原则的体现上就很明显。

2.3.1.2 税收的效率分析

好的税收制度不仅是公平的体现而且更是效率的体现，税收效率通常有两层含义：一是行政效率，即从征税本身角度去考虑税收效率，即在征收和缴纳过程中耗费成本最小；二是经济效率，即征税应有利于经

---

① 邢树东. 税收弹性：基于中国数据的实证分析 [M]. 北京：经济科学出版社，2011：37.

济效率的提高，至少是超额负担最小①。行政效率可以用税收行政成本与税收收入的比率来反映，因此一般税收行政成本越小税收行政效率就越高。而税收行政成本包括政府征税而花费的费用即征收成本，以及纳税人纳税而耗费的缴纳成本即遵从成本。因此，政府征税过程中征税机关所花费的成本和纳税人所花费的非税收的缴纳成本越小，税收效率越高。税收经济效率是税收效率的更高层次的要求，它又有三个层次的不同理解。首先，就是税收的经济成本最小，即税收额外负担最小。因为征税会导致资源配置的扭曲，产生超额税收负担，因此征税的超额负担最小的税制也是最有效率的。其次，税收的经济效率要求保护税源。瓦格纳认为税收具有促进经济发展的积极作用，政府征税应尽量避免对经济的负面影响，而发挥其对经济的积极作用。同时拉弗曲线也告诉我们，高税率并不一定意味着高税收，征税应该注意涵养税源。最后，就是要求税收分配来提高资源配置的效率。税收调节作用是政府经济调节的重要手段之一，政府通过设计科学合理的税收制度可以使资源得到合理的配置进而促进经济的发展，同时税收调节也可以引导资源向更加符合人类长远利益的发展方向发展（消费税的环境保护作用就是一例）。

2.3.2 消费税税负转嫁问题

税收具有功能收入分配作用（即征税可以使收入在资本、土地所有者以及劳动者之间的分配发生变化）和规模收入分配作用（税收会影响总收入在人们之间的分配），因此要知道税收的具体作用的话就必须研究税收归宿与税负转嫁问题。税收归宿取决于税收对收入来源和使用的影响，而税收归宿和税负转嫁最终又由价格的决定机制所决定。因此可以通过分析消费税归宿来研究消费税对收入再分配的作用，研究消费税税收归宿需要从被征税的消费品价格形成机制进行分析。以下就简单

---

① 唐慧斌. 构建和谐社会过程中的税收责任 [J]. 税务研究, 2006 (11)：9-10.

分析一下消费税的税收归宿和税负转嫁。

2.3.2.1 税负转嫁的运行机制

税收负担（简称"税负"）是负税人（居民）承受政府税收的数量或状态（百分比），税负能够体现税收分配的流量[1]；税负对于负税人来说是一种损失，这种损失的存在会影响其行为决定，因此研究税负问题有助于我们更加准确地认识消费税功能作用机制以及其功能实现情况。

1. 消费税税负转嫁的局部均衡分析

首先，从征收从量税开始分析，根据无关性定律[2]，本书借助于图 2.1 仅分析对消费者征税的情况。图 2.1 中 S、D 分别表示征税前的供给和需求曲线，E 是征税前的均衡点，P_0、Q_0 为均衡价格和产量；对消费者征收 t 单位的消费税后，需求曲线左移至 D_t 与 D 平行，形成新的均衡点 E_1。征税后生产者面对的价格为 P_s（不含税）和消费者面对的价格 P_d（含税价）。从图 2.1 中可以看出，征收（单位税）消费税后在新的市场均衡下生产者（$P_0 - P_s$）和消费者（$P_d - P_0$）共同分担了税收 t（见表 2.1）。其次，从征收从价税来看消费税的税收归宿与税负转嫁，从价税和从量税不同，它不是使需求曲线平行移动而是按比例移动（见图 2.2）。由图 2.2 可知征收从价消费税后生产者和消费者分担的消费税分别为 $t \times (P_0 - P_s)$、$t \times (P_d - P_0)$。通过以上分析可知，由于征税产品市场价格发生变化，生产者和消费税面对变化的价格会形成新的均衡，而增加的消费税则由生产者和消费者共同分担。通过局部均衡分析可以将复杂的市场因素简单化，因而有助于我们从中发现事务的本质。但我们也应该注意的是简化的分析也可能造成税负归宿问题被简单化了，也可能会导致我们对消费税税负归宿的认识产生偏差。

---

① 邢树东. 税收弹性：基于中国数据的实证分析 [M]. 北京：经济科学出版社，2011：194.
② 即单位税的归宿与它是对消费者征税还是对生产者征收无关，参见：[美] 哈维·S. 罗森. 财政学（第六版）[M]. 赵志耘，译. 北京：中国人民大学出版社，2003：242 –244.

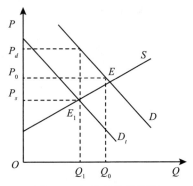

图 2.1　征收单位消费税

资料来源：［美］哈维·S. 罗森. 财政学（第六版）［M］. 赵志耘，译. 北京：中国人民大学出版社，2003：243；刘宇飞. 当代西方财政学［M］. 北京：北京大学出版社，2000：334 – 335.

表 2.1　　　　　　　　　　　　　单位消费税的税收归宿

消费税额	税额 = 消费者负担 + 生产者负担
单位税的分担	$t = P_0 P_d + P_s P_0$
比例税的分担	$t \times Q_1 = t \times P_0 P_d + t \times P_s P_0$

资料来源：刘宇飞. 当代西方财政学［M］. 北京：北京大学出版社，2000：335.

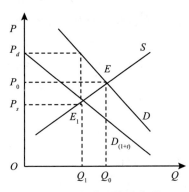

图 2.2　征收比例消费税

资料来源：［美］哈维·S. 罗森. 财政学（第六版）［M］. 赵志耘，译. 北京：中国人民大学出版社，2003：247；刘宇飞. 当代西方财政学［M］. 北京：北京大学出版社，2000：349 – 350.

2. 消费税税负转嫁的一般均衡分析

为一定程度上弥补局部均衡分析的局限性，可以扩大分析范围采用一般均衡分析法来进行税负转嫁问题的分析。即基于市场上所有商品的价格、供给、需求以及数量变化的综合影响来分析税负转嫁。本书借鉴哈维·S. 罗森[1]和李万甫[2]的分析框架，借助哈伯格模型[3]来简述消费税的税收归宿。哈伯格模型分析税负转嫁也是基于特定假设条件的，其主要假设包括：一是在技术上各生产部门均使用资本和劳动力两种要素，且假设各要素价格之间的比率与资本对劳动力的一定比率是唯一对应的，也就是说生产部门的规模收益不变。二是资本和劳动力要素以各部门的收益率差异自由流动。三是生产要素供应量稳定。四是具有相同的消费者行为偏好。五是不同税种可替代。六是生产者逐利而相互竞争，同时价格富有完全弹性。基于上述六项假设，哈伯格模型下存在四种税收：一是对某一部门的某一生产要素所征收的税；二是对两部门的某种生产要素征收的税；三是对消费特定商品征税；四是总的所得税。以上四种税之间存在等价关系。

本书只简单分析对特定商品消费所征收的税，假设政府对 X 产品征收消费税后 X 产品价格上升，在不变的预算前提下消费者就会减少对 X 产品的需求，X 的需求曲线将会向左移动；同时消费者将部分购买力转向对 Y 产品的消费，故 Y 产品的需求曲线相应右移从而导致 Y 产品的价格上涨。于是税收负担将从 X 产品的消费者部分或全部转移给消费其他商品（如 Y）的消费者。从生产行业的角度来看，X 产品行业收益率会因为对 X 产品征收消费税而下降；进而导致 X 产品行业的生产要素会向 Y 行业流动，这也说明随着社会商品结构的变化，各种生产要素的需求结构也会发生变化。如果两个部门的资本—劳动比率存在差异，"这样生产要素自由流动的结果必然会是某一部分劳动力的供给过剩，劳动

① ［美］哈维·S. 罗森. 财政学（第六版）［M］. 赵志耘，译. 北京：中国人民大学出版社，2003：255.

② 李万甫. 税收转嫁的均衡分析［J］. 税务与经济（长春税务学院学报），1995（03）：6–11.

③ Harberger A C. The incidence of the corporation income tax［J］. Journal of Political Economy，1962，70（3）：215–240.

力的价格相对下降，这样税收负担就会有一部分转移到劳动者身上，从而形成两个部门的劳动者都要负担税收。同时也会使得某一部门的资本处于相对宽松，资本价格的相对下降，这样税收负担就会有一部分转移到资本所有者身上，从而形成两部门的资本所有者都要负担税收。"①上述分析表明：市场经济条件下，对某一部门的产品征税也会影响到其他市场部门，税收负担在生产者、消费者和生产要素提供者之间都可能发生转移。

2.3.2.2　供求弹性以及市场类型对税负转嫁的影响

1. 供求弹性对税负转嫁的影响

在局部均衡分析中没有将弹性问题特别提出，其实供求弹性（供求曲线的形状）在局部均衡分析中十分重要。价格弹性反映的是对价格的敏感程度，通常来说，在其他条件相对稳定的情况下，消费者承担的税负与需求弹性呈反向关系，商品需求弹性越大，征税后消费者会减少消费因而承担的税收相应会越少；而当供给弹性越大时，征税后生产者因为利润减少而减产或转产，因而其承担的税收就会减少。如果被征税的商品属于需求弹性较大的商品，征税后消费者易转向购买替代产品，对于生产供给者而言就不能通过随意涨价的方式转移税收负担，而生产者自身则必须承担越多的税收负担；而需求弹性越小甚至为零的商品，全部税收负担就可能转嫁给消费者。此外商品供求弹性的对比关系则决定了税负在消费者和生产者之间转嫁的程度。基于价格决定因素的供求弹性与税负转嫁的关系分析只是局部均衡分析模型的一种情形，此外供求弹性还具有时间性，即时间因素对供给弹性的作用较需求弹性更为重要。一般短期内供给弹性较稳定，而需求弹性变化则相对较为频繁；长期看供求弹性也趋于富有弹性。

2. 市场类型对税负转嫁的影响

完全竞争市场下价格完全由市场供求决定，征税后生产企业无法

---

①　李万甫. 税收转嫁的均衡分析 [J]. 税务与经济（长春税务学院学报），1995（03）：6 - 11.

左右市场价格，短期内税收负担难以转嫁出去；从长期看，生产企业必然借助在整个行业的优势而将税收负担转移。完全垄断的市场情况下（见图2.3），垄断企业生产 X 产品的需求曲线用 D_x 表示，MR_x 为边际收入曲线，其平均总成本曲线使用 ATC_x 表示。当边际收入等于边际成本时（即 $MR_x = MC_x$），完全垄断市场实现利润最大化，此时的均衡价格和均衡产量分别为 P_0 和 X_0，垄断企业所获得经济利润（平均收入与平均总成本的差额同产品销售量的乘积）为 P_0ijk 的面积。当政府对 X 征收单位税 u 时，需求曲线和边际收入曲线都向下平移 u 单位，即 D'_x 和 MR'_x。征税后形成新的均衡，在 $MR'_x = MC_x$ 决定的市场价格为 P_g（$P_g = P_n + u > P_0$）也是消费者所面对的价格，此时垄断企业所获的价格为 P_n（$< P_0$）；征税后市场需求下降至 X_1，垄断企业的垄断利润减少（$P_nhgf < P_0ijk$）。而图2.4则反映的是当政府征收比例税对完全垄断市场的影响，与征收单位税情况不同的是征收比例税后的需求曲线和边际收入曲线不是简单的向下平移，而是向下转动。征收比例税后，X 销量下降，消费者面对的价格上升至 P_g，垄断企业所面对的价格降为 P_n，垄断企业获得垄断利润为 P_nhgf 小于征税前垄断利润 P_0ijk。通过分析可以看出垄断企业总要负担部分税收的，但垄断企业和消费者各自负担多少税收则要取决于需求弹性。在垄断竞争市场上，生产企业不是市场价格的完全接受者，而是市场价格的有限制定者。政府征税后，增加了生产企业的交易成本，但它们可以通过提高产品质量、改变产品品种完善产品服务体系以吸引更多的顾客，并适当提高产品价格将部分税收负担转移给消费者。而对于寡头垄断市场而言由于目前缺乏一种较普遍接受的价格决定理论，使得关于此市场的税收归宿和税负转移问题还很不成熟①。根据寡头垄断市场的特点看，一般认为征税后，如果少数垄断企业在确立管理价格或操纵价格时，考虑到征税因素，税收会随着价格而转嫁给消费者，如果在做出操纵价格时没有考虑税收因素（或政府临时增税），而价格一时难以调整，税负只有垄断企业自己承担了（李万甫，1998）。

---

① ［美］哈维·S. 罗森. 财政学（第六版）［M］. 赵志耘，译. 北京：中国人民大学出版社，2003.

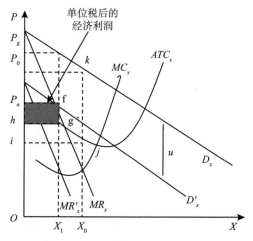

图 2.3　对垄断企业征收单位税

资料来源：［美］哈维·S. 罗森. 财政学（第六版）［M］. 赵志耘，译. 北京：中国人民大学出版社，2003：249 – 251.

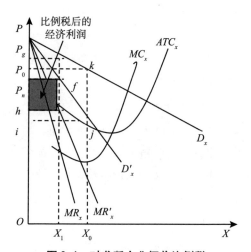

图 2.4　对垄断企业征收比例税

资料来源：［美］哈维·S. 罗森. 财政学（第六版）［M］. 赵志耘，译. 北京：中国人民大学出版社，2003：249 – 251.

第3章

我国消费税制度演进

3.1 我国古代和近现代消费税制度沿革

3.1.1 盐税

盐的历史悠久，关于中国古代盐政大致可以分为"无税""征税""专卖"三种模式（见表3.1）。早在《尚书·说命》就有记载"若作和羹，尔惟盐梅"。而中国盐税的渊源可上溯至四千多年前的夏朝，当时已经出现了把"盐"作为"贡"交给奴隶主国家，《尚书·禹贡》有青州"厥贡盐缔"的记载。到了商朝"盐贡"依然是其国家收入的一种来源。周朝沿袭商朝的"贡"制，周朝有各地方诸侯国对周天子的"诸侯之贡"，也有三农、园圃、虞衡、薮牧、百工、商贾、嫔妇、臣妾、闲民"九职"的"万民之贡"（《周礼注疏》）。"诸侯之贡"中就有盐"贡"。依《周礼》记载"以九贡致邦国之用"。其中第九类为"物贡"，具体包括鱼、盐、橘、柚等物。据唐代贾公彦解释，盐仍为青州所贡。除青州外，《周礼》就有"东北曰幽州……其利鱼盐"的记载。

表 3.1 中国古代盐政制度

类型	内容	时期
无税制	生活必需品、关乎健康、无可替代，不宜官卖、不宜征税	夏商周以前及隋代、唐初
征税制	征税简单、收入丰富，在产地征收、征税后可自由贩卖	夏商周三代、秦及汉初与东汉六朝
专卖（国有营业代租税）	一部分官专卖（狭义专卖）：以民制为主、官制为辅，政府尽收民制之盐，由官运销	春秋管子之法
	全部官专卖（广义专卖）：产制运销均归政府	西汉武帝时期
	就场官专卖（间接专卖）：产制归民，政府收买，转卖于商，归其运销	唐代刘晏、宋中叶、金、元、明万历以前
	官商并卖（混合专卖）：一由官运官销；一归商运商销，各有经界，不相侵越	五代宋辽、金、元
	商专卖（两重专卖）：政府将收买运销之权，授之专商，而居间课其税	明代、清代

资料来源：曾仰丰. 中国盐政史 [M]. 上海：东方出版中心，2020：1 – 2.

春秋战国时期，食盐产地主要分布在齐、燕、楚、晋、秦五国。《史记·货殖列传》载："山东食海盐，山西食盐卤，领南、沙北固往往出盐，大体如此矣。"

齐国在桓公即位后，用管仲之策，率先实行了盐专卖，《史记·平准书》记载"齐桓公用管仲之谋，通轻重之权，徼山海之业……"，实现了富国强兵，并使齐国崛起，此处"山海之业"指的就是"盐铁专卖"等管理山海的政策。盐专卖制度还没有在其他产盐地区得到实施，但是其他地方已经开始在征收关税和市税时将盐纳入了征收范围[①]，变相地对盐进行了征税。

汉代是我国盐税制度的确立与发展时期。汉代，盐税制度得到了

---

① 蒋大鸣. 中国盐业起源与早期盐政管理 [J]. 盐业史研究，1996（04）：4 – 11.

进一步的发展和确立。《汉书·食货志》记载："……传举行天下盐、铁，作官府"，可见当时铁主要由官府专门机构管理。盐专卖制度得到强化，盐税成为国家重要的财政收入来源。《盐铁论·卷一》中提到："盐铁之利，所以佐百姓之急，足军旅之费……所给甚重，有益于国，无害于人"，即盐铁专卖可佐国用，可用于养兵，对于国家和百姓都有好处。西汉从汉武帝到汉平帝大约125年间对盐的管理均采用全部专卖制度①。

唐宋时期的盐税制度日趋成熟且有所创新。唐代，盐税制度日趋完善，唐初食盐管理环境宽松，既有官营也有私营。食盐采用"以盐代租"管理，海盐以私营为主，缴纳部分给国家后可自行处理，唐开元二十五年创立了"榷盐制"，实行专卖②。唐时盐税在国家财政收入中已具有十分重要的地位，据《新唐书·食货志》记载："唐有盐池十八，井六百四十"，唐玄宗天宝至唐肃宗至德年间，"盐每斗十钱"，后来又加到一百一十钱。唐代安史之乱后，"盐铁使刘晏以为因民所急而税之，则国足用"，刘晏改革"盐法"。在他刚上任时"盐利岁才四十万缗，至大历末，六百余万缗"。在当时盐利的收入占到整个国家的税收的一半，军队军饷、宫廷衣饰、文武百官的俸禄主要都依靠盐利供给。可见盐税在当时的财政收入中的地位非常重要。刘晏推行的盐政，概括起来就是民间制盐、政府收购和销售、商人运输和推销；这是一种"最简单的好制度"③，一直延续至明万历时期。

宋代盐税制度在唐制的基础上进一步发展，推行盐引制度。宋代征收的"杂变之赋"中就包括"茶、盐"。《宋史·食货志》记载："太宗时，始行盐引法，商人输粟边关，给引至盐场，得盐以归。"盐引制度允许商人通过向边关输送粮草来换取盐引，再凭盐引到盐场领取食盐进行贩卖。"仁宗时，商人得直接纳钱买引。"这一改革使得盐引逐渐

---

① "自武帝元狩四年起，至平帝元始五年止，行全部专卖制者，力一百二十有五年焉。"曾仰丰. 中国盐政史 [M]. 上海：东方出版中心，2020：6.

② 卢正刚，罗微. 中国食盐专营制度的历史变迁和改革刍议 [J]. 中共福建省委党校学报，2014（04）：69 - 75.

③ 钱穆. 中国经济史 [M]. 北京：北京联合出版公司，2014：213.

成为一种纳税凭证和有价证券。宋代盐引制度的推进促进了商业的发展，增加了国家财政收入。

《元史·食货志》记载"元初，以酒醋、盐税、河泊、金、银、铁冶六色，取课于民，岁定白银万锭。"元太宗庚寅年（1230 年），"始行盐法"，每盐一引重四百斤，其价白银十两。世祖中统二年（1261 年），减为白银七两。攻取南宋以后，每引改为中统钞九贯，后来多次提高，到 150 贯。天历年间（1328～1330 年），盐税总计 256.4 万余引。

在明清时期，我国的盐税制度得到了进一步的完善和发展。明代，盐税制度进一步发展，盐税在国家财政收入中具有十分重要的地位。明太祖建国之初"即立盐法，置局设官"盐税按二十分之一征收，以资军饷（《明史·食货志》）。明代盐业专卖制度可概括为"民产、官收、商运商销（开中制）"[①]。明代盐法是在推行开中法的过程中不断完善的。明代官方曾招募盐商实行开中法（又称"商屯"），盐商作为中介先根据官府招募要求将粮食等运到边防地区以换取盐引；然后凭借盐引到指定的盐场取盐；最后把盐运到指定地区销售。

清沿明制，盐课归国用，设盐政使司，《清史稿·志·卷一百二十三》就有"清之盐法，大率因明制而损益之""尤有裨国计""初，盐政属户部山东司"等记载。清代的盐税制度在明代的基础进一步发展和完善，并更加系统化。道光以前只有盐课（盐正税，分为场课和引课，场课又有滩课、灶课、锅课、井课之分），顺治初年（1644 年）发行盐引 170 万引，征收课税银 56 万两；后来不断增加，到乾隆十八年（1753 年）共收税银超过 700 万两；道光二十七年（1847 年）已超过 750 万两，宣统三年（1911 年）盐课收入 4500 多万两。可见，清代的盐税收入规模进一步扩大。咸丰以后为镇压太平天国运动，筹集军费，逐渐开始征收"厘金"，主要有盐厘、洋药厘、土药厘、百货厘等[②]。最初按一厘征收（即 1%），后来逐渐提高，各地税率也不一致。

---

① 林枫. 明代中后期的盐税 [J]. 中国社会经济史研究，2000（02）：19–26.
② 盐厘是在盐课以外再征收的。洋药和土药均为鸦片，前者是进口的，后者是国内生产的。

到光绪年间，多数省份法定税率都在 5% 以上，有些地方达到 10%，甚至 20%。1908 年课税银和课厘合计共 2400 多万两。1869～1908 年全国各省厘金收入中盐厘约占 0.8%①。

北洋政府时期，军阀割据，在西方列强的打压、干预下，中国盐政主权丧失，盐税管理权被列强所控制。1913～1918 年间，北洋政府盐政管理经历了"整顿盐务、改革盐政、集权中央"② 三个阶段。1913 年 12 月公布的《盐税条例》规定：改征统一税；统一按担收税，不以引计，每担司马秤 100 斤，16 担合英权一担；统一以银圆为计算单位；盐税统一的税率以每担③ 2.5 元为标准，根据不同地区，有所差别。通过盐税政策的统一，对应税收收入增长很快，1914 年即达 6848 万元，比清末最高年份的 1911 年增加近 5000 万元④。1918 年，北洋政府为增加盐税收入，发布了《修正盐税条例》将税率上调为每百斤（根据当时的《度量衡法》，度量衡改为司马称 16 两为 1 斤）3 元。1913～1916 年盐税收入由 19044 千元增长至 81065 千元，北洋政府盐税收入逐年稳定增长，累计增长约 326%⑤，盐税收入增加，人民负担日益沉重。

1927 年以后逐步统一盐税税权。1931 年，南京国民政府颁布《盐法》规定，食盐税每一百公斤征国币 5 元，渔盐每一百公斤征国币 3 角；对工业用盐和农业用盐免税⑥。1928 年盐税收入占国税总收入 47.87%，居于首位；1929～1937 年盐税收入仅次于关税，成为第二大政府收入来源⑦。1942 年，国民政府行政院颁布《盐专卖暂行条例》，规定盐专卖权属中央，全部收益归国库；1944 年进行修改后改称《盐

---

① 刘德成. 中国财税史纲 [M]. 北京：中国社会科学出版社，2016：155.
② 曾仰丰. 中国盐政史 [M]. 上海：东方出版中心，2020：225.（《中国盐政史》附录二之左树珍的《民国盐务改革史略》）。
③ 一担为 100 斤，1 斤为 16 两 8 钱。
④ 刘洪升. 北洋初期的盐务改革与中国盐务近代化的开端 [J]. 历史教学，2005（09）：29－33.
⑤ 岳瑾明. 民国初期北洋政府盐税体制改革浅析 [J]. 党史博采（理论），2017（05）：41－44.
⑥ 曾仰丰. 中国盐政史 [M]. 上海：东方出版中心，2020：243－244.
⑦ 《中华民国工商税收史》丛书编委. 中华民国工商税收史（盐税卷）[M]. 北京：中国财政经济出版社，1999：169.

专卖条例》。自1945年2月起停止盐专卖，恢复对盐征税制度，税率最初为110元/担，但《盐专卖条例》依然保留，国民政府依然对生产、收储、运输、销售盐进行管制。除了征收盐税外，政府还征收"食盐暂时附税"，征收比率甚至达到6000元/担，各地税率不一致。1946年，国民政府行政院出台《盐政纲领》，明确盐税为国税，归并各项附加税及专项基金，简化税制，税率分类分地等差规定；为促进经济发展，对渔盐及工农业用盐轻征，必要时可减免。1947年，《盐政条例》由国民政府公布，提出税率"以法律定之"，但未明确具体税率。1949年1月1日，国民政府又出台了《盐税计征条例》规定，食盐税率70%，对井盐行销贵州征10%，其他地区30%，池盐行销陕西征5%，其他地区征30%，对土盐、膏盐征20%；渔业用盐征5%；工业用盐、农业用盐免税[1]。

3.1.2　茶税

茶税始于唐，《旧唐书·食货志下》载唐德宗建中三年（782年）户部侍郎赵赞上言曰"天下所出竹、木、茶、漆，皆十一税之，以充常平本"。建中四年"度支侍郎赵赞议常平事，竹、木、茶、漆尽税之。茶之有税，肇于此矣"。《新唐书·食货志》记载诸州盐铁使上奏，在产茶州县的茶山和商人同行要道，将茶分三等定价，按价格1/10征税。德宗贞元九年（793年）正月，"初税茶"，立茶税法。茶税成为一项国家正式税收，成为财政收入的来源之一。宪宗元和十二年（817年），又停止征收茶税，这一时期每年收取茶税钱40万~50万贯[2]。公元820年，宪宗又下诏"宜于天下收两税、盐利、榷酒、税茶及职掌人课料等钱"，又恢复征收茶税，后来茶税税率不断提高。

---

① 《中华民国工商税收史》丛书编委. 中华民国工商税收史（盐税卷）[M]. 北京：中国财政经济出版社，1999：169.
② 王洪军. 唐代的茶叶产量、贸易、税茶与榷茶——唐代茶业史研究之二 [J]. 齐鲁学刊，1989（02）：43-49.

据《宋史·食货志》记载，宋代起初，"官既榷茶，民私蓄盗贩皆有禁"，后来茶法屡更，茶叶专卖政策（榷茶法和卖引法①）实行的时间最长，茶税和盐税一样成为国库主要收入。南宋时绍兴府设都税务，茶成为主要税源。

元、明、清基本沿袭了宋时的茶税政策，有征银钱，也有实物；茶农和茶商都要纳税，税目种类繁多，税额年年增加。元世祖至元十三年（1276 年）"定长短引之法，以三分取一"征收茶税；最初，长引每引计茶叶 120 斤，收缴抄五钱四分二厘八毫；短引每引计茶叶 90 斤，收交抄四钱二分八毫；后来又经历多次变更。1276～1313 年，茶税增长了 240 倍②。明代茶政以榷茶易马为主、收税为辅。清沿用明代茶法，包括储变易马的官茶、给引征税的商茶和贡茶三种。清代初期，榷茶引税并行，康熙二十二年（1683 年）各省茶税共计银 32642 两③。光绪元年（1875 年），箱茶减为 1 两，篓茶、袋茶减为 6 钱。康熙二十七年，加捐三成。同治二年（1863 年）开征厘金，征课范围以百货厘捐为主，税率 9%（翌年改为 10%），对茶捐、茶厘实行从量征。

民国初年，茶捐捐率，箱茶每百斤银圆 2 元，篓茶、袋茶 1.3 元，1931 年裁厘后，茶厘被取消，一些产茶地区或保留茶课，或以特税等地方税捐的名目征收茶税。1941 年，国民政府对盐、糖、火柴、茶叶、烟、酒六项物品实行专卖。1942 年 3 月，国民政府发布《茶类统税征收暂行章程》对各类茶按产地附近市场每 6 个月的平均批发价格核定完税价格，适用 15% 税率征收统税。

3.1.3　酒税

我国制酒的历史悠久，商、周时期已有饮酒文化。酿酒需要消耗大

---

① 《宋史·食货志》记载"民之欲茶者售于官，给其日用者，谓之食茶，出境则给券。"这里的"券"就是"茶引"，又称护票，是茶商缴纳茶税后，获得的茶叶专卖凭证。
② 陈椽. 茶叶通史（第二版）［M］. 北京：中国农业出版社，2008：445.
③ 陈椽. 茶叶通史（第二版）［M］. 北京：中国农业出版社，2008：446.

量的粮食，因此酿酒业的发展也是随着农业生产发展而逐渐兴盛的。最初主要是民间自酿自饮，后产量增加，逐渐进入市场交易。回顾我国古代史，可以发现当粮食短缺时，政府往往会推行"禁酒令"；当战乱财政紧张时，封建统治者可能增加酒税。

西汉时期，为增加国库收入，汉武帝天汉三年（公元前 98 年），官府控制酒的生产和流通，实行酒类专卖制度，即"榷酒酤"；汉昭帝始元六年（公元前 81 年）的"盐铁会议"后，废止"榷酒酤"，改征酒税，每升四钱。王莽时恢复，始建国四年（12 年）制定榷酤法，这是酒类专卖史上首次立法，设置酒官[1]，"官自酿酒卖之"。东汉再行税酒政策。两晋南北朝时，间或实行专卖，但基本上是征税。

隋开皇三年（583 年）全面取消榷酒制，民间酒类自由酿造与消费，结束了自汉武帝采取榷酒制之后历代王朝不停地在"榷酒"与"酒禁"之间摇摆的局面[2]。此后至唐中叶，酒既不专卖亦不征税。后来随着唐代经济的发展，粮食生产的增加，酿酒业得到较大发展。唐中叶至宋末以专卖为主，征税辅之[3]。平定安史之乱后，国库收入紧张，急需开辟新的政府收入来源，唐代宗广德二年（764 年）"定天下酤户以月收税"（《新唐书·食货志》）。除了榷酒之外，唐代还有榷曲，即对酒曲实行专卖。唐宣宗大中七年（853 年），全国酒类榷酤收入占到全国税赋收入的9%[4]。

五代时，政权更替，战争不断，酒税主要作为临时性筹款项目之一。北宋末年，战事频仍，军费激增，朝廷鼓励酿酒卖酒，以广征酒税。《文献通考》载，北宋熙宁十年（1077 年），越州酒课税额在 10 万贯以上。南宋，官府允许乡间百姓自行酿酒，进城上秤收税，并逐渐形成酒市。《宋史·食货志》载，酒税征收官吏，可按其征收实绩，提前升迁。宋代的酒课还实行扑买制，又称"买扑"，实则为包税制[5]。宋

---

① 凌大珽. 中国酒税史略（上）[J]. 中国税务，1988（02）：61-63.
②④ 柴逢国，孙斌. 唐朝酒税那些事儿[J]. 中国税务，2022（07）：78-79.
③ 叶青. 酒与税[J]. 税收征纳，2022（10）：33-35.
⑤ "扑买"主要在村镇地区，先由州县官员估计本地零星酿造酒、醋的数量，进而确定包税额，由买扑者向官府缴纳保证金而取得征税权，收取超过包税额的部分归扑买者所有。熙宁年间，采用由扑买者竞价投标的方式取得征税权。参见：石见. 宋代的酒务与酒课[J]. 上海财税，1995（07）：44.

代庆历二年（1042年）初次增收盐酒课利钱，作为酒税的附加税，有需要时，就会征收；刚开始时每升酒添一文，称为一文添酒钱。

金代因袭辽宋旧法，天会三年（1125年）开始专卖酒，由于宗室巨宦私酿牟利，朝廷酒税收入日少。大定三年（1163年）严令禁止私酿，并派巡查专使，领军士千人，会同酒使司（金代制度凡酒税岁入在十万贯以上地点设酒使司）四出巡察。大定二十七年（1187年），令天下酒税照中都例，收取曲税，准民自酿。根据《金史·食货志》记载：金代酒税收入，大定时期（1161~1189年），中都曲使司一年收钱三十六万一千五百贯。承安元年（1196年）时，一年收四十万五千一百三十三贯。泰和四年（1204年），规定以八年来的平均收入为定额征收酒税。以后每五年重定一次定额。

元代初期对酒的管理也采用"专卖制度"，后来也开始收税，但收税也主要通过专卖的方式进行①。到了明代，明英宗正统七年（1442年），规定各处酒课收储于州县备用，于是酒税逐渐成为地方税收入的来源。酒税地位相对较弱，随同船税、鱼课、醋税等合并征收。英宗正统七年（1442年）以每十块曲为起征点，景泰二年（1451年）改为从价计征，按酒价的2%征收。

清初禁酒，禁令除后，未征酒税。整体上以禁酒为主，酒税主要作为政府收入的补充，具体由各地方根据实际决定是否征收。第二次鸦片战争之后，因财力紧张，"渝令酒税交户部，严禁各州县征收"②。光绪二十七年（1901年），开办酒捐，又称印票捐。光绪三十三年，为分担庚子赔款及筹办练兵经费，先后4次加捐十二成。清末酒税制度的变化主要靠地方政府自下而上地推动，但税率和征收机关都不统一，征收方式也各异，使得晚清酒税征收存在很多问题③。

民国初期，税收大抵沿袭清制，期初酒税制度繁杂，也很混乱。1915年北洋政府创设烟酒公卖制，烟酒税并征。当时规定对黄酒按照

---

① 叶青. 酒与税 [J]. 税收征纳, 2022 (10): 33-35.
② 凌大珽. 中国酒税史略（下）[J]. 中国税务, 1988 (03): 62-63.
③ 郭旭. 清末民初酒税制度因革论 [J]. 贵州文史丛刊, 2011 (04): 25-32.

不少于 0.8 元/百斤的标准征税，烧酒则按不少于 1.5 元/百斤征税，对应各类果酒、药酒等按照不少于 2 元/百斤征税。[①] 南京国民政府成立之初，烟酒税并没有什么改变。1927 年随颁布《烟酒公卖暂行条例》统一公卖费为从价 20% 征收，由于北伐战争，而未能全面实施。直到 1928 年，在"第一次全国财政会议"后才开始整顿税制。1929 年成立整理烟酒税务委员会，重新设计烟酒税制度。1929 年 8 月，当时的财政部修订《烟酒公卖暂行条例》，仍"以官督商销为宗旨"，沿用北洋政府时期所行烟酒公卖之法，但将原来各省在 10% ~ 50% 自定税率统一为 20% 从价税率征收公卖费。1931 年颁布《征收啤酒税暂行章程》，对啤酒按价格的 20% 征税。国民政府从 1932 年起，将啤酒、洋酒、火酒先后改征统税；土酒（即国产酒）从量征税，抗日战争期间也多次上调税率；1941 年又改从价征收。1944 年，颁布新的《国产烟酒类税条例》，明确国产酒类税征税税率按 60% 从价计征；自 1946 年 8 月 16 日起，国产酒类税税率提高至 80%。为应对物价上涨，1945 年国民党当局对《国产烟酒类税条例》作出修订，规定"国产酒类税完税价格为产地附近市场最近三个月平均批发价格，若价格变动幅度超过 25% 时，财政部随时进行调整"；1948 年 7 月，又将完税价格认定时间调整为最近 1 个月[②]。

从国民政府时期酒税政策的频繁调整看，酒税制度经历混乱到逐步统一，而税率也在不断提高。可以看出酒税在当时财政收入中发挥了十分重要的作用，也是战争时期中央政府的军费来源，可以看出当政府收入下降时，酒税税率就会被上调。此外，在经济崩溃、物价上涨的时期，酒税计税价格也进行了动态调整。总的来说，酒作为当时的奢侈品、具有成瘾性的商品，成为国民党统治时期十分重要的税收来源。

---

① 《中华民国工商税收史》编委会. 中华民国工商税收史：中华民国工商税收史纲 [M]. 北京：中国财政经济出版社，2000：99.
② 郭旭. 国民政府时期酒税制度研究（1927 - 1949）[J]. 贵州社会科学，2019（09）：70 - 77.

3.1.4　烟税

关于烟的明确记载相对较晚，明末方以智著《物理小识》中记载："淡巴姑烟草，万历末有携至漳泉者，马氏造之曰淡肉果。""淡巴姑"[①]即为 tobacco 音译，有记载在福建一带种植。清朝黎士宏的《仁恕堂笔记》中载："烟之名始于日本，传于漳州之石马。"烟草种植、贩卖，由于其独特的味道和"提神"作用，而逐渐流传开来。但是我国关于烟税的历史相对较短，且长期无明确的"烟税"之名，正如《烟酒税史》记载"烟税不立主名，视同百货"。

随着烟草消费的推广，到了清朝烟草市场逐渐开始兴盛起来，才逐渐成为国家财政收入的来源之一。据《清史稿·食货志》记载，清政府对包括水烟等在内的货物征收厘金。清初对烟草视为百货中的食物类征收税银，基本上清朝时期对烟的征税是纳入杂税杂捐的，并未形成统一的烟税制度，相对比较混乱。清朝中后期，由于西方列强的入侵，国门被迫打开，"洋烟"涌入我国，给国内烟草市场带来较大冲击。清咸丰三年（1853 年），为筹集更多的军费用以镇压太平天国运动，清政府开始推行厘金制度，对盐、百货、洋药和土药四类产品征收厘金。烟叶是纳入百货厘范畴的，对每担烟叶征收 80 文厘金，对每担烟筋征收 40 文厘金，水烟则按每大箱 360 文厘金和每小箱 240 文厘金征收，后来征收标准逐年提高[②]。第二次鸦片战争后，鸦片大量输入我国，给中国人民造成巨大伤害。这一时期，清政府对鸦片征收厘金，进口鸦片为洋药厘，本土产的征收土药厘；1869 ~ 1908 年，全国各省厘金收入中洋药厘约 3.3%，土药厘约占 2.1%[③]。

辛亥革命以后，先是沿袭了清朝税制；后来为了充裕国库，我

---

① 又称"淡巴菰"，参见：程舒度，秦景阜. 烟酒税史（上册）[M]. 郑州：河南人民出版社，2018：2.
② 敖汀. 中国古代烟税沿革 [J]. 辽宁税务高等专科学校学报，2003（05）：22 – 23.
③ 刘德成. 中国财税史纲 [M]. 北京：中国社会科学出版社，2016：155.

国开始引入西方税收制度，逐渐建立相对规范的税收制度，当时烟、酒作为奢侈品被加以征税。1914 年北洋政府颁布《烟酒贩卖特许牌照条例》，分为零卖和整卖两种，整卖按 40 元/年征税，零卖分甲、乙、丙三种，分别按年征收 16 元、8 元、6 元。北洋政府于 1915年又颁布《烟酒公卖暂行简章》，实际各省税率不同，大致在 10% ~50% 之间。1928 年，南京国民政府修订《烟类营业牌照税暂行章程》，具体规定为：卷烟厂的分公司及经理分销处按每季度 100 元缴纳牌照税；制卖土烟店和烟草行每季度缴纳 40 元；从事各类烟批发的按每季度缴纳 20 元；营业烟的店肆需每季度缴纳 12 元；其他商店大部分兼营烟的每季度缴纳 8 元；其他商店零售烟的每季度缴纳 4元；设摊零卖的每季度缴纳 2 元；零售烟类商贩每季度 1 元（1929 年又下调至 5 角)[①]。

民国时期，烟税大致经历征收纸烟捐、加征特税、统税三个时期。1915 年，北洋政府对烟酒实行公卖，设立烟酒公卖局，开征"卷烟税"，后因帝国主义列强抵制而失败。1921 年 8 月，北洋政府再次开办卷烟税，颁布纸卷烟税则。该税则规定，一是对在国内设厂的制烟企业，每 5 万支箱征收税捐 2 元；二是征收内地统捐一次。1922 ~ 1923 年民国政府对国内卷烟厂在卷烟出厂时需缴纳 2.5 两捐，烟税每月大致 10 余万元；而当时由于列强欺压，民国政府软弱，对"洋烟"征税却较轻。1924 ~ 1927 年各省开始加征"特税"；1928 年南京国民政府财政部颁发《征收卷烟统税条例》，实行"统税"制度以后，征收的烟税收入也大幅增加。1931 年，为满足财政需要，国民政府又多次修改卷烟统税制度，提高卷烟统税税率。"卷烟统税"经历了"旧三级税制—新三级税制—旧二级税制—新二级税制"几个阶段。1933 年 12 月以后"以每 5 万支为单位，售价在 300 元以上者，纳税 160 元；售价在 300 元以下者，纳税 80 元"[②]，1931 ~ 1940 年卷烟消费税税额如表 3.2 所示。

① 程舒度，秦景阜. 烟酒税史（下册）（卷六）[M]. 郑州：河南人民出版社，2018.
② 刘德成. 中国财税史纲 [M]. 北京：中国社会科学出版社，2016：210.

表 3. 2 **1931～1940 年卷烟消费税税额** 单位：元

等级	1931 年 2 月 1 日		1933 年 12 月 5 日*		1937 年 3 月 30 日**		1940 年 9 月	
	售价	税额	售价	税额	售价	税额	售价	税额
一等	540 以上	305	300 以上	160	800 以上	800	1600 以上	1600
二等	150～540	81	300 以下	80	400 以上至 800 以下	400	800 以上至 1600 以下	800
三等	150 以下	39	—	—	200 以上至 400 以下	200	400 以上至 800 以下	400
四等	—	—	—	—	200 以上至 400 以下	100	400 以下	200

注：表中售价和税额均以 5 万支烟为计量单位。

　* 第二级烟最高售价如非烟厂所在地，准放宽 20 元，以不超过 320 元为限；第一级烟最高售价不予限制。

　** 自第二级至第四级各烟批发售价如非烟厂所在地，每级均得放宽 20 元；第一级售价不加限制。

资料来源：《中华民国工商税收史》编委会编. 中华民国工商税收史：货物税卷 [M]. 北京：中国财政经济出版社，2000.

国民政府为应对抗战时期的财政危机，于 1942 年 7 月开始实行战时烟类专卖，1943 年废除烟类统税，而并入专卖利益。1946 年 8 月，政府颁布《货物税条例》和《国产烟类税条例》，规定卷烟税率 100%，烤烟税率 30%，烟叶则按产地核定完税价格按 50% 征税，烟丝税率 20%。1948 年又作了修订，并明确国产烟酒类税为国家税。烟类税包括烟叶与烟丝，烟叶（按产地核定完税价格）税率调整为 60%，烟丝税率调整为 40%[①]。与酒税一样，烟税也是国民政府筹措财政收入的重要来源之一。

3.1.5　其他税

我国历史上征收的具有消费税性质的税种还有一些，比如对漆、竹

---

　① 敖汀. 中国古代烟税沿革 [J]. 辽宁税务高等专科学校学报，2003（05）：22－23.

木、醋等征税。唐德宗建中三年（公元 782 年），始征茶税，茶、漆、竹木各取税 1/10。金大定元年（1161 年），为了筹措财政资金，设官署对醋实行专卖，大定二十三年因财政资金充足，又停止了醋专卖。历史上金代经历过多次征醋税、停醋税的过程。元代有酒醋税、漆税、酵母税等。清末民初，政府征收厘金，种类繁多，不胜枚举；直到后来南京国民政府推行统税制度才逐步取消。

新中国成立前，除了对烟、酒、盐、茶等征税外，政府还对水泥、火车、饮料、糖类、竹木、皮毛征税，其他苛捐杂税很多，诸如油捐、酱油捐、船捐、戏捐、车捐、茶户捐、饭馆捐等。抗日战争时期，为筹集资金，国民党政府不断扩大统税征税范围，也不断拓展新税源，如饮料（如汽水、果子露、矿泉水等）、糖类等征税。1940 年 7 月，当局政府公布《财政部征收饮料品统税暂行规程》，对汽水类、果子露类、蒸馏水征收饮料品统税。饮料统税分为 10 个等级，最低 0.02 元，最高 0.8 元；如批发价格超过 4 元，每元加征 0.2 元；不及 1 元者，以 1 元计。1940 年 12 月，《糖类统税征收暂行条例》施行，糖类按 15% 从价征收统税。

1942 年，国民政府公布《战时消费税暂行条例》和《战时消费税税则》开征消费税。最初征税范围含 6 大类计 245 种（见表 3.3），由

表 3.3　　　　　　　　　　战时消费税税目和税率

内容	1942 年 4 月 15 日	1943 年
征税对象	1. 动物、动物产品及鱼介产品； 2. 植物产品； 3. 竹、燃料、藤、木材、木、纸； 4. 纺织纤维及其制品； 5. 金属、矿石及其制品； 6. 杂货等 6 大类计 245 种； 7. 进口洋货列举了 168 种	棉花；丝；麻；夏布、麻布；丝织匹头；毛毯；生漆；植物油；药材香料；爆竹焰火；腌制肉；干制鱼介海产品；牲油；黄腊、白腊；植物染料；松香；金针菜、笋干；黑木耳；香菌；白木耳、黄木耳、竹笋；瓜子、莲子、松子、杏子、榄核仁；干制果品；味精；金属制品；玻璃制品；碱；肥皂；扇、伞、席；神香、神香末；漆器；石器、骨器、角器、赛璐珞器、电木器、玉器、象牙器、古玩；毛织匹头；花边、衣饰、抽纱品、挑花品、抹花品；牙膏、牙粉；香水脂粉、雪花膏、生发油及各种化妆品

内容	1942 年 4 月 15 日	1943 年
税率	1. 普通日用品征 5%； 2. 非必需品征 10%； 3. 半奢侈品征 15%； 4. 奢侈品征 25%	税率 5 个等级：5%、10%、15%、20%、25%
减免税	对米谷、杂粮、柴炭、鲜菜、鲜肉、鲜蛋民生日用品以及每次所征税款不及 20 元的，均予免税	

资料来源：《中华民国工商税收史 - 中华民国工商税史纲》（《中华民国工商税收史》编委会编．中华民国工商税收史：中华民国工商税史纲〔M〕．北京：中国财政经济出版社，2000：343 - 351．）汇总整理。

于遭到反对，1942 年 8 月 15 日又做了修订，删减了部分税目。因竹木、皮毛等改征统税，1943 年对消费税国货产品进行了修订，增加 22 个，税目达 34 个。战时消费税的开征一直受到人民的诟病；1945 年，当局又将原 34 个税目缩减为 11 个，起征额提高至 500 元。此次调整尚未施行，就于当年 1 月 24 日被停征。战时消费税采用从价征收方式，由海关及所属关区征收。国民政府时期，消费税只存在了 2 年左右的时间，收入额由 1942 年的 3.43 亿元（占税收收入比重为 8.63%）增长到 1944 年的 21.38 亿元（占税收收入比重为 5.5%）。

3.2 新中国成立后消费税制度的建立和完善

3.2.1 分税制改革前我国税收制度概况

新中国成立之初，百废待兴，党中央和政务院高度重视税收工作，1950 年 1 月 30 日中央人民政府发布《全国税政实施要则》，规定设置了货物税、工商业税（含营业税和所得税）、盐税、关税、薪给报酬所得税、存款利息所得税、印花税、遗产税、交易税、屠宰税①、房产税、地产税、特种消费税行为税（含筵席②、娱乐、冷饮、旅店）和使用牌照税 14 种税，并陆续公布各类税种的暂行条例。1950 年 1 月 20 日，中央人民政府政务院颁布了《关于全国盐务工作的决定》，确定了盐税的征收原则、盐税税额和管理办法③。1951 年 1 月 16 日，中央人民政府政务院公布《特种消费行为税暂行条例》④（见表 3.4）规定采用从价税形式，由消费者负担，营业者代征。

表 3.4　　　　　　　　　　　特种消费行为税

税目	具体范围	税率	起征点
电影戏剧及娱乐	电影院、戏剧院、杂技场、游艺场、书场、歌场、球房（弹子房）即其他供娱乐之营业	10% ~30%	
舞场		50%	
筵席	中西餐馆、菜馆、旅馆兼营之餐厅承办筵席之包厨及其他制备筵席供客食用之营业	10% ~20%	人民币三万元
冷食	冷食店、咖啡馆及其他兼售冷食之营业	10% ~20%	人民币一万元
旅馆	旅馆、饭店及其他供客住宿之营业	5% ~20%	人民币二万元

资料来源：根据《特种消费行为税暂行条例》整理。

后来，在实施过程中又将特种消费行为税并入新设立的"文化娱乐税"，筵席、冷食、旅馆、舞厅部分并入营业税，试行商品流通税。1956 年 5 月 3 日，国务院颁布《文化娱乐税条例》⑤；同年 5 月 4 日财政部公布《文化娱乐税暂行条例细则》⑥，按照文化娱乐演出所在城市

---

① 2006 年我国取消了屠宰税。
② 1988 年颁布《中华人民共和国筵席税暂行条例》，2008 年我国取消了筵席税。
③ 自 1958 年 7 月 1 日起，税务部门负责盐税的征收。1973 年税制改革时，把盐税并入工商税，作为一个税目；1984 年工商税制全面改革时，盐税从工商税中分离出来，国务院颁布了《中华人民共和国盐税条例（草案）》，盐税重新成为一个独立税种；1994 年分税制改革盐被纳入"资源税"征税范围。
④ 特种消费行为税暂行条例 [J]. 山东政报，1951（01）：100 – 101.
⑤ 文化娱乐税条例 [J]. 中华人民共和国国务院公报，1956（18）：417 – 419.
⑥ 文化娱乐税条例施行细则 [J]. 中华人民共和国国务院公报，1956（18）：419 – 422.

规模分别适用不同税率，最高税率为25%，最低税率为5%。到了1957年我国税种共达到16个，其中包括盐税、车船使用牌照税、文化娱乐税、农业税等；当时的盐税没有统一的全国法规，由地方政府依据中央政府规定的征税原则自行决定。

20世纪50年代中后期，我国第一个五年计划建设和社会主义改造基本完成，公有制经济逐步成为我国经济的主体。由于受"非税论"及苏联税制的影响，税收在我国经济中的作用被逐步淡化①。1958年我国实施新中国成立以后的第二次大规模税制改革，主要内容是简化工商税制，合并简化后开征工商统一税，税种减少至14个。盐税依然没有在全国统一的立法，由各地自行征收；1966年停征了文化娱乐税。

1973年，我国实施了第三次大规模税制改革，其主要内容是简化税制，试行工商税。至此，我国共设有工商税等13个税种，盐税名义上包含在工商税内，实际上仍按原办法征收。1978年，党的十一届三中全会以后，我国进入改革开放新阶段，税收制度逐步得以恢复。1982年国务院批转了《财政部关于征收烧油特别税的试行规定》②，对原油每吨征收40~70元、重油每吨征收70元的烧油特别税。1984年国务院颁发了《中华人民共和国盐税条例（草案）》，盐作为独立税种得以恢复，直至1994年分税制改革盐被并入资源税。

国务院为加强小汽车的销售管理，自1989年2月1日起对从事生产和进口小轿车的单位和个人征收特别消费税，税目分为小轿车、吉普车和面包车，采用从量税率形式，最低税率为5000元/辆，最高税率为35000元/辆。同时为整顿彩色电视机流通领域出现的混乱状况，决定对彩色电视机实行专营管理，并对生产、销售彩电征收特别消费税和建立彩电国产化发展基金。对14英寸彩电征收400元特别消费税，对14英寸以上的彩电每台征收600元特别消费税。

---

① 刘佐. 中国税制改革50年［J］. 当代中国史研究，2000（05）：65-73.
② 国务院批准《关于征收烧油特别税的试行规定》［J］. 财政，1982（08）：20-21.

3.2.2 分税制改革建立现行消费税制度

党的十一届三中全会提出了实行经济体制改革的任务，吹响了"改革开放"的号角。1992 年，党的十四大召开，明确提出我国经济体制改革的目标是建立社会主义市场经济体制，同时提出"统筹兼顾国家、集体、个人三者利益，理顺国家与企业、中央与地方的分配关系，逐步实行利税分流和分税制"。1993 年党的十四届三中全会通过了《中共中央关于建立社会主义市场经济体制若干问题的决定》，提出"积极推进财税体制改革""把现行地方财政包干制改为在合理划分中央与地方事权基础上的分税制，建立中央税收和地方税收体系"，为"分税制"财政体制改革明确了方向。中央税主要是维护国家权益和实施宏观调控所必需的税种；对于适合地方征收的为地方财政收入来源的设为地方税；而共享税主要是同经济发展直接相关的主要税种。为贯彻落实十四届三中全会精神，1993 年 12 月 15 日，国务院发布《关于实行分税制财政管理体制的决定》，决定从 1994 年 1 月 1 日起改革地方财政包干体制，对各省、自治区、直辖市以及计划单列市实行分税制财政管理体制①。在划分中央和地方事权和支出的基础上划分中央财政收入和地方财政收入，进一步理顺中央和地方财政分配关系。分税制改革有助于更好地发挥财政分配职能，增强了中央宏观调控的能力②，也进一步完善了社会主义市场经济制度。

作为普遍征收增值税的补充，建立消费税制度，并纳入中央税范畴；消费税制度的建立也是分税制改革的重要内容之一。1993 年 12 月 13 日，国务院颁布《中华人民共和国消费税暂行条例》；为更好地落实消费税政策财政部于 1993 年 12 月 25 日发布《中华人民共和国消费税

---

① 国务院关于实行分税制财政管理体制的决定 [J]. 中华人民共和国国务院公报，1993 (30)：1462 - 1467.

② 项怀诚. 十三年来国家财政改革与发展回顾 [J]. 中国党政干部论坛，2002 (11)：3 - 8.

暂行条例实施细则》。自 1994 年 1 月 1 日起，对烟、酒及酒精等 11 类消费品开征消费税，消费税成为我国三大流转税之一。国家税务总局为进一步推进消费税征收管理，于 1993 年先后出台了《国家税务总局关于印发〈消费税征收范围注释〉的通知》《国家税务总局关于印发〈消费税若干具体问题的规定〉的通知》，对消费税征税范围以及消费税在执行过程中遇到的一些问题进行了明确，为消费税政策实施奠定了基础，基本形成了我国现行消费税制度框架。

3.2.2.1 消费税的纳税人

根据《中华人民共和国消费税暂行条例》《中华人民共和国消费税暂行条例实施细则》规定，在中华人民共和国境内生产、委托加工和进口《消费税暂行条例》规定的应税消费品的单位（即企业、行政单位、事业单位、军事单位、社会团体及其他单位）和个人（指个体工商户及其他个人）为消费税的纳税义务人。在中华人民共和国境内，是指生产、委托加工和进口属于应税消费品的起运地或者所在地在境内。

3.2.2.2 消费税征税范围

1994 年确立的消费税征税范围涵盖烟、酒及酒精、化妆品、护肤护发品、贵重首饰及珠宝玉石、鞭炮焰火、汽油、柴油、汽车轮胎、摩托车、小汽车 11 类消费品。以上 11 类消费品主要可以分为三大类：一是过度消费会损害健康的消费品，诸如烟、酒及酒精等；二是具有奢侈品性质的高档或非生活必需的消费品，对这一类消费品征税既可以增加财政收入也不会影响居民一般消费，如化妆品、贵重首饰及珠宝玉石等；三是过度消耗会对生态环境造成破坏的消费品，如鞭炮焰火、汽油、小汽车等。

3.2.2.3 消费税税率

在税率设置上，我国消费税税率采用从价定率和从量定额的形式。定额税率主要针对价格差异相对较小而计量单位较为规范的应税消费品。1994 年版消费税主要针对黄酒、啤酒、汽油、柴油等采用从量计征消费税的方式。

3.2.2.4 消费税征税环节

依据 1994 年版《消费税暂行条例》规定，我国消费税实行价内税，主要在应税消费品的生产、委托加工和进口环节缴纳消费税，如表 3.5 所示。

表 3.5   **1994 年消费税税目税率**

税目	征收范围	计税单位	税率
一、烟			
1. 甲类卷烟			45%
2. 乙类卷烟	包括各种进口卷烟		40%
3. 雪茄烟			40%
4. 烟丝			30%
二、酒及酒精			
1. 粮食白酒			25%
2. 薯类白酒			15%
3. 黄酒		吨	240 元
4. 啤酒		吨	220 元
三、化妆品	包括成套化妆品		30%
四、护肤护发品			17%
五、贵重首饰及珠宝玉石	包括各类金、银、珠宝首饰及珠宝玉石		10%
六、鞭炮、焰火			15%
七、汽油		升	0.2 元
八、柴油		升	0.1 元
九、汽车轮胎			10%
十、摩托车			10%

税目	征收范围	计税单位	税率
十一、小汽车			
1. 小轿车			
气缸容量（排气量下同）在2200毫升以上的（含2200毫升）			8%
气缸容量在1000毫升至2200毫升的（含1000毫升）			5%
气缸容量在1000毫升以下的			3%
2. 越野车（四轮驱动）			
气缸容量在2400毫升以上的（含2400毫升）			5%
气缸容量在2400毫升以下的			3%
3. 小客车（面包车）	22座以下		
气缸容量在2000毫升以上的（含2000毫升）			5%
气缸容量在2000毫升以下的			3%

资料来源：1993年12月15日国务院颁布的《中华人民共和国消费税暂行条例》。

3.2.3 我国消费税改革情况

自消费税制度建立以来的30年里，我国政府根据社会主义市场经济发展情况针对消费税制度进行了多次调整，在2006年进行了一次重大调整，并在2008年重新修订了《中华人民共和国消费税暂行条例》和《中华人民共和国消费税暂行条例实施细则》。2019年12月3日，财政部和国家税务总局联合发布《中华人民共和国消费税法（征求意见稿）》，并公开征求意见[1]，在推进消费税立法走出了第一步。

---

① 财政部和国家税务总局.《中华人民共和国消费税法（征求意见稿）》公开征求意见[EB/OL].（2019－12－03）[2024－03－02]. https：//www.chinatax.gov.cn/chinatax/n810356/n810961/c5140457/content.html.

3.2.3.1 关于烟消费税改革情况

自 1994 年开征消费税以后,烟税目消费税政策调整主要有六次较大调整。整体看我国烟消费税的征税范围在扩大,税率有所提升;同时计税方法由单一从价定率计征调整为从价定率和从量定额复合计征消费税的方式。在生产环节征税的同时,新增了在批发环节再征收一道消费税。烟消费税的改革趋势是与我国进一步加强"控烟"政策是相一致的。世界卫生组织(WHO)指出,有证据表明,吸烟会导致诸多疾病。2003 年第五十六届世界卫生大会上通过了《烟草控制框架公约》;我国于 2005 年批准该公约。此后我国逐步提高了烟消费税税率,2022 年也将电子烟纳入消费税征税范围。表 3.6 为我国烟消费税改革历程。

表 3.6 我国烟消费税改革历程

时间	文件	子税目变化	从价税率(%)	从量税率(元/支)
1994 年 1 月 1 日	《中华人民共和国消费税暂行条例》	甲类卷烟	45%	
		乙类卷烟	40%	
1998 年 7 月 1 日	《国务院关于调整烟叶和卷烟价格及税收政策的紧急通知》	一类卷烟	50%	
		二、三类卷烟	40%	
		四、五类卷烟	25%	
		雪茄烟	25%	
		进口卷烟	50%	
2001 年 6 月 1 日	《财政部 国家税务总局关于调整烟类产品消费税政策的通知》	甲类卷烟	45%	0.003
		乙类卷烟	30%	0.003
		进口卷烟	45%	0.003
2009 年 5 月 1 日	《财政部 国家税务总局关于调整产品消费税的通知》	甲类卷烟	56%	0.003
		乙类卷烟	36%	0.003
		雪茄烟	36%	
		卷烟批发环节	5%	

时间	文件	子税目变化	从价税率（%）	从量税率（元/支）
2015年5月7日	《财政部 国家税务总局关于调整卷烟消费税的通知》	卷烟批发环节	11%	0.005
2022年11月1日	《财政部 海关总署 税务总局关于对电子烟征收消费税的公告》	电子烟生产（进口）环节	36%	
		电子烟批发环节	11%	

资料来源：国家税务总局网站（政策法规库）、中国注册税务师协会法律法规库。

　　我国消费税建立之初，甲类卷烟适用45%税率。但因考虑到卷烟生产企业税负增加的困难，1994年6月27日，财政部、国家税务总局发布《关于甲类卷烟暂时给予减征消费税照顾的通知》，决定从1994年1月1日起对甲类卷烟暂减按40%的税率征收消费税；也就是说消费税建立之初卷烟统一按40%税率缴纳消费税。实际上直到1998年以后才按差别税率征收烟消费税，最低适用25%的税率，最高适用50%的税率。

　　自2001年6月1日起，为了引导烟草行业健康发展，促进烟草行业"扶优关小"，同时也借鉴其他国家经验，对卷烟消费税的计税方法和税率进行了优化和调整。实行从量与从价相结合的复合计税方法，从价税率由三档调整为二档，对甲类卷烟（即每标准条不含增值税调拨价在大于等于50元的）适用45%税率，乙类卷烟（每标准条不含增值税调拨价在50元以下的）适用30%的税率；同时新增按每5万支卷烟计征150元的定额税。整体看，此次调整大幅提升了低档卷烟的消费税负。

　　一方面为了进一步落实控烟政策，另一方面为了进一步增加财政收入。2009年5月26日，国家大幅提高卷烟消费税比例税率，财政部和国家税务总局联合下发《关于调整卷烟产品消费税政策的通知》，在卷烟批发环节加征一道5%的从价税；对卷烟生产环节（含进口）消费税的从价税税率进行调整。调整甲类卷烟和乙类卷烟划分标准和税率①，甲类卷烟适用税率调整为 56%，乙类卷烟适用税率调整为 36%；雪茄烟生产环节的税率则调整为 36%。2015 年 5 月 7 日，财政部和国家税务总局决定将卷烟批发环节从价税税率由 5% 提高至 11%，并按 0.005 元/支加征从量税②。

随着电子烟的出现和发展，2022 年 10 月 2 日，财政部、海关总署和税务总局联合发布《关于对电子烟征收消费税的公告》，决定将"电子烟"作为"烟"税目的子税目征收消费税。在电子烟生产（进口）、批发等环节均需缴纳消费税，生产（进口）环节的税率设定为 36%，批发环节的税率设定为 11%。

3.2.3.2 关于酒消费税的改革情况

1994 年，消费税设定之初"酒及酒精"税目包含适用比例税率的粮食白酒（适用 25% 税率）、薯类白酒（适用 15% 税率）、其他酒（适用税率 10%）以及酒精（适用 5% 税率），而黄酒和啤酒则分别适用 240 元/吨和 220 元/吨的从量税率。表 3.7 为我国酒消费税改革历程。

一是增加从量税率。2001 年 5 月，财政部和国家税务总局联合发布通知将白酒的计税方式调整为从量和从价复合计税式（见表 3.7）。而将啤酒划分为甲类啤酒和乙类啤酒，分别适用 250 元/吨和 220 元/吨的从量定额税率。甲类啤酒是指每吨出厂价格（含包装物及包装物押金，2006 年 2 月 27 日发布的《财政部 国家税务总局关于明确啤酒包装物押金消费税政策的通知》明确押金不包括供重复使用的塑料周转箱）在 3000 元（含 3000 元，不含增值税）以上的啤酒，而对出厂价格在 3000 元（不含 3000 元，不含增值税）以下的为乙类啤酒。另外，还明确了娱乐业、饮食业自制啤酒适用 250 元/吨的定额税率。2005 年 4 月国家税务总局又进一步明确了果啤属于啤酒，应按啤酒消费税率

---

① 甲类和乙类卷烟划分标准为每标准条（200 支）调拨价 70 元。
② 该通知来源于 2015 年 5 月 7 日，财政部和国家税务总局发布的《关于调整卷烟消费税的通知》。

缴纳消费税①。

表 3.7　　　　　　　　　　　我国酒消费税改革历程

时间	文件	子税目变化	从价税率	从量税率
1994 年 1 月 1 日	《中华人民共和国消费税暂行条例》	粮食白酒	25%	
		薯类白酒	15%	
		黄酒		240 元/吨
		啤酒		220 元/吨
		其他酒	10%	
		酒精	5%	
2001 年 5 月 1 日	《财政部 国家税务总局关于调整酒类产品消费税政策的通知》	粮食白酒	25%	0.5 元/斤
		薯类白酒	15%	0.5 元/斤
		甲类啤酒		250 元/吨
		乙类啤酒		220 元/吨
2006 年 4 月 1 日	《财政部 国家税务总局关于调整和完善消费税政策的通知》	粮食白酒	20%	0.5 元/斤 0.5 元/500 毫升
		薯类白酒	20%	0.5 元/斤 0.5 元/500 毫升
		甲类啤酒		250 元/吨
		乙类啤酒		220 元/吨
2014 年 12 月 1 日	《财政部 国家税务总局关于调整消费税政策的通知》	酒精	取消	

资料来源：国家税务总局网站（政策法规库）、中国注册税务师协会法律法规库。

　　二是调整从价税率。2006 年 3 月，财政部、国家税务总局决定将粮食白酒和薯类白酒从价税率统一调整为 20%，从量税率为 0.5 元/斤（500 克）或 0.5 元/500 毫升。②

　　三是规范计税价格。2009 年 7 月，国家税务总局决定自 2009 年 8

―――――――――

　　①　该决定来源于 2005 年 4 月发布的《国家税务总局关于果啤征收消费税的批复》。
　　②　该决定来源于 2006 年 3 月财政部、国家税务总局发布的《财政部 国家税务总局关于调整和完善消费税政策的通知》。

月 1 日起实行《白酒消费税最低计税价格核定管理方法（试行）》①。该《管理方法（试行）》规定在保持 20% 从价税率不变的前提下，白酒生产企业计税价格低于对外销售价格 70% 以下的，由税务机关按对外销售价格的 50% 至 70% 核定，其中规模大较大、利润水平较高的生产企业按对外销售价格的 60% 至 70% 核定②。自 2015 年 6 月 1 日起纳税人将委托加工收回的白酒销售给销售单位，消费税计税价格低于销售单位对外销售价格（不含增值税）70% 以下的也应按《白酒消费税最低计税价格核定管理方法（试行）》规定的核价办法，核定消费税最低计税价格③。为进一步规范白酒消费税计税价格核定管理，2017 年 4 月 23 日国家税务总局发布《关于进一步加强白酒消费税征收管理工作的通知》规定："自 2017 年 5 月 1 日起，白酒消费税最低计税价格核定比例由 50% 至 70% 统一调整为 60%"。

四是取消"酒精"税目。2014 年 11 月，财政部、国家税务总局发布《关于调整消费税政策的通知》，决定自 2014 年 12 月 1 日起取消对酒精征收消费税，并以"酒"税目取代"酒及酒精"税目。

总体看，酒消费税的调整为调节酒产业发展起到了积极作用。相较于卷烟消费税改革幅度来说，酒消费税改革幅度相对较小；白酒消费税由从价计税方式改革为复合计税方式，中低档白酒的消费税负担有所上升；白酒消费税计税价格也趋于规范。酒精税目的取消对酿酒企业来说减轻了不少税收负担，为酿酒行业发展起到了积极作用。经过多年的产业调整和市场形势的变化，也有不少企业在发展中遇到了困境，白酒行业内也能看到关于取消白酒从量计税的呼声。而酒消费税目中黄酒、啤酒和其他酒的税率很稳定，几乎没有发生变化。

---

① 该《管理方法（试行）》来源于 2009 年 7 月发布的《国家税务总局关于加强白酒消费税征收管理的通知》。

② 生产企业消费税计税价格低于销售单位对外销售价格 70% 以下的，消费税最低计税价格由税务机关根据生产规模、白酒品牌、利润水平等情况在销售单位对外销售价格 50% 至 70% 范围内自行核定。其中生产规模较大、利润水平较高的企业生产的需要核定消费税最低计税价格的白酒，税务机关核价幅度原则上应选择在销售单位对外销售价格 60% 至 70% 范围内。

③ 该规定来源于 2015 年发布的《国家税务总局关于白酒消费税最低计税价格核定问题的公告》。

3.2.3.3 关于成品油消费税的改革情况

一是设立"汽油、柴油"税目。我国消费税在设立之初，设有"汽油""柴油"2个税目，且汽油不区分含铅和无铅，统一按0.2元/升征收消费税。为保护生态环境和减少机动车辆排气污染，自1999年1月1日起，对含铅汽油（含铅量每升超过0.013克的汽油）的消费税税率调整为0.28元/升，无铅汽油税率则不变①。后来，为规范汽油、柴油消费税征收，在2005年8月国家税务总局印发《汽油、柴油消费税管理办法（试行)》。

二是设置"成品油"税目。2006年国家调整和完善消费税政策时，取消了汽油和柴油消费税一级税目；决定自2006年4月1日起增列"成品油"税目，并在其下设"汽油""柴油""石脑油""溶剂油""润滑油""燃料油""航空煤油"等子税目，除了燃料油和航空煤油适用税率为0.1元/升外，其他新增子税目适用税率为0.2元/升②。同时规定了减免税项目，如暂按税额30%缴税的项目有：石脑油、溶剂油、润滑油、燃料油；为了扶持我国航空业发展，国家对航空煤油的消费税则暂缓征收。自2008年1月1日以后，我国恢复对石脑油、溶剂油、润滑油征收消费税，适用税率为0.2元/升，燃料油适用税率为0.1元/升③。

三是大幅提升成品油税率。2008年12月，财政部和国家税务总局决定自2009年1月1日起，大幅提升成品油消费税税率。含铅汽油税率提升至1.4元/升，无铅汽油、石脑油、溶剂油、润滑油税率提升至1元/升，柴油、燃料油、航空煤油税率提升至0.8元/升④。同时也调整了对进口相应成品油的政策，自2009年1月1日起对进口石脑油恢复征收消

---

① 该决定来源于1998年11月30日出台的《财政部 国家税务总局关于调整含铅汽油消费税税率的通知》。

② 该决定来源于2006年3月21日发布的《财政部 国家税务总局关于调整和完善消费税政策的通知》。

③ 该决定来源于2008年2月发布的《财政部 国家税务总局关于调整部分成品油消费税政策的通知》。

④ 该规定来源于2008年12月发布的《财政部 国家税务总局关于提高成品油消费税税率的通知》。

费税；而对国产的用作乙烯、芳烃类产品原料的石脑油继续免征消费税；对航空煤油继续暂缓征收消费税。[①] 为进一步加强环境保护，我国从 2000 年开始禁止生产销售车用含铅汽油，并于 2014 年 12 月 1 日起取消车用含铅汽油消费税，[②] 汽油税目不再划分二级子目，统一按照无铅汽油税率征收消费税。

2014 年 7 月以后，由于受国际形势的影响，油价持续性大幅下降，国内油价也相应下跌，出现了"12 连跌"。而我国成品油消费税从量计征消费税并未与价格形成联动机制。基于促进环境治理和节能减排的考虑，结合油价连续下跌的有利时机，我国政府在 2014 年底至 2015 年初，连续多次调整成品油消费税税率。如表 3.8 所示，根据 2014 年财政部和国家税务总局的规定，自 2014 年 11 月 29 日起，我国调整汽油、石脑油、溶剂油、润滑油消费税税率为 1.12 元/升，柴油、燃料油、航空煤油消费税税率为 0.94 元/升，航空煤油消费税继续暂缓征收。2014 年 12 月 12 日，财政部、国家税务总局决定自 2014 年 12 月 13 日，将汽油、石脑油、溶剂油和润滑油的消费税单位税额由 1.12 元/升提高到 1.4 元/升；将柴油、航空煤油和燃料油的消费税单位税额由 0.94 元/升提高到 1.1 元/升；同时规定航空煤油继续暂缓征收消费税。2015 年 1 月 12 日，财政部、国家税务总局决定自 2015 年 1 月 13 日起，将汽油、石脑油、溶剂油和润滑油的消费税单位税额由 1.4 元/升提高到 1.52 元/升；将柴油、航空煤油和燃料油的消费税单位税额由 1.1 元/升提高到 1.2 元/升；同时航空煤油继续暂缓征收消费税。至此 2014 年 11 月 28 日至 2015 年 1 月 12 日，连续三次上调成品油消费税税率。

整体而言，成品油消费税从"汽油""柴油"2 个一级税目调整为"成品油"1 个一级税目和 7 个子税目；同时成品油消费税税率调整幅度也较大。1998 年国务院办公厅发布《关于限期停止生产销售使用车用含铅汽油的通知》，自 2000 年 1 月 1 日起，全国停止生产车用含铅汽油；同

[①] 该规定来源于 2008 年发布的《财政部 国家税务总局关于提高成品油消费税税率后相关成品油消费税政策的通知》。

[②] 该规定来源于 2014 年发布的《财政部 国家税务总局关于调整消费税政策的通知》。

年7月1日起，所有汽车一律停止使用含铅汽油。我国逐步停止生产含铅汽油，2014年汽油税目不再区分含铅和无铅。对成品油征收消费税以及多次调整成品油消费税税率，不断增强了我国消费税环境保护功能。

表3.8　　　　　　　　　我国成品油消费税税率变动情况　　　　单位：元/升

时间	文件	汽油	柴油	石脑油	溶剂油	润滑油	燃料油	航空煤油
1994年1月1日	《中华人民共和国消费税暂行条例》	0.2	0.1	—	—	—	—	—
1999年1月1日	《关于调整含铅汽油消费税税率的通知》	0.2（含铅汽油为0.28）	0.1	—	—	—	—	—
2006年4月1日	《财政部 国家税务总局关于调整和完善消费税政策的通知》	0.2（含铅汽油为0.28）	0.1	0.2（暂按30%征收）	0.2（暂按30%征收）	0.2（暂按30%征收）	0.1（暂按30%征收）	0.1（暂缓征收）
2008年1月1日	《财政部 国家税务总局关于调整部分成品油消费税政策的通知》	0.2（含铅汽油为0.28）	0.1	0.2	0.2	0.2	0.1	0.1（暂缓征收）
2009年1月1日	《财政部 国家税务总局关于提高成品油消费税税率的通知》	1（含铅汽油为1.4）	0.8	1	1	1	0.8	0.8（暂缓征收）
2014年12月1日	《财政部 国家税务总局关于调整消费税政策的通知》	1	0.8	1	1	1	0.8	0.8（暂缓征收）
2014年11月29日	《财政部 国家税务总局关于提高成品油消费税的通知》	1.12	0.94	1.12	1.12	1.12	0.94	0.94（暂缓征收）
2014年12月13日	《财政部 国家税务总局关于进一步提高成品油消费税的通知》	1.4	1.1	1.4	1.4	1.4	1.1	1.1（暂缓征收）
2015年1月13日	《财政部 国家税务总局关于继续提高成品油消费税的通知》	1.52	1.2	1.52	1.52	1.52	1.2	1.2（暂缓征收）

资料来源：国家税务总局网站（政策法规库）、中国注册税务师协会法律法规库。

3.2.3.4 关于汽车消费税的改革情况

我国汽车消费税设定之初在"小汽车"税目下分设"小轿车""越野车""小客车"3 个子目，税率最低为 3%，最高为 5%。2000 年 6 月 7 日，财政部、国家税务总局联合发文《关于对低污染排放小汽车减征消费税的通知》，决定自 2000 年 1 月 1 日起对生产销售达到低污染排放限值的小轿车、越野车和小客车减征 30% 的消费税。随着技术进步，以及节能减排要求，我国决定自 2004 年 1 月 1 日起对企业生产销售的达到 GB18352.2—2001《轻型汽车污染物排放限值及测试方法（Ⅱ）》（相当于欧洲Ⅱ标准）的小汽车，停止减征消费税，一律恢复按规定税率征税；同时对企业生产销售达到相当于欧洲Ⅲ排放标准的小汽车减征 30% 的消费税。[①] 随着后续小汽车消费税政策调整，上述政策也逐渐失效，并于 2010 年正式废止。表 3.9 为 2000 年小汽车消费税税率。

表 3.9   **2000 年小汽车消费税税率**

税目	税率
1. 小轿车，按发电机气缸容量（排气量）分档	
2200 毫升≤气缸容量（排气量下同）在以上的（含 2200 毫升）	8%
1000 毫升≤气缸容量＜2200 毫升	5%
气缸容量＜1000 毫升	3%
2. 越野车（四轮驱动）	
2400 毫升≤气缸容量	5%
气缸容量＜2400 毫升	3%
3. 小客车（面包车，22 座以下）	
2000 毫升≤气缸容量	5%
气缸容量＜2000 毫升	3%

资料来源：1993 年 12 月 15 日国务院颁布的《中华人民共和国消费税暂行条例》。

---

① 该决定来源于 2003 年底发布的《财政部 国家税务总局关于低污染排放小汽车减征消费税问题的通知》。

2006 年 3 月 20 日，财政部、国家税务总局联合发布《财政部 国家税务总局关于调整和完善消费税政策的通知》大幅调整我国消费税，其中规定：自 2006 年 4 月 1 日起，取消小汽车税目下的小轿车、越野车、小客车子目。在小汽车税目下分设乘用车、中轻型商用客车子目；同时规定电动汽车不属于征收范围。调低了乘用车中气缸容量在 1.0 ~ 1.5 升小排量汽车的消费税税率，提升了气缸容量在 2.0 升以上的中、高排量汽车消费税，具体见表 3.10。

表 3.10　　　　　　　　　2006 年小汽车消费税税率

税目	税率
1. 乘用车（按发动机气缸容量（排气量）分档设定税率）	
（1）气缸容量≤1.5 升	3%
（2）1.5 升＜气缸容量≤2.0 升	5%
（3）2.0 升＜气缸容量≤2.5 升	9%
（4）2.5 升＜气缸容量≤3.0 升	12%
（5）3.0 升＜气缸容量≤4.0 升	15%
（6）4.0 升＜气缸容量	20%
2. 中轻型商用客车	5%

资料来源：2006 年《财政部 国家税务总局关于调整和完善消费税政策的通知》。

为落实节能减排攻坚任务，2008 年我国对小汽车消费税政策进行了较大调整。此次调整细化了小排量汽车分类，并适当降低税率，而针对大排量小汽车则大幅提高了消费税税率。2008 年乘用车消费税具体调整内容为：将发动机气缸容量（排气量）在 1.0 升以下（含 1.0 升）的乘用车的适用税率下调至 1%；对气缸容量在 3.0 升以上至 4.0 升（含 4.0 升）的乘用车，税率上调至 25%，税率增加了 10%；而对气缸容量在 4.0 升以上的乘用车适用税率增加最多，其税率由 20%上调至 40%，见表 3.11。此次乘用车消费税税率调整进一步拉开了小汽车消费税税率档次,"一升一降"不断增强了我国消费税对环境保护的调节力度。

表3.11 2008年小汽车消费税税率

税目	税率
小汽车（按发动机气缸容量（排气量）分档设定税率）	
（1）气缸容量≤1.0升	1%
（2）1.0升＜气缸容量≤1.5升	3%
（3）1.5升＜气缸容量≤2.0升	5%
（4）2.0升＜气缸容量≤2.5升	9%
（5）2.5升＜气缸容量≤3.0升	12%
（6）3.0升＜气缸容量≤4.0升	25%
（7）4.0升＜气缸容量	40%

资料来源:2008年《关于调整乘用车消费税政策的通知》。

为进一步引导居民合理消费、理性消费,调节居民收入分配和促进全社会节能减排,2016年9月30日,财政部 国家税务总局发布《关于对超豪华小汽车加征消费税有关事项的通知》。规定自2016年12月1日起,在"小汽车"税目下增设"超豪华小汽车"子税目。该通知中将不含增值税的零售价格等于或大于130万元/辆的乘用车、中轻型商用客车认定为"超豪华小汽车"。对于"超豪华小汽车"在生产（进口）环节按原税率缴纳消费税的基础上,在其零售环节加征一道消费税,按照10%的比例征收。"超豪华小汽车"包含乘用车和中轻型商用客车,见表3.12。

总体看,小汽车的消费税税率呈现层次多样化特征、税率变动有升有降。关于汽车消费税的改革,主要体现在小排量汽车的减税和中、高排量以及超豪华小汽车的增税。

表 3. 12　　　　　　　　2016 年小汽车消费税税率

税目、时间、文件	税率	
	生产（进口）环节	零售环节
时间	2008 年 9 月 1 日	2016 年 12 月 1 日
文件	财税〔2008〕105 号	财税〔2016〕129 号
小汽车		
1. 乘用车（按发动机气缸容量（排气量）分档设定税率）		
（1）气缸容量≤1.0 升	1%	1%
（2）1.0 升＜气缸容量≤1.5 升	3%	3%
（3）1.5 升＜气缸容量≤2.0 升	5%	5%
（4）2.0 升＜气缸容量≤2.5 升	9%	9%
（5）2.5 升＜气缸容量≤3.0 升	12%	12%
（6）3.0 升＜气缸容量≤4.0 升	25%	25%
（7）4.0 升＜气缸容量	40%	40%
2. 中轻型商用客车	5%	5%
3. 超豪华小汽车	按子税目 1 和子税目 2 的规定征收	10%

资料来源：《关于调整乘用车消费税政策的通知》和《关于对超豪华小汽车加征消费税有关事项的通知》。

3.2.3.5　关于消费税其他税目的改革情况

一是"化妆品"到"高档化妆品"税目的变迁。1994 年开始对化妆品征收消费税，适用税率为 30%，2006 年我国将高档护肤类化妆品列入化妆品税目[①]；自 2016 年 10 月 1 日起，又将"化妆品"税目名称更名为

[①]　该决定来源于 2006 年发布的《财政部 国家税务总局关于调整和完善消费税政策的通知》。

"高档化妆品"，并将其适用税率调整为15%，其征收范围包括高档美容、修饰类化妆品、高档护肤类化妆品和成套化妆品①，同时取消对普通美容、修饰类化妆品征收消费税。此次调整体现了消费税对"非必需品"征税的理念；也体现着作为具有调节功能的消费税，具有动态调整的必要性。

二是"贵重首饰及珠宝玉石"税目整体变化较小，税率为10%。消费税实施之初经国务院批准，财政部和国家税务总局又发布通知规定自1994年1月1日起，金银首饰消费税由10%的税率减按5%的税率征收②；当时税率调整仅限于金、银首饰，金银合金首饰（是指金基、银基合金首饰）和金银镶嵌首饰（是指镶嵌金、银和金基、银基合金的首饰）两类。为进一步规范金银首饰消费税征收管理，1994年12月财政部和国家税务总局又发布了《关于调整金银首饰消费税纳税环节有关问题的通知》。2001年11月3日，财政部、国家税务总局发布《关于钻石及上海钻石交易所有关税收政策的通知》规定，自2002年1月1日起对钻石及钻石饰品消费税的纳税环节由生产环节、进口环节后移至零售环节；对未镶嵌的成品钻石和钻石饰品的消费税减按5%的税率征收。后来为规范铂金交易，加强铂金交易的税收管理。2003年经国务院批准，自2003年5月1日起，铂金首饰消费税的征收环节由在生产环节和进口环节征收改为在零售环节征收，消费税税率调整为5%③。2008年修订《中华人民共和国消费税暂行条例》将金银首饰、铂金首饰和钻石及钻石饰品适用5%的税率和其他贵重首饰和珠宝玉石适用的10%上升为法律。

三是"摩托车"消费税税目和税率的调整。摩托车消费税最初按照10%征收，在2006年消费税政策调整时，又将其税率调整为按照摩托车气缸容量分为3%和10%两档。3%的税率适用的气缸容量不超过

---

① 该决定来源于2016年发布的《财政部 国家税务总局关于调整化妆品消费税政策的通知》。
② 该决定来源于1994年发布的《关于金银首饰消费税减按5%征收的通知》。
③ 该决定来源于2003年发布的《财政部 国家税务总局关于铂金及其制品税收政策的通知》。

250 毫升（含）的摩托车，而对于气缸容量在 250 毫升以上的摩托车其税率维持 10% 不变；可见 2006 年摩托车税率调整降低了小排量摩托车的消费税负担。依据 2014 年发布的《财政部 国家税务总局关于调整消费税政策的通知》规定，自 2014 年 12 月 1 日起取消气缸容量 250 毫升（不含）以下的小排量摩托车消费税；而对气缸容量 250 毫升的摩托车按照 3% 的税率征收消费税，对 250 毫升（不含）以上的摩托车继续按10% 的税率征收消费税。

四是"鞭炮、焰火"消费税税目和税率一直较为稳定，其税率为15%。

五是扩大消费税零售环节征税情形。随着我国经济社会发展，居民消费升级的趋势逐渐显现。为适应这一发展趋势，并改善居民消费环境，进一步完善我国消费税体制机制。同时也为了进一步发展壮大国内市场，2020 年经国务院同意，由包括国家发展改革委、海关总署、税务总局等 23 个部门联合发布《关于促进消费扩容提质加快形成强大国内市场的实施意见》，指出"调整优化部分消费税品目征收环节，将高档手表、贵重首饰和珠宝玉石的消费税由进口环节后移至零售环节征收"①。

3.2.3.6 取消和新增消费税税目情况

1. 取消的消费税税目情况

随着我国经济社会发展，一些原本属于"奢侈品"的消费品逐渐成为老百姓生活必需品，因此也逐步被取消征收消费税，比如护肤护发品。2000 年 12 月 28 日，财政部和国家税务总局发布《关于香皂和汽车轮胎消费税政策的通知》决定自 2001 年 1 月 1 日起，停止对"护肤护发品"税目中的"香皂"征收消费税；2006 年消费税政策大调整时，决定自 2006 年 4 月 1 日起将护肤护发品征税范围中的"高档护肤类化妆品"纳入新的"化妆品"税目，同时取消了原"护肤护发品"消费

---

① 《关于促进消费扩容提质加快形成强大国内市场的实施意见》（发改就业〔2020〕293号）[EB/OL]．（2020 – 02 – 28）[2024 – 04 – 04]．https：//www.gov.cn/zhengce/zhengceku/2020 – 03/13/content_5490797.htm.

税税目。

另一个被取消税目的是"汽车轮胎"。自2001年1月1日起，对翻新轮胎停止征收消费税，同时规定对子午线轮胎免征消费税①。到2006年消费税政策调整时，又决定自2006年4月1日起将汽车轮胎10%的税率下调至3%。2014年11月25日，财政部、国家税务总局印发《关于调整消费税政策的通知》决定自2014年12月1日起，正式取消汽车轮胎消费税税目。表3.13为被取消的消费税税目。

表3.13　　　　　　　　　　　被取消的消费税税目

文件	时间	被取消的税目
《财政部 国家税务总局关于调整和完善消费税政策的通知》	2006年4月1日	护肤护发品
《财政部 国家税务总局关于调整消费税政策的通知》	2014年12月1日	汽车轮胎、酒精、含铅汽油、气缸容量250毫升（不含）以下的小排量摩托车

资料来源：国家税务总局网站（政策法规库）。

2. 新增的消费税税目情况

随着社会主义市场经济的发展，为完善消费税制度，增强消费税促进环境保护和更好发挥消费税引导健康消费的作用，我国于2006年对消费税政策进行了较大调整。在取消"汽油""柴油"两个一级税目的同时调整新增"成品油"税目外，又新增高尔夫球及球具、高档手表、游艇、木制一次性筷子、实木地板5个税目，见表3.14。

为进一步发挥消费税促进节能环保作用，经国务院批准，自2015年2月1日起对电池、涂料征收消费税。根据2015年发布的《财政部 国家税务总局关于对电池涂料征收消费税的通知》，我国在生产、委托加工和进口环节征收对电池、涂料按4%的税率征收消费税。同时也规定了

① 该规定来源于2000年财政部、国家税务总局《关于香皂和汽车轮胎消费税政策的通知》。

免征消费税的电池和涂料的范围。

表 3.14　　　　　　　　新增消费税（一级）税目情况

文件	时间	新增税目	税率	备注
《财政部 国家税务总局关于调整和完善消费税政策的通知》	2006 年 4 月 1 日	高尔夫球及球具	10%	高尔夫球、高尔夫球杆（含高尔夫球杆的杆头、杆身和握把）、高尔夫球包（袋）
		高档手表	20%	不含增值税销售价格每只在 10000 元（含）以上的各类手表
		游艇	10%	8 米≤艇身长度≤90 米；分为无动力艇、帆艇和机动艇
		木制一次性筷子	5%	含未经打磨、倒角的木制一次性筷子
		实木地板	5%	①实木地板；②实木指接地板；③实木复合地板；④用于装饰墙壁、天棚的侧端面为榫、槽的实木装饰板
《财政部 国家税务总局关于对电池涂料征收消费税的通知》	2015 年 2 月 1 日	电池	4%	(1) 免税电池包括：①无汞原电池；②金属氢化物镍蓄电池（又称"氢镍蓄电池"或"镍氢蓄电池"）；③锂原电池；④锂离子蓄电池；⑤太阳能电池；⑥燃料电池；⑦全钒液流电池。(2) 铅蓄电池：2015 年 12 月 31 日前缓征消费税；自 2016 年 1 月 1 日起，按 4% 税率征收消费税
		涂料	4%	对施工状态下挥发性有机物（VOC）含量低于 420 克/升（含）的涂料免税

资料来源：国家税务总局网站（政策法规库）。

3.2.4　我国现行消费税制度的特点

目前，我国是以流转税为主体的税收体系，全面实施营业税改征增值税后，流转税体系变成了以增值税为主、消费税为主要组成的流转税体系。我国现行消费税主要具有以下特征：一是在征税对象上以特定消费品为主，涉及 15 个大类的消费品。主要是一些不利于身体健康的"有害品"、高档消费品及奢侈品、一些不可再生的资源类消费品和对生态环境具有破坏性的消费品。二是在征税环节上看，我国消费税属于单一环节征收的商品劳务税。其课征环节一般选择生产经营的起始环节，如生产环节、委托加工环节、进口环节，或在最终消费或使用环节，通常不在中间环节课税；目前部分税目在批发环节和零售环节征收消费税，同时它不同于增值税"道道征税"，只在某一环节。选择单一环节征税，主要是为了加强源泉控制、防止税收流失，同时可以减少纳税人的数量从而降低课征成本。比较特殊的是除了在生产环节或进口环节征收消费税外，卷烟在批发环节、超豪华小汽车在零售环节均征收消费税。三是从计价方式上看，我国消费税实行从价征税和从量征税共存。对大部分消费品实行按销售额从价计征消费税，对少数消费品按实物量征收消费税。实行从价征收方式的同时采用价内税形式，即消费税税额包含在应税消费品价格之中，应税产品价格亦为含税价格。这样实行从价征收的消费品的税基和增值税的税基相同。此外，为了充分发挥消费税的特殊调节功能，消费税的比例税率从 1% ～ 56% 不等（见书后附录一和附录二）。

3.3　本章小结

我国征收消费税的历史悠久，烟、酒历来都是被征税的对象。在我国的历史上烟、酒也具有奢侈品性质；正如《烟酒税史》在分析我国烟酒税的起源开篇就说"烟酒奢侈品也"[1]。伴随人们生活水平的提高和健康意识的提升，人们更多地从健康的角度认识了烟、酒，即烟酒消费税。回顾我国消费税历史，可以发现我国古代消费税以征税对象独立制定法律，如烟税、酒税、盐税等；近代以来才开始探索建立独立的消

---

[1]　程舒度，秦景阜. 烟酒税史（上册）[M]. 郑州：河南人民出版社，2018：1.

费税制度，如抗战时期的"战时消费税"和新中国成立后的"特种消费行为税"，直到 1994 年分税制改革后我国确立了独立型现代消费税制度。解放前的"统税"则可被认为是一种"嵌入型"的消费税。此外，近代以来我国消费税不仅针对烟、酒、糖类消费品（含奢侈品）征税，也对一些消费服务征收消费税，如娱乐服务等。

第4章

消费税财政收入功能分析

4.1 文献综述

4.1.1 国内外文献回顾

作为世界各国广泛开征的一种流转税，消费税具有筹集政府收入功能（贾康和张晓云，2014）。和其他税种一样，消费税基本功能也在于财政收入的贡献。消费税在各国政府组织财政收入发挥着重要的作用，主要原因是其收入相对稳定，随着经济的发展其收入也会不断增长。由于消费税征税范围的扩展和税率的提升，其收入不断增长，其组织财政收入的功能会越来越强（王赟杰和郭敏，2020）。很多国家将消费税作为中央财政收入的主要来源之一，采用集权化财政体制的国家更多地将消费税划归为中央收入（李万甫，1996）。王赟杰和郭敏（2020）认为，短期应强化消费税筹集税收收入功能，长期消费税收入功能会逐渐弱化。邓伟（2021）则认为消费税的财政收入功能处于附属地位。当前，我国税收体系依然以流转税为主，但随着我国经济社会发展，中央也提出进一步增加直接税比重，因此消费税收入功能的弱化必是未来趋势。从国际趋势看，消费税收入占 GDP 比重也在不断下降，OECD 国家

2020 年特别消费税收入占 GDP 的比重下降至 3.0%，占总税收的比重降至 9.1%①。

我国实施营业税改征增值税后，地方税收收入减少，中央与地方税收结构出现失衡。2019 年国务院出台《实施更大规模减税降费后调整中央与地方收入划分改革推进方案》，明确将消费税"后移征收环节并稳步下划地方"。我国当前消费税改革的功能定位更多的是基于其收入功能，主要在于健全地方税体系（谢芬芳，2020）。田效先（2017）认为消费税如划归地方会弱化其调节职能，因此不宜划归地方税种。刘磊和丁允博（2020）则认为，我国目前消费税的收入贡献仅对应中央，无法缓解地方财政压力。为缓解地方财政收入缺口问题，不少学者关注于消费税的中央和地方分享机制研究，一些学者主张将消费税由中央税改为中央和地方共享税，如张学诞等（2017）、段梦和娄峰（2023）、王赟杰和郭敏（2020）、刘磊和丁允博（2020）、杨珊和杜亮（2023），等等。李建军和屈丁林（2020）则认为生产乃至批发环节消费税不宜作为地方税或共享税，零售环节消费税可归属地方政府。

4.1.2　简评

筹集财政资金是消费税作为税收的最基本功能，而其在收入分配中的调节作用也被学界广泛关注。但从世界消费税发展趋势看消费税的收入功能逐渐趋于弱化，其收入占比也随之下降。我国全面实施营业税改征增值税后，作为地方税主要来源的营业税退出历史舞台，地方财政收支失衡的趋势日益严重。在这一背景下，关于我国消费税收入功能的研究逐渐从中央财政收入向中央和地方收入分享机制转变，越来越多的文献开始关注我国消费税收入分享机制的研究。近些年，采用实证模拟测

---

① OECD（2022）. Consumption Tax Trends 2022：VAT/GST and Excise，Core Design Features and Trends，OECD Publishing，Paris［M/OL］.（2022 – 11 – 30）［2024 – 02 – 08］. https：//doi. org/10. 1787/6525a942 – en.

算的方法研究消费税下划地方对财政收入的影响的学者也逐渐增多，但受限于数据的客观性，相关研究还有待进一步深入。而关注消费税收入特征及我国消费税收入发展趋势，有助于我们更加全面地认识我国消费税制度，对构建有助于推进社会主义现代化强国建设的现代税收体系研究具有积极意义，对完善我国财政收入分配体制也具有参考价值。但对消费税收入功能的研究需要从消费税整体功能出发，从经济社会发展阶段等角度全面认识消费税。

4.2　消费税组织财政收入的功能分析

4.2.1　消费税筹集财政资金的一般分析

为了充分发挥消费税的宏观调控作用，我国在建立分税制体制时就将消费税划为中央税种。消费税作为重要的中央税种的原因除了为让其调节作用能得以充分发挥外，还与其特点有关。税收本身的功能就在于组织财政收入，消费税也不例外。它一般只限于对重点消费品征税，实践中各国也一般选取生产集中、产销量大、财政收入充足的消费品为其征税对象。从各国的消费税实践看，消费税征税范围中占比较大的主要有价格弹性较低的成瘾性"有害品"。价格弹性低意味着消费量因税收而变化的程度较小，对税收（财政）收入的影响较小。如对烟、酒、汽油等征税后，这些产品的需求不会因价格上升而下降很多，因此消费税的税源较为稳定。消费税在从价征收的时候是按销售收入为计税依据的，其税基中包含产品的成本、利润和消费税税金。因此消费税不受产品成本、费用变化和利润水平变化的影响，有利于政府及时、稳定、可靠地取得财政收入。从征收管理上看，消费税易于征管，减免税控制严格。消费税对特定消费品或消费行为征税，相对来说征税面狭窄，涉及的课税物品有限、课税环节集中，不易产生偷漏税行为、计税简便。从减免税方面来看，由于消费税选择的是一些非生活必需品作为征税对象，大部分购买这些消费品（特别是奢侈品）的消费者都具有较高的消费能力（消费支付能力和税收负担能力），因此从理论和实践看都没有理由通过减免税的方式来提高（或鼓励）征税消费品的消费需求。与此同时，消费税属于流转税且税负可以转嫁，一般都由消费者承担，因此对于企业也不存在减免税的问题①。严格控制减免税，除对于实现消费税的公平和调节目的外，还对稳定财政收入很重要。

从实际来看，消费税在各国收入中发挥着不同的作用。本书根据国际货币基金组织（IMF）政府财政统计（GFS）数据库②，从中筛选2019年有消费税收入占税收收入比重数据的国家88个，并根据人均国内生产总值进行分类，汇总得到表4.1。从表4.1可看出，在人均国内生产总值在1000美元以下的13个国家或地区中消费税占税收收入的平均值为6.3%，其中最高的为20.4%，最低的为1.3%；在1000~4000美元的国家或地区消费税占收入比重平均值为9.10%；在4000~10000美元的国家或地区消费税占收入比重平均值为4.59%；10000~30000美元的国家或地区消费税占收入比重平均值为8.49%；30000美元以上的国家或地区消费税占收入比重平均值为6.51%。整体看人均GDP较高的国家或地区消费税收入占比相对较低；人均GDP在1000~4000美元的国家或地区消费税收入占比最高，且最高比例能达到28.6%。人均GDP在4000美元以上的国家消费税收入占比均不超过20%，其中人均GDP在30000美元以上的国家或地区消费税所占比例最高仅为11%。整体而言经济发展水平相对不高的地区消费税组织财政收入的作用更为重要。

---

① 按照国际惯例，我国对于出口应税消费品给予出口退税的优惠，一般对其他应税消费品都不准予减免税。

② 国际货币基金组织（IMF）政府财政统计（government finance statistics，GFS）数据库，https：//data.imf.org/? sk = 388DFA60 − 1D26 − 4ADE − B505 − A05A558D9A42&sId = 1479329132316。考虑到受新冠疫情影响，这里选择2019年数据进行分析。

表 4.1　　　　　2019 年部分国家或地区消费税占税收收入的比例

人均 GDP（美元）	国家或地区数量（个）	消费税占收入比重（%）		
		平均值	最高	最低
1000 以下	13	6.30	20.40	1.30
1000～4000	19	9.10	28.60	0.10
4000～10000	23	4.59	17.00	0.60
10000～30000	22	8.49	18.20	0.10
30000 以上	11	6.51	11.00	0.90

资料来源：根据 IMF 政府财政统计（GFS）数据库统计汇总。

在我国，消费税作为重要的中央税，其收入功能作用的发挥对于中央具有特别重要的意义，不仅保障中央财政收入的取得，也为中央发挥税收调控作用和进行必要的转移支付制度提供财力保障作用。

4.2.2　消费税收入的特殊性分析

选择性消费税征税对象一般是具有特殊属性的消费品，这也使得消费税收入具有了区别于其他税种的特征。对上瘾产品特别是有害上瘾产品征税，体现了消费税"寓禁于征"的特点，通过征收消费税实现对健康消费行为的引导。对于消费者尤其是对征税消费品上瘾者来说，这些上瘾产品的需求弹性弱，征税不会导致该产品消费量的下降，因而税收收入相对稳定；这也使一些具有上瘾性特征的产品成为消费税的理想税源。也就是说因为这些产品的消费相对具有稳定性，对其征收消费税也就有助于保障相对稳定的财政收入。从稳定财政收入的角度而言，有必要研究上瘾产品及其在消费税中的重要意义。

传统经济学认为"随着个人消费越来越多的某种物品，他从中得到的新增的或边际效用量是下降的"，即"边际效用递减规律"[①]。但现实

---

① Law of Diminishing Marginal Utility［美］保罗·萨缪尔森，威廉·诺德豪斯. 经济学（16 版）［M］. 萧琛，等译. 北京：华夏出版社，1999：63.

世界中，诸如一些上瘾产品却并不一定完全符合这一规律。比如一名对香烟高度依赖的消费者（相应的上瘾程度较高的话），长期的吸烟历史使得吸烟成为消费者的习惯，并变得越来越上瘾；随着时间的推移，对烟的消费量提升会使其更加感到满足、愉悦（不考虑吸烟对身体造成的损害的话）。过去的消费习惯、心理满足的暗示对于消费者消费容易让人上瘾的消费品的影响更为明显。正如萨缪尔森所指出的"上瘾物品是指消费欲望严重依赖于曾经消费的物品"。"上瘾"是一种无法自控、带有一定强制性需要使用的消费范式；行为经济学关注对"上瘾"问题的分析研究，在坚持"个人的行为是为了效用最大化"的前提假设下，将分析扩展到与个人"习惯与迷恋"相关的领域。行为经济学家提出了"个人资本（personal capital）"和"社会资本（social capital）"等概念，"个人资本"（P）包括影响当前和将来效用的过去消费和其他个人经历，"社会资本"（S）包括个人社交网络和控制体系中的同辈人和其他人的活动影响[①]。他们认为个人效用函数不仅取决于所消费的不同产品，而且取决于当时的个人资本和社会资本存量，即在任一时点（t）上，某个体的效用函数为 $U(t) = u[y(t), c(t), S(t)]$[②]。行为经济学中给出了成瘾性行为的定义：如果某人对某种商品（c）的消费会增加其未来对这种商品的消费，那么这个人对它（c）是潜在上瘾的，当且仅当某人的行为显示出邻近互补性[③]这种潜在上瘾行为才会发生[④]。

潜在的上瘾者最终是否上瘾受其初始资本存量和需求曲线决定，上

① 王国忠，刘骏民. 经济行为研究的理性与非理性前提——经济学研究范式的演变及其在当代的整合 [J]. 天津社会科学，2004（05）：85 – 89，93.

② 个人效用取决于两种产品 c，y 的消费量，还取决于对 c 过去的消费量，u 是 y，c，S 的强凹函数，即"理性上瘾行为模型"（rational addition model），其中消费资本存量 $S(t)$ 表示过去消费 c（通过"边学边做"的过程）对当前消费的影响。参见：[美] 加里·贝克尔. 口味的经济学问分析 [M]. 李杰，王晓刚，译. 北京：首都经贸大学出版社，2000：67 – 69.

③ "邻近互补性（adjacent complementarity）""远程邻近互补性"最早由赖德等（Ryder et al., 1973）引入，指如果随着消费资本存量 S 的增加，函数中 c 的边际效用增加的话，那么当 S 随着时间变化而上升时，c 的边际效用也会随时间的变化而上升，然而 c 的消费量却仍然可能随时间的变化而下降，当且仅当 c 的边际效用的增加量超过全部价格增量时，即称这种不等关系为"邻近互补性"。参见：[美] 加里·贝克尔. 口味的经济学分析 [M]. 李杰，王晓刚，译. 北京：首都经贸大学出版社，2000：72 – 73.

④ 董志勇. 行为经济学原理 [M]. 北京：北京大学出版社，2006：133.

瘾行为的形成往往也有一个消费积累的过程，从这个层面说适当的干预可能影响个人是否最终成为有害品上瘾者。但能够使人上瘾的产品并非对于每一个人都成立，对一些人来说可能是上瘾产品，而对另一些人则可能不是。同时促使人们产生上瘾行为的产品也有"有害"和"有益"之分，消费税为了引导人们的消费行为往往对"有益品"不征税，而对"有害品"征收消费税，因此消费税主要涉及"有害"上瘾产品。行为经济学家对于有害成瘾性行为的研究中发现了"增强效用（reinforcement）"和"忍耐效应（tolerance）"。前者是指增加某种产品的当前消费会提高未来对该种产品的消费；而后者是指过去消费量较大时从给定的消费水平所能获得满意程度将减弱①。比如一个"嗜烟者"由于今天的吸烟使其对香烟的消费上瘾了的话，那么未来他（她）就有吸烟的冲动和可能的吸烟行为；同样对于一些上瘾程度较深者来说，所要达到过去抽一包香烟所带来的满足的话今天就要消费更多的香烟，可能的情况就是过去一天抽一包香烟就能得到的满足今天就要抽两包了（至少一包，这里不去考虑香烟的自身品质的影响，而个人收入水平以及禁烟运动的影响也不作考虑）。通常有益上瘾产品的需求弹性高，而有害上瘾产品需求弹性低对价格的反应不灵敏。如果对有益上瘾产品征收消费税的话就可能促使人们减少有益上瘾产品的消费，因此对于这些产品常免于征税。对有害上瘾产品征收消费税会使其价格上涨，由于其需求弹性低，因此通过征收消费税这种外部因素对沉迷者所产生的影响很小。消费有害上瘾产品受到过去消费的影响（换句话说就是产生上瘾或上瘾程度的加深），对沉迷者而言他们上瘾程度越深对价格敏感度就越低，因此通过征税影响他们对有害品的消费是极其有限的。但这并不是说消费税就一无是处，在个人收入约束条件下消费税抑制有害上瘾品消费的意义应该是积极的；从收入的角度看，至少对于沉迷者征收消费税对稳定财政收入是有效的（因为沉迷者对上瘾产品的消费具有稳定性，所以消费税税源也就相对稳定）。更重要的是对于上瘾产品的消费并不

---

① ［美］加里·贝克尔. 口味的经济学分析 ［M］. 李杰，王晓刚，译. 北京：首都经贸大学出版社，2000：74.

局限于沉迷者，还有潜在沉迷者和普通消费者，他们也常会消费这些产品。有时候上瘾产品也在一定程度上带有"有限必需品"的意味，比如酒的消费（由于受到地域文化的影响，酒在人们生活中往往是不可或缺的，但饮酒也会使人上瘾并损坏健康，过度消费时也意味着"有害"，对社会造成负外部性，故在此可将其理解为"有害上瘾产品"）。我们常常看到有一些青少年往往可能出于好奇或是其他原因而进入吸烟者行列，而征税会使他们承担较高的税负，这意味着提高了潜在吸烟者的进入"门槛"，并进而在一定程度上阻止他们进入吸烟者行列，降低他们因吸烟而损害身体健康的可能。因此，消费税抑制消费作用并不因上瘾问题而被否定。消费税在体现对消费行为的调节、引导健康向上生活作用的同时，对于财政收入的组织还具有十分重要的意义，因此对于有害上瘾产品征收消费税，既可抑制过度消费，又能起到稳定财政收入的作用。

4.3　我国消费税收入分析

4.3.1　消费税在中央财政收入的比重分析

新中国成立之初，为恢复经济实行了"高度集中、统收统支"的财政管理体制；从第一个五年计划开始，我国进入"划分收支、分类分成"的财政管理体制阶段，中央财政收入占比在80%左右。为发挥"中央和地方两个积极性"，1958年开始财政分权体制改革，整体上采用"收支下放""总额分成"的管理体制，这一时期中央财政收入占比极度下降，最低时仅占11.8%，如图4.1所示。改革开放后，我国由计划经济逐步向社会主义市场经济转变，财政管理推行"利改税"与分权包干体制充分调动地方发展的积极性，到1993年地方财政收入占比达78%。1992~1993年，通货膨胀率迅速上升，经济出现过热、形势严峻，一定程度上使政府尤其是中央政府对许多宏观领域的经济活动失去控制①。在此背景下我国开始推行"分税制"改革，根据事权划分财权，将税种划分为中央税、地方税和共享税。1994 年后中央和地方财政收入相对均衡，1999～2011 年中央财政收入一直处于优势地位，2012 至今中央财政收入占比整体趋于下降趋势但基本维持在 45% 以上。

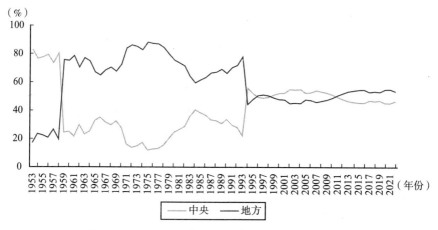

图 4.1　1953～2021 年中央和地方财政收入占比情况

资料来源：根据《中国统计年鉴》等数据计算整理绘制。

　　1994 年实行分税制改革以后，作为中央税种开征的消费税为组织中央财政收入发挥了积极作用。

　　从国内消费税占中央财政收入的比重看（见表 4.2 和图 4.2），1994～2008 年国内消费税占中央财政收入整体趋于下降趋势，由 1994 年的 16.77% 一直下降至 2008 年的 7.86%，这也是历史最低值。2009 年国内消费税占中央财政收入的比重增长至 13.26%，到 2015 年国内消费税占中央财政收入比重相对稳定在 15.22%，2016 年后出现连续三年下

---

① 邓子基，唐文倩. 从新中国 60 年财政体制变迁看分税制财政管理体制的完善 ［J］. 东南学术，2011（05）：31－39.

降，至 2018 年的 12.44%；然后开始回升，到 2022 年增长至 17.60%，达到历史最高水平。

表 4.2   1994~2022 年国内消费税收入情况

年份	国内消费税（亿元）	中央财政收入（亿元）	全部税收收入（亿元）	消费税占中央财政收入比重（%）	消费税占税收比重（%）	消费税增加额（亿元）	消费税增长率（%）
1994	487.4	2906.5	5126.88	16.77	9.51	—	—
1995	541.48	3256.62	6038.04	16.63	8.97	54.08	11.10
1996	620.23	3661.07	6909.82	16.94	8.98	78.75	14.54
1997	678.7	4226.92	8234.04	16.06	8.24	58.47	9.43
1998	814.93	4892	9262.8	16.66	8.80	136.23	20.07
1999	820.66	5849.21	10682.58	14.03	7.68	5.73	0.70
2000	858.29	6989.17	12581.51	12.28	6.82	37.63	4.59
2001	929.99	8582.74	15301.38	10.84	6.08	71.7	8.35
2002	1046.32	10388.64	17636.45	10.07	5.93	116.33	12.51
2003	1182.26	11865.27	20017.31	9.96	5.91	135.94	12.99
2004	1501.9	14503.1	24165.68	10.36	6.22	319.64	27.04
2005	1633.81	16548.53	28778.54	9.87	5.68	131.91	8.78
2006	1885.69	20456.62	34804.35	9.22	5.42	251.88	15.42
2007	2206.83	27749.16	45621.97	7.95	4.84	321.14	17.03
2008	2568.27	32680.56	54223.79	7.86	4.74	361.44	16.38
2009	4761.22	35915.71	59521.59	13.26	8.00	2192.95	85.39
2010	6071.55	42488.47	73210.79	14.29	8.29	1310.33	27.52
2011	6936.21	51327.32	89738.39	13.51	7.73	864.66	14.24
2012	7875.58	56175.23	100614.3	14.02	7.83	939.37	13.54
2013	8231.32	60198.48	110530.7	13.67	7.45	355.74	4.52
2014	8907.12	64493.45	119175.3	13.81	7.47	675.8	8.21
2015	10542.16	69267.19	124922.2	15.22	8.44	1635.04	18.36

续表

年份	国内消费税（亿元）	中央财政收入（亿元）	全部税收收入（亿元）	消费税占中央财政收入比重（%）	消费税占税收比重（%）	消费税增加额（亿元）	消费税增长率（%）
2016	10217.23	72365.62	130360.7	14.12	7.84	-324.93	-3.08
2017	10225.09	81123.36	144369.9	12.60	7.08	7.86	0.08
2018	10631.75	85456.46	156402.9	12.44	6.80	406.66	3.98
2019	12564.44	89309.47	158000.5	14.07	7.95	1932.69	18.18
2020	12028.1	82770.72	154312.3	14.53	7.79	-536.34	-4.27
2021	13880.7	91470.41	172735.7	15.18	8.04	1852.6	15.40
2022	16698.81	94887.14	166620.1	17.60	10.02	2818.11	20.30

资料来源：数据根据《中国统计年鉴（2023）》相关资料计算整理。

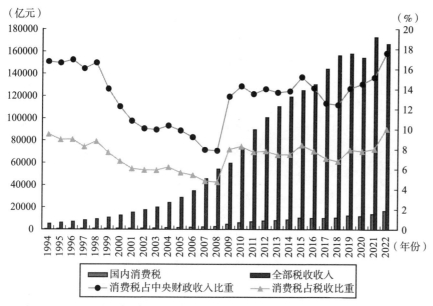

图4.2 1994～2022年我国国内消费税占税收比重和消费税占中央财政收入比重

资料来源：根据《中国统计年鉴（2023）》相关数据计算整理绘制。

2018年我国启动"减税降费"改革，特别是增值税税率的下调，增值税、企业所得税减税幅度较大；同时受新冠疫情影响，2019～2022年只有 2021 年增值税收入出现增长，2022 年增值税收入大幅下滑至48717.71 亿元，比上年减少 14801.88 亿元[①]。在我国结构性减税背景下，国内消费税占中央财政收入比重逐年提升，在稳定财政收入方面发挥了很重要的作用。

4.3.2　国内消费税变动情况分析

消费税设立以来经过多次调整和完善，消费税收入规模由 1994 年的 487.4 亿元增长至 2022 年的 16698.81 亿元，增长了 34 倍多，年均增长率为 13.45%（见图 4.3）。除了 2016 年和 2020 年（受新冠疫情冲击）2 次出现负增长外，其他年份均为正增长。由于我国提高成品油和卷

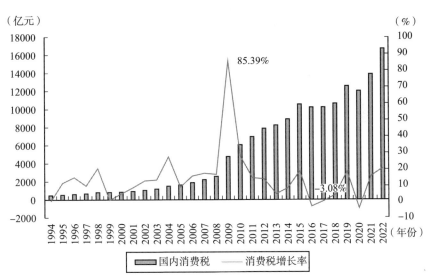

图 4.3　1994～2022 年我国国内消费税收入及增长情况

资料来源：根据《中国统计年鉴（2023）》相关数据计算整理绘制。

---

① 国家统计局. 中国统计年鉴 2023 ［M/OL］. ［2024-04-12］. https：//www. stats. gov. cn/sj/ndsj/2023/indexch. htm.

烟消费税税率，卷烟批发环节加征一道从价税，以及出台《白酒消费税最低计税价格核定管理办法（试行）》加强白酒消费税征收管理等措施，2009 年消费税收入大幅增加，较上年增长 85.39%，为历史之最。

从消费税收入占税收收入比重看（见图 4.3），1994～2008 年我国消费税占税收收入比重虽然少部分年份有所增长，但整体趋于下降，由 1994 年的 9.51% 下降至 2008 年的 4.74%。2009 年新修订的《消费税暂行条例》实施以后，我国消费税收入有一个明显跃升；2009～2015 年消费税占全国税收收入比重整体较为稳定，但各年略有波动；2015～2018 年消费税收入占比逐年下降，到 2018 年占比为 6.8%；2019 年这一比重开始回升，一直到 2022 年的 10.02%。

如图 4.4 所示，分税制改革以来，消费税在我国税收体系中长期处于第四地位，在营改增前只有 1999 年出现的消费税占全国税收收入比重

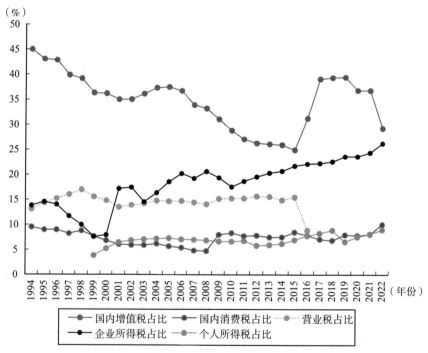

图 4.4　1994～2022 年我国主要税种占比情况

资料来源：根据《中国统计年鉴（2023）》相关资料计算整理绘制。

略超过企业所得税的情况。2016 年全面实施"营业税改征增值税"以后的头两年，消费税依然属于第四大税种；2019 年开始，消费税开始超越个人所得税成为第三大税种，除了 2021 年消费税占比略低于个人所得税外，消费税占税收收入比重均远高于个人所得税，尤其是 2022年，消费税占比超过个人所得税占比 1.07 个百分点。

4.3.3 消费税结构分析

《中国统计年鉴》中历年消费税为消费税决算收入，为更进一步认识我国消费税构成，我们对《中国税务年鉴》相关消费税数据进行了整理分析，具体见表 4.3。表 4.3 汇总了 2001～2022 年消费税数据，包含国内消费税和进口消费品消费税情况。未扣除税收退还的消费税总额由 2001 年的 946.19 亿元增长到 2022 年的 18000.44 亿元，总额增长了19 倍，年均增长 15.06%；进口消费品消费税由 2001 年的 14.96 亿元增长到 2022 年的 1133.20 亿元，二十多年来增长了 75.77 倍，年均增长 22.89%。扣除成品油退税和出口退税后的消费税收入增长了 18.95倍，年均增长 15.04%。

表 4.3 　　　　　　　　　2001～2022 年消费税构成 　　　　　　单位：亿元

年份	消费税	国内消费税	进口消费品消费税	成品油消费税退税	出口消费品退消费税	剔除退税后消费税
2001	946.19	931.24	14.96	—	−7.28	938.91
2002	1072.47	1046.56	25.92	—	−6.61	1065.86
2003	1221.67	1183.21	38.46	—	−10.87	1210.80
2004	1550.48	1503.13	47.35	—	−6.26	1544.22
2005	1686.10	1634.32	51.78	—	−7.16	1678.95
2006	1991.68	1885.69	105.99	—	−9.34	1982.35
2007	2376.93	2206.83	170.10	—	−9.31	2367.62

年份	消费税	国内消费税	进口消费品消费税	成品油消费税退税	出口消费品退消费税	剔除退税后消费税
2008	2846.09	2568.26	277.83	—	-9.21	2836.88
2009	5218.89	4761.21	457.68	—	-9.39	5209.50
2010	6761.95	6071.54	690.41	—	-10.08	6751.87
2011	7936.94	6988.73	948.21	—	-12.10	7924.84
2012	8876.18	7916.58	959.60	—	-14.13	8862.05
2013	9095.31	8293.94	801.37	-32.77	-16.23	9046.31
2014	9816.24	8968.75	847.50	-33.14	-14.74	9768.36
2015	11389.99	10640.04	749.95	-64.76	-17.10	11308.13
2016	11033.35	10368.09	665.25	-126.57	-17.17	10889.60
2017	11151.90	10395.56	756.34	-142.74	-15.22	10993.93
2018	11536.87	10800.11	736.76	-132.12	-16.83	11387.93
2019	13482.37	12693.06	789.32	-94.37	-22.43	13365.57
2020	12943.42	12206.14	737.29	-144.10	-17.35	12781.98
2021	14877.51	14046.87	830.64	-148.12	-20.45	14708.94
2022	18000.44	16867.25	1133.20	-166.62	-38.06	17795.77

资料来源：根据《中国税务年鉴（2002～2023）》数据计算整理。

2001～2022 年我国进口消费品消费税和进口消费品消费税占扣除退税后消费税收入的比重情况见图 4.5。2001～2011 年进口消费品消费税占比（除 2004 年和 2009 年略有下降外）整体呈上升趋势，到 2011 年进口消费品消费税占比为 11.96%，成为近年来历史最高。2011～2016 年进口消费品消费税占比不断下降，2017～2021 年进口消费品消费税规模维持在 800 亿元上下，进口消费品消费税占比维持在 6% 左右。2022 年进口消费品消费税首次突破千亿元，达到 1133.20 亿元，相较 2021 年其占比有所上升。

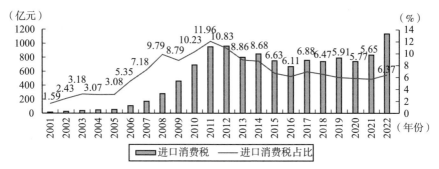

图 4.5　2001～2022 年我国进口消费税情况

资料来源：根据《中国税务年鉴（2002～2023）》相关资料整理计算绘制。

　　如表 4.4 所示，从消费税收入地区贡献看，2022 年广东省、山东省、上海市、浙江省、云南省、江苏省位列前六，上述各省市消费税收入均超过 1000 亿元。广东省一直处于消费税贡献第一梯队，连续四年消费税收入占全国消费税收入的比重位列第一。2022 年，广东省消费税占比接近 10%，高出第二位山东省近 1.8 个百分点。山东省贡献的消费税波动较大，但 2021 年和 2022 年增长很快。2018～2022 年，上海市消费税均超过千亿元，相对比较稳定，消费税占全国比重有所下降，由 2018 年的第一位降到 2022 年的第三位。浙江省消费税贡献有所增长，2022 年突破千亿元，消费税占全国比重增长至第 4 位。作为烟草大省的云南省 2022 年消费税也超千亿，但对全国消费税的贡献有所下降，消费税占比由原来的第三、四位下降至第五位。江苏省 2022 年也突破千亿元，对全国消费税收入的贡献也有所下降，消费税占全国比重排位下降至第六位。2022 年消费税占比前 10 的省份贡献的消费税总额超 60%。消费税占比不足 1% 的有 5 个省，其中消费税占比最小的是西藏，其 2022 年消费税为 6.37 亿元，占全国消费税比重仅为 0.04%；此外还有青海、山西、宁夏和海南等省消费税占比均不足 1%。可见，我国消费税收入存在较大的地域性差异，地区分布不均衡。

表 4.4 2018~2022 年地区消费税情况

单位：亿元

地区	2018 年			2019 年			2020 年			2021 年			2022 年		
	消费税	占比（%）	位次	消费税	占比（%）	位次	消费税	占比（%）	位次	消费税	占比（%）	位次	消费税	占比（%）	位次
广东	943.21	8.28	2	1142.14	8.55	1	1081.32	8.46	1	1251.02	8.51	1	1764.48	9.92	1
山东	645.10	5.66	7	937.14	7.01	4	628.62	4.92	8	1006.99	6.85	3	1448.32	8.14	2
上海	1045.45	9.18	1	1051.98	7.87	2	1065.44	8.34	2	1156.60	7.86	2	1336.53	7.51	3
浙江	601.02	5.28	8	610.29	4.57	9	684.05	5.35	6	855.36	5.82	6	1040.43	5.85	4
云南	710.47	6.24	4	958.79	7.17	3	896.73	7.02	3	940.94	6.40	4	1030.21	5.79	5
江苏	731.23	6.42	3	885.55	6.63	5	788.50	6.17	4	911.02	6.19	5	1005.17	5.65	6
辽宁	481.92	4.23	9	692.74	5.18	6	501.58	3.92	9	724.66	4.93	9	941.46	5.29	7
湖北	645.41	5.67	6	664.60	4.97	7	657.23	5.14	7	745.40	5.07	8	827.54	4.65	8
湖南	681.58	5.99	5	652.88	4.88	8	688.77	5.39	5	754.55	5.13	7	810.28	4.55	9
四川	389.58	3.42	11	484.95	3.63	10	480.85	3.76	10	564.08	3.83	10	669.35	3.76	10
贵州	302.80	2.66	17	355.93	2.66	16	412.41	3.23	13	478.46	3.25	11	636.80	3.58	11
陕西	367.06	3.22	12	421.25	3.15	11	407.34	3.19	14	444.84	3.02	13	606.82	3.41	12
河南	396.52	3.48	10	382.28	2.86	14	458.33	3.59	11	434.74	2.96	14	567.78	3.19	13
河北	308.80	2.71	16	365.74	2.74	15	400.08	3.13	15	424.77	2.89	15	567.36	3.19	14
安徽	342.26	3.01	14	398.36	2.98	13	427.72	3.35	12	446.98	3.04	12	506.68	2.85	15
天津	363.83	3.19	13	417.77	3.13	12	348.49	2.73	16	390.64	2.66	16	446.72	2.51	16

续表

地区	2018年			2019年			2020年			2021年			2022年		
	消费税	占比(%)	位次	消费税	占比(%)	位次	消费税	占比(%)	位次	消费税	占比(%)	位次	消费税	占比(%)	位次
广西	318.64	2.80	15	339.08	2.54	17	313.93	2.46	17	382.84	2.60	17	420.00	2.36	17
福建	220.92	1.94	22	298.25	2.23	18	312.27	2.44	18	354.33	2.41	18	419.50	2.36	18
吉林	247.21	2.17	19	294.39	2.20	19	306.26	2.40	19	293.38	1.99	20	349.81	1.97	19
甘肃	250.76	2.20	18	273.98	2.05	21	282.89	2.21	21	307.15	2.09	19	340.21	1.91	20
江西	237.38	2.08	20	256.77	1.92	22	271.68	2.13	22	261.49	1.78	22	327.00	1.84	21
新疆	214.28	1.88	23	285.40	2.14	20	261.98	2.05	20	278.54	1.89	21	322.04	1.81	22
黑龙江	233.78	2.05	21	250.26	1.87	23	242.28	1.90	23	261.29	1.78	23	300.50	1.69	23
北京	194.95	1.71	24	246.41	1.84	24	227.89	1.78	24	243.05	1.65	24	257.58	1.45	24
重庆	118.87	1.04	26	168.30	1.26	26	182.96	1.43	26	212.57	1.45	25	243.48	1.37	25
内蒙古	125.92	1.11	25	174.68	1.31	25	155.51	1.22	25	202.01	1.37	26	184.54	1.04	26
海南	89.61	0.79	27	120.88	0.90	27	105.66	0.83	27	121.37	0.83	28	150.92	0.85	27
宁夏	76.71	0.67	28	108.97	0.82	28	82.03	0.64	28	101.72	0.69	29	117.86	0.66	28
山西	69.37	0.61	29	87.18	0.65	29	77.34	0.61	29	123.44	0.84	27	113.71	0.64	29
青海	28.15	0.25	30	33.11	0.25	30	25.96	0.20	30	28.62	0.19	30	36.34	0.20	30
西藏	5.15	0.05	31	5.53	0.04	31	5.86	0.05	31	6.12	0.04	31	6.37	0.04	31

资料来源：根据《中国税务年鉴》（2019~2023）数据整理编制；表中消费税收入含进口消费税，但扣除了消费税退税。

如表 4.5 所示，从产业结构角度分析，消费税收入贡献最大的是"烟草制品业"，其次是"石油、煤炭及其他燃料加工业"，二者合计消费税收入占比超过 70%。占比 7% 左右的汽车制造业位列第三，而在批发环节缴纳消费税的也主要是"卷烟"，可见"烟"税目对消费税的贡献最大；对消费税收入贡献较大的还有"成品油"税目。从 2020 ~ 2022 年数据看，"烟"所对应的"烟草制品业"对消费税收入的贡献逐渐下降，由 2020 年的 41.87% 下降至 2022 年的 38.79%；而"成品油"对应的"石油、煤炭及其他燃料加工业"的消费税贡献则由 2020 年的 30.86% 上升为 2022 年的 35.48%；"小汽车""摩托车"对应的"汽车制造业"对消费税的贡献逐年增长，2022 年达到 6.92%。"酒、饮料和精制茶制造业"对消费税的贡献基本维持在 4% 上下。"零售业"（主要涉及金银首饰、铂金及钻石饰品，超豪华小汽车等）对消费税的贡献不到 1%。从表 4.5 数据可以判断，烟、成品油、小汽车、摩托车、酒等税目是消费税的主要来源，贡献了超过 98% 的消费税，对财政收入的贡献较大。

表 4.5   **主要产业消费税情况**   单位：亿元

项目	2018 年	占比（%）	2019 年	占比（%）	2020 年	占比（%）	2021 年	占比（%）	2022 年	占比（%）
国内消费税 *	10800.11		12693.06		12206.14		14046.87		16867.25	
烟草制品业	4237.66	39.24	4859.16	38.28	5110.28	41.87	5638.19	40.14	6542.17	38.79
石油、煤炭及其他燃料加工业	3630.05	33.61	4450.32	35.06	3766.63	30.86	4636.97	33.01	5984.25	35.48
批发业	1421.78	13.16	1675.49	13.20	1693.77	13.88	1871.35	13.32	2053.69	12.18
汽车制造业	933.50	8.64	988.20	7.79	932.16	7.64	983.37	7.00	1167.79	6.92
酒、饮料和精制茶制造业	410.11	3.80	494.39	3.89	505.51	4.14	650.23	4.63	771.46	4.57
零售业	73.74	0.68	80.40	0.63	72.02	0.59	114.48	0.81	124.84	0.74
小计	10706.84	99.14	12547.96	98.86	12080.36	98.97	13894.58	98.92	16644.20	98.68

资料来源：根据《中国税务年鉴》（2019 ~ 2023）数据整理编制，* 代表的国内消费税为退税前收入。

4.3.4　我国消费税收入弹性分析

税收弹性是税收增长率与经济增长率之间的比值，本书依据《中国统计年鉴（2023）》国内生产总值、国内增值税和国内消费税数据分别测算了增值税和消费税税收弹性，如表4.6所示。1995～2022年我国增值税弹性平均值为0.79；消费税弹性平均值为1.3高于增值税弹性。整体而言我国消费税富有弹性，消费税增长速度快于经济增长速度；而增值税相对缺乏弹性，其增长速度低于经济增长速度。但从各年税收弹性对比看，消费税税收弹性小于增值税税收弹性的年份相对较多。从图4.6可以看出，在营业税改征增值税改革前，二者税收弹性变动形态基本一致。消费税税收弹性大于1的年数为11次，其中最高的是2009年，这一年提高了卷烟消费税税率并加强了对白酒消费税的管理，大幅增加了当年消费税收入。

表4.6　　　　　1995～2022年我国增值税和消费税税收弹性

年份	GDP增长率（%）	增值税增长率（%）	增值税弹性	消费税增长率（%）	消费税弹性
1995	26.12	12.74	0.49	11.10	0.42
1996	17.07	13.85	0.81	14.54	0.85
1997	11.00	10.84	0.99	9.43	0.86
1998	6.88	10.49	1.53	20.07	2.92
1999	6.30	6.98	1.11	0.70	0.11
2000	10.73	17.29	1.61	4.59	0.43
2001	10.55	17.66	1.67	8.35	0.79
2002	9.79	15.33	1.57	12.51	1.28
2003	12.90	17.13	1.33	12.99	1.01
2004	17.77	24.62	1.39	27.04	1.52
2005	15.74	19.67	1.25	8.78	0.56

年份	GDP 增长率（%）	增值税增长率（%）	增值税弹性	消费税增长率（%）	消费税弹性
2006	17.15	18.46	1.08	15.42	0.90
2007	23.08	21.00	0.91	17.03	0.74
2008	18.20	16.33	0.90	16.38	0.90
2009	9.17	2.69	0.29	85.39	9.31
2010	18.25	14.13	0.77	27.52	1.51
2011	18.40	15.04	0.82	14.24	0.77
2012	10.38	8.86	0.85	13.54	1.30
2013	10.10	9.07	0.90	4.52	0.45
2014	8.53	7.10	0.83	8.21	0.96
2015	7.04	0.82	0.12	18.36	2.61
2016	8.35	30.87	3.70	-3.08	-0.37
2017	11.47	38.48	3.35	0.08	0.01
2018	10.49	9.14	0.87	3.98	0.38
2019	7.31	1.33	0.18	18.18	2.49
2020	2.74	-8.91	-3.25	-4.27	-1.56
2021	13.39	11.85	0.89	15.40	1.15
2022	4.83	-23.30	-4.83	20.30	4.20
平均值	12.28	12.13	0.79	14.33	1.30

资料来源：根据《中国统计年鉴（2023）》数据测算而来，其中 2022 年国内生产总值根据《国家统计局关于 2022 年国内生产总值最终核实的公告》进行测算，该公告最终核实的 GDP 现价总量为 1204724 亿元。参见：国家统计局. 国家统计局关于 2022 年国内生产总值最终核实的公告 [EB/OL]. (2023－12－29) [2024－04－08]. https://www.stats.gov.cn/sj/zxfb/202312/t20231229_1946058.html.

分年度来看，我国消费税税收弹性小于 1 的年数为 17 次，其中 2016 年和 2020 年出现了负数；2016 年消费税收入的下降主要是受到化妆品消费税政策调整等因素的影响，2020 年主要是受新冠疫情的冲击较大。由于受新冠疫情影响，以及营业税改征增值税、结构性减税等政策影响，2020年和2022年增值税税收弹性出现负数。2019年以来（除去受新冠疫情影响最大的2020年），我国消费税收入弹性大于1，消费税增长速度高于经济增长速度。可见在结构性减税实施过程中消费税在稳定财政收入方面起到了十分重要的作用。

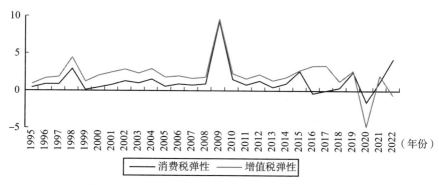

图4.6　1995～2022年我国增值税和消费税税收弹性

资料来源：根据《中国统计年鉴（2023）》数据测算而来，其中2022年国内生产总值根据《国家统计局关于2022年国内生产总值最终核实的公告》进行测算，该公告最终核实的GDP现价总量为1204724亿元。参见：国家统计局. 国家统计局关于2022年国内生产总值最终核实的公告［EB/OL］.（2023－12－29）［2024－04－08］. https：//www. stats. gov. cn/sj/zxfb/202312/t20231229_1946058. html.

4.4　本章小结

回顾1994年分税制改革以来我国消费税作为中央税种，消费税收入的稳定增长对稳定中央财政收入、发挥宏观调控功能等方面发挥了十分重要的作用，为我国持续推进改革开放，不断发展中国特色社会主义市场经济起到了积极作用。近年来，我国实施了较大规模的结构性减税，政府财政收入增长乏力，消费税在稳定财政收入中发挥了很大作用。特别是受新冠疫情影响最大的几年，消费税收入虽有所下降，但其在税收收入中的比重和占中央财政收入的比重均有所增长，可见其对稳定财政收入发挥了十分重要的作用。

第 5 章

消费税调节消费
和生产的功能分析

5.1 文 献 综 述

5.1.1 国内外文献回顾

消费税实现对消费者消费行为及生产者生产决策的调节，主要是通过对特定消费品征税，进而改变其价格，由价格变化影响消费者消费决策和生产者生产决策。消费税调节功能的内在机理是税收负担的产生及税负转嫁，关于消费税负担和消费税供求弹性的研究就是揭示消费税调节功能的关键。

5.1.1.1 关于消费税负担的研究

税收归宿是研究是由谁承担税收的经济负担的，用来衡量征税对社会经济福利变化情况的（Fullerton & Metcalf，2002），税负归宿是税收负担的最终分布（张阳，2008），税制与税制结构直接决定和影响着税负归宿（李升，2015）；因此研究税负归宿有助于我们认识税制结构和税收功能。

富勒顿和梅特卡夫（Fullerton & Metcalf，2002）指出税收负担取决于相对于需求弹性的供给弹性，介绍了简单部分均衡模型、一般均衡模型、可计算的一般均衡模型分析税收归宿的方法。安德森等（Anderson et al.，2001）认为在寡头垄断市场下，垄断厂商可能会通过提价的方式把消费税负担转嫁给消费者。斯库特拉（Scutella，1999）研究了澳大利亚间接税税负转嫁问题。杨格等（Younger et al.，1999）研究了马达加斯加间接税的税收负担，并认为该国税收制度在很大程度上是累进的。安德森等（2001）研究认为寡头垄断市场，从价税或从量税可能100%的转嫁给消费者。拉杰米松等（Rajemison et al.，2003）运用投入产出表的方法研究了马达加斯加间接税税负归宿。乔伊纳德和波洛夫（Chouinard & Perloff，2004）以美国联邦和州的汽油消费税为研究对象进行了实证分析，结果发现联邦汽油税由消费者和批发商均等负担；而消费者更多地负担了州汽油税。

国内关于消费税的税负研究的代表性文献主要有：任长江（2002）认为实际上生产者和消费者最终共同负担了消费税税负。李颖（2016）以投入产出表构建税负转嫁模型，认为 2010 年和 2012 年我国消费税的税负率相比 2007 年增加较为显著。汪昊和娄峰（2017）基于中国 2010 年农村和城镇不同收入组居民数据，运用 CGE 模型和差别税负归宿测算得出结果表明消费税总税负在 1.64% ~ 1.86%，呈累进性；且消费税主要前转嫁给了消费者。黄凤羽和刘维彬（2017）研究认为消费税的实际税负背离名义税率，使其调控力弱化。聂海峰和岳希明（2012）利用投入产出表构建税收转嫁模型，研究城乡居民不同收入家庭的税收负担和分布情况。孟莹莹（2013）研究认为由于烟、酒等商品具有上瘾性，其消费税税负主要由消费者负担。陈建东和伍菱霖（2019）通过构建固定效应模型来回归分析税收负担。刘蓉和熊阳（2020）以2017 年中国家庭金融调查数据为基础，运用微观模拟和投入产出模型对我国城乡居民家庭的消费税负担进行测算，并得到我国消费税的家庭平均负担率为 0.75%。

5.1.1.2　关于消费税供求弹性研究

格鲁伯和克斯泽吉（Gruber & Köszegi，2004）研究了烟消费税的影响，得出结论认为成瘾性商品对低收入群体而言，其价格弹性更大。消费税的归宿受供求弹性的影响（朱福兴，2003），因此研究消费税负担需更进一步地关注消费税供求弹性。孟莹莹（2012）通过实证估算我国消费需求价格弹性和供给价格弹性，并据此测算了卷烟、酒、汽车、燃油的消费税税收负担比例。石坚等（2010）研究认为"卷烟是一种弹性较小的商品"。李颖（2015）通过构建 ELES 模型并利用横截面数据，对我国不同收入等级的城镇居民消费需求的价格弹性进行测算；其研究结果表明高收入者承担了绝大部分消费税，高收入户和最高收入户的价格弹性基本为 0.1 左右。费茂清和吴塞骥（2016）认为吸烟者对卷烟有依赖性、经济发展和人们消费能力提升以及烟草价格全国统一定价制度的缺陷等因素造成了我国卷烟需求价格弹性降低。在供给弹性方面，生产者也受到是否征收消费税以及征收多少的影响。任长江（2002）研究认为征收消费税会抑制相关产业发展，相反则会促进对应产业的发展。

5.1.1.3　消费税供求弹性与消费税负担的关系

价格弹性决定了最终由生产者还是消费者负担消费税，以及双方分担的比例情况。任长江（2002）指出，对富有需求价格弹性的消费品征税，消费税税负主要由生产者承担；对缺乏需求价格弹性的消费品征税，消费税税负主要由消费者承担。消费品供给弹性和需求弹性的绝对值相差越大，消费者负担的税收比例将会越大（孟莹莹，2012）。

5.1.2　简评

征收消费税会对消费者、生产厂商造成额外的负担，税收负担的存在会影响消费者消费决策和生产者生产投资决策，进而实现消费税对生产和消费的调节。供给弹性和需求弹性直接影响消费税负担结构，因此关于供求弹性和税收负担的研究都会被重视。从国内外相关研究看，关于间接税税收负担的问题国别研究也逐渐增多。由于国情不一样，研究方法的差异使相关研究的结论也存在一定的差异。国外相关研究对于消费税税收负担的实证研究相对较早、较多。国内关于消费税的供求弹性研究、税收负担问题的分析也逐渐增多，但研究消费者消费税负担进而考察消费税调节消费行为目标达成情况的文献相对多一些，实证研究的文献也相对越来越多。随着经济社会的发展，供求弹性也处于动态变化中，不同的发展阶段，研究结论可能存在较大差异。因此关注供求弹性变化、消费税负分担情况，也应该是动态的，只有这样才能有助于更加准确地认识消费税的调节作用，并为完善消费税制度提供更加准确的参考。

5.2 消费税归宿分析

5.2.1 我国居民消费税负担分析

消费税作为间接税通过价格传导，税负可以被转嫁，通过价格传导效应影响消费者消费选择行为，实现对消费行为的调节。通过对特定消费品征收消费税会产生收入效应和替代效应，进而反映在消费品价格的变化上，最终影响消费者消费选择。从消费者层面分析消费税负担的变化能够反映消费税调节消费的意图。参考聂海峰和岳希明（2012）的研究方法，通过投入产出模型来分析居民消费税负担情况。因为消费税征税项目多，涉及多个产业，首先需要进行不同产业部门进行匹配并计算不同行业消费税负担率，见公式（5.1）。其次再将居民消费支出项目与投入产出表中的产业部门进行匹配，依据投入产出表相关部门的总产出测算居民消费项目中涉及消费税项目的消费支出额。在此基础上将居民对征收消费税的消费项目支出额乘以对应行业消费税实际税率，最后依据居民消费支出情况测算出的实际消费税额除以居民收入（城镇居民为人均可支配收入，农村居民为人均纯收入）进而计算出居民消费税负担率，见公式（5.2）。

消费税行业实际税率 = 行业实际消费税收入/行业总产出 × 100%

(5.1)

消费税负担率 = 消费支出项目对应消费税合计/居民收入 　　(5.2)

5.2.1.1　数据来源与处理

相关数据主要来源于《中国税务年鉴》《中国投入产出表》《中国城市（镇）生活与价格年鉴》《中国住户调查年鉴》《中国农村住户调查年鉴》《中国统计年鉴》等。本书主要考察 2006 年消费税改革以后的情况，主要根据我国编制的《中国投入产出表》，选取 2007 年、2012 年、2017 年、2020 年四个时段进行分析。由于各年份统计口径存在差异，在分析时又主要分为 2007 年和 2012 年、2017 年和 2020 年两个阶段。我国消费税税目虽多，但烟、酒、成品油、小汽车等税目对应消费税占比超过 98%，见表 5.1。2007 年批发和零售业消费税主要来自零售环节纳税的金银首饰、铂金首饰、钻石及钻石饰品等。自 2009 年 5 月 1 日以后，在卷烟批发环节加征一道从价税，因此 2012 年批发和零售业实际税率大幅提升；2016 年 12 月 1 日以后，超豪华小汽车在零售环节也加征 10% 的消费税。批发环节消费税也主要是卷烟的贡献，零售环节主要是金银首饰、铂金首饰、钻石及钻石饰品，还有超豪华小汽车等。因此，这里主要选取对消费税贡献较大的烟、酒、成品油、汽车等作为测算对象，除了批发、零售外的其他税目由于占比较小而不考虑。为了更加精准地测算各项目消费税负担率，此处选择按照大类和中类划分的投入产出表进行分析，即 2007 年选用 135 部门投入产出表，2012 年选用 139 部门投入产出表，2017 年选用 149 部门投入产出表，2020 年选用 153 部门投入产出表。

表 5.1   **2007 年、2012 年、2017 年、2020 年部分**

税目消费税收入占比情况   单位: %

项目	2007 年	2012 年	2017 年	2020 年
烟草制品业	60.64	43.96	37.29	41.87
石油、煤炭及其他燃料加工业	15.27	35.38	34.61	30.86
批发业	0.00	6.26	13.65	13.88
汽车制造业	15.05	9.49	9.78	7.64
酒、饮料和精制茶制造业	6.72	3.76	3.20	4.14
零售业	0.63	0.57	0.62	0.59
小计	98.31	99.43	99.15	98.97

资料来源: 根据《中国税务年鉴》(2008 年、2013 年、2018 年、2021 年)数据整理计算得来。

5.2.1.2 基于投入产出表测算消费税实际税率

根据《中国税务年鉴》(2008 年、2013 年、2018 年、2021 年)和与之匹配的《中国投入产出表》(2007 年、2012 年、2017 年、2020 年)测算分行业消费税实际税率,计算结果见表 5.2。在计算中消费税收入行业与投入产出表部门并不完全一致,如果《中国税务年鉴》中消费税对应的产业与"投入产出表"中的多部门相对应的话,则采用合并计算的方式进行匹配计算。从表 5.2 中可以发现,卷烟消费税实际税率最高;"石油加工、炼焦及核燃料业"对应的"成品油"税目消费税实际税率不断提升,到 2020 年已经超过 10%。因对卷烟在批发环节加征消费税,使得批发环节实际税率也有所提升。

表 5.2   **基于投入产出表测算的主要部门消费税实际税率**

(2007 年、2012 年、2017 年、2020 年)   单位: %

项目	2007 年	2012 年	2017 年	2020 年
烟草制品业	47.90	42.30	49.37	34.48
酒的制造	3.21	3.48	5.07	4.85

项目	2007 年	2012 年	2017 年	2020 年
石油加工、炼焦及核燃料业	10.73	11.11	8.01	1.88
汽车制造	2.73	2.70	2.80	1.35
批发和零售业	—	—	0.75	0.05
1. 批发业	1.98	2.53	—	—
2. 零售业	0.11	0.11	—	—

资料来源：（1）根据《中国税务年鉴》（2008 年、2013 年、2018 年、2021 年）和《中国投入产出表》（2007 年、2012 年、2017 年、2020 年）数据计算而得。（2）2007 年和 2012 年批发和零售消费税未单列，因此合并计算；2017 和 2020 年批发和零售业消费税单列，故分开测算。（3）2020 年酒的制造消费税实际负担因《中国税务年鉴》中未单独列酒的消费税，故2020 年的数据计算以"酒、饮料和精制茶制造业"宽口径计算。

5.2.1.3　测算消费税负担率

2012 年以前，我国分别针对城镇和农村进行住户调查，在居民收入、支出等指标的统计口径上城镇和农村也存在差异。2013 年起，城乡住户调查进行了一体化改革，收入、支出口径逐步统一。因此在分析消费税负担率时我们分为两个阶段进行。

根据《中国城市（镇）生活与价格年鉴》《中国住户调查年鉴》《中国农村住户调查年鉴》居民消费支出统计分为食品、衣着、居住、生活用品及服务（在 2007 年和 2012 年统计年鉴中称之为"家庭设备及用品支出"）、交通通信、教育文化娱乐、医疗保健以及其他支出八大类。为测算消费税负担率，需要将八大居民消费项目与投入产出表部门进行匹配，匹配时采用近似原则。消费支出项目对应多个投入产出表部门时，根据投入产出表部门总产出确定消费项目权重。烟、酒、成品油、小汽车等消费税税目主要涉及居民消费八大项目中的"食品""交通通信"两大类，具体见表 5.3 和表 5.4。而批发和零售涉及消费支出的所有项目，因此将批发和零售业总产出占投入产出表各部门总产出之和的比重作为部门权重。在进行消费项目与投入产出表部门匹配中，将对应于投入产出表第 II 象限"最终使用"中的居民消费支出为零的部门进行剔除。

表 5.3　　　　居民消费支出项目与投入产出表部分部门
配比情况（2007 年和 2012 年）

生活消费支出	投入产出表部门（2007 年）		投入产出表部门（2012 年）	
	部门名称	代码	部门名称	代码
食品	农产品	01001	农产品	01001
	畜牧产品	03003	畜牧产品	03003
	渔产品	04004	渔产品	04004
	谷物磨制品	13012	谷物磨制品	13012
	饲料加工品	13013	饲料加工品	13013
	植物油加工品	13014	植物油加工品	13014
	糖及糖制品	13015	糖及糖制品	13015
	屠宰及肉类加工品	13016	屠宰及肉类加工品	13016
	水产加工品	13017	水产加工品	13017
	蔬菜、水果、坚果和其他农副食品加工品	13018	蔬菜、水果、坚果和其他农副食品加工品	13018
	方便食品	14019	方便食品	14019
	乳制品	14020	乳制品	14020
	调味品、发酵制品	14021	调味品、发酵制品	14021
	其他食品	14022	其他食品	14022
	酒精和酒	15023	酒精和酒	15023
	饮料	15024	饮料	15024
	精制茶	15025	精制茶	15025
	烟草制品	16026	烟草制品	16026
	餐饮	62120	餐饮	62120
家庭设备用品及服务	林业	002	林产品	02002
	木材加工及木、竹、藤、棕、草制品业	032	木材加工品和木、竹、藤、棕、草制品	20034

续表

生活消费支出	投入产出表部门（2007 年）		投入产出表部门（2012 年）	
	部门名称	代码	部门名称	代码
家庭设备用品及服务	家具制造业	033	家具	21035
	造纸及纸制品业	034	造纸和纸制品	22036
	印刷业和记录媒介的复制业	035	印刷品和记录媒介复制品	23037
	日用化学产品制造业	045	农药	26043
	金属制品业	063	日用化学产品	26047
	其他专用设备制造业	072	化学纤维制品	28049
	家用电力和非电力器具制造业	080	金属制品	33064
	其他电气机械及器材制造业	081	文化、办公用机械	34069
	通信设备制造业	082	其他通用设备	34070
	雷达及广播设备制造业	083	其他专用设备	35074
	电子计算机制造业	084	电池	38083
	家用视听设备制造业	086	家用器具	38084
	其他电子设备制造业	087	其他电气机械和器材	38085
	仪器仪表制造业	088	计算机	39086
	文化、办公用机械制造业	089	通信设备	39087
	工艺品及其他制造业	090	广播电视设备和雷达及配套设备	39088
	建筑业	095	视听设备	39089
	计算机服务业	106	其他电子设备	39091
	软件业	107	仪器仪表	40092
			其他制造产品	41093
			软件和信息技术服务	65115
交通通信	石油及核燃料加工业	037	精炼石油和核燃料加工品	25039
	汽车制造业	074	汽车整车	36075
	其他交通运输设备制造业	076	汽车零部件及配件	36076
	铁路运输业	096	船舶及相关装置	37078

生活消费支出	投入产出表部门（2007 年）		投入产出表部门（2012 年）	
	部门名称	代码	部门名称	代码
交通通信	道路运输业	097	其他交通运输设备	37079
	城市公共交通业	098	铁路运输	53104
	水上运输业	099	道路运输	54105
	航空运输业	100	水上运输	55106
	管道运输业	101	航空运输	56107
	装卸搬运和其他运输服务业	102	管道运输	57108
	邮政业	104	装卸搬运和运输代理	58109
	电信和其他信息传输服务业	105	仓储	59110
			邮政	60111
			电信和其他信息传输服务	63114
	批发零售业	108	批发和零售	51103

资料来源：根据国家统计局"国家数据"中 2007 年和 2012 年投入产出表进行整理而来。国家统计局. 国家数据（投入产出表）［DB/OL］.［2024－04－12］https：//data. stats. gov. cn/ifnormal. htm？u＝/files/html/quickSearch/trcc/trcc01. html&h＝740.

表 5. 4　居民消费支出项目与投入产出表部分部门配比情况

（2017 年和 2020 年）

生活消费支出	投入产出表部门（2017 年）		投入产出表部门（2020 年）	
	部门名称	代码	部门名称	代码
食品烟酒	农产品	01001	农产品	01001
	畜牧产品	03003	畜牧产品	03003
	渔产品	04004	渔产品	04004
	谷物磨制品	13012	谷物磨制品	13012
	饲料加工品	13013	饲料加工品	13013
	植物油加工品	13014	植物油加工品	13014
	糖及糖制品	13015	糖及糖制品	13015
	屠宰及肉类加工品	13016	屠宰及肉类加工品	13016

续表

生活消费支出	投入产出表部门（2017 年）		投入产出表部门（2020 年）	
	部门名称	代码	部门名称	代码
食品烟酒	水产加工品	13017	水产加工品	13017
	蔬菜、水果、坚果和其他农副食品加工品	13018	蔬菜、水果、坚果和其他农副食品加工品	13018
	方便食品	14019	方便食品	14019
	乳制品	14020	乳制品	14020
	调味品、发酵制品	14021	调味品、发酵制品	14021
	其他食品	14022	其他食品	14022
	酒精和酒	15023	酒精和酒	15023
	饮料	15024	饮料	15024
	精制茶	15025	精制茶	15025
	烟草制品	16026	烟草制品	16026
	餐饮	62120	餐饮	62120
生活用品及服务	林产品	02002	林产品	02002
	木材加工和木、竹、藤、棕、草制品	20035	木材加工和木、竹、藤、棕、草制品	20035
	家具	21036	家具	21036
	造纸和纸制品	22037	造纸和纸制品	22037
	印刷和记录媒介复制品	23038	印刷和记录媒介复制品	23038
	农药	26045	工艺美术品	24039
	日用化学产品	26049	农药	26045
	化学纤维制品	28051	日用化学产品	26049
	石墨及其他非金属矿物制品	30060	化学纤维制品	28051
	金属制品	33066	石墨及其他非金属矿物制品	30060
	文化、办公用机械	34071	金属制品	33066
	其他通用设备	34072	烘炉、风机、包装等设备	34072a
	农、林、牧、渔专用机械	35075	文化、办公用机械	34071
	其他专用设备	35076	其他通用设备	34072b

生活消费支出	投入产出表部门（2017年）		投入产出表部门（2020年）	
	部门名称	代码	部门名称	代码
生活用品及服务	电池	38085	农、林、牧、渔专用机械	35075
	家用器具	38086	其他专用设备	35076b
	其他电气机械和器材	38087	电池	38085
	计算机	39088	家用器具	38086
	其他电子设备	39093	其他电气机械和器材	38087
	仪器仪表	40094	计算机	39088
	其他制造产品	41095	其他电子设备	39093
			仪器仪表	40094
			其他制造产品	41095
交通通信	精炼石油和核燃料加工品	25041	精炼石油和核燃料加工品	25041
	汽车整车	36077	汽车整车	36077
	汽车零部件及配件	36078	汽车零部件及配件	36078
	船舶及相关装置	37080	船舶及相关装置	37080
	其他交通运输设备	37081	其他交通运输设备	37081
	铁路旅客运输	53107	铁路旅客运输	53107
	铁路货物运输和运输辅助活动	53108	铁路货物运输和运输辅助活动	53108
	城市公共交通及公路客运	54109	城市公共交通及公路客运	54109
	道路货物运输和运输辅助活动	54110	道路货物运输和运输辅助活动	54110
	水上旅客运输	55111	水上旅客运输	55111
	水上货物运输和运输辅助活动	55112	水上货物运输和运输辅助活动	55112
	航空旅客运输	56113	航空旅客运输	56113
	航空货物运输和运输辅助活动	56114	航空货物运输和运输辅助活动	56114
	管道运输	57115	管道运输	57115
	多式联运和运输代理	58116	多式联运和运输代理	58116
	装卸搬运和仓储	59117	装卸搬运和仓储	59117
	批发	51105	批发	51105
	零售	52106	零售	52106

资料来源：根据国家统计局"国家数据库"中2017年和2020年投入产出表进行整理而来。国家统计局. 国家数据库（投入产出表）［DB/OL］.［2024-04-12］https：//data. stats. gov. cn/ifnormal. htm？u=/files/html/quickSearch/trcc/trcc01. html&h=740.

由于难以获得较为详细的人均消费支出数据，本书对《中国城市（镇）生活与价格年鉴（2008）》《中国农村住户调查年鉴（2008）》《中国住户调查年鉴（2013）》相关消费支出项目进行了梳理，见表5.5和表5.6。城镇居民消费支出项目对"烟草""酒""交通"等小项有体现，但是农村居民消费支出仅能查询到八大类消费支出项目。

表5.5　　　　　　　　　　城镇居民消费支出结构　　　　　　　　单位：元/人

年份	2007 年	2012 年
人均可支配收入	13785.81	24564.72
消费支出	9997.47	16674.30
一、食品	3628.03	6040.85
#糖烟酒饮料类	397.99	621.10
（1）糖类	34.50	55.10
（2）烟草类	191.92	271.50
（3）酒类	96.66	176.80
（4）饮料	74.92	117.80
二、衣着	1042.00	1823.39
三、居住	982.28	1484.26
四、家庭设备用品及服务	601.80	1116.06
五、医疗保健	699.09	1063.68
六、交通和通信	1357.41	2455.47
1. 交通	759.12	1628.40
2. 通信	598.28	827.10
七、教育文化娱乐服务	1329.16	2033.50
八、其他商品和服务	357.70	657.10

资料来源：根据《中国城市（镇）生活与价格年鉴（2008）》《中国住户调查年鉴（2013）》数据整理而得。

表 5.6 农村居民消费支出 单位：元/人

年份	2007 年	2012 年
人均纯收入	4140.36	7916.60
消费支出	3223.90	5908.00
一、食品支出	1389.00	2323.90
二、衣着支出	193.40	396.40
三、居住支出	573.80	1086.40
四、家庭设备及用品支出	149.10	341.70
五、交通通信支出	328.40	652.80
六、文教娱乐支出	305.70	445.50
七、医疗保健支出	210.20	513.80
八、其他支出	74.20	147.60

资料来源：2007 农村居民消费支出情况来自《中国农村住户调查年鉴 2008》、2012 农村居民消费支出情况来自《中国住户调查年鉴 2013》。

1. 测算 2007 和 2012 年居民消费税负担率

根据消费支出项目与投入产出表进行匹配后，对涉及消费税的消费支出项目依据投入产出表各行业部门的总产值测算权重，测算结果见表5.7。"食品支出"主要匹配投入产出表的"酒精及酒的制造业""烟草制造业"；"交通通信支出"匹配"石油及核燃料加工业""汽车制造业"；将"批发、零售业"综合匹配人均消费总支出。通过表5.7可以看出"汽车制造业"占"交通通信业"权重变化最大，2012 年较 2007年降低 13.22 个百分点；"批发、零售业"占各部门总产出的权重增长1.5 个百分点，"酒精及酒的制造业"占"食品行业"权重增长了 0.1个百分点，其他项目权重均在下降。

在测算城乡居民消费税负担率时，对年鉴中直接有小项支出数据的直接采用该项消费支出乘以其对应消费税实际税率的方式测算出对应消费支出项目负担的消费税。对农村居民消费一样年鉴中仅有大类消费支出数据的则分步计算消费支出项目负担的消费税；即先通过大类消费支出乘以权重得到消费税税目对应小项的消费支出额，然后根据计算的小项消费支出额乘以消费税实际税率计算得到消费税税目对应小项的消费支出额。

表 5.7　2007 年和 2012 年消费支出项目与投入产出表各部门的权重

单位：%

消费支出项目	投入产出表	2007 年	2012 年
食品支出	酒精及酒的制造业	2.97	3.07
	烟草制品业	3.93	3.73
交通通信支出	石油及核燃料加工业	20.85	20.19
	汽车制造业	28.70	15.48
人均消费总支出	批发、零售业	4.77	6.27

资料来源：根据《中国城市（镇）生活与价格年鉴（2008）》《中国住户调查年鉴（2013）》《中国投入产出表（2007、2012）》数据计算而得。

最后根据下列公式（5.3）和公式（5.4）分别计算出城镇居民和农村居民消费税负担率，见表 5.8。整体看农村居民消费税负担率略高于城镇居民，2012 年城乡居民消费税负担率均有较大幅度增长；城镇居民消费税负担率增长 0.2 个百分点，农村居民消费税负担率增长 0.22 个百分点。

城镇居民消费税负担率 = 测算的消费支出各项目对应的消费税

$$× 城镇居民人均可支配收入 × 100\%$$

$$(5.3)$$

农村居民消费税负担率 = 测算的消费支出各项目对应的消费税

$$× 农村居民人均纯收入 × 100\%　(5.4)$$

2. 测算 2017 和 2020 年居民消费税负担率

《中国住户调查年鉴》提供了 2017 年和 2020 年全国居民、城镇居民和农村居民八大类消费支出情况，而且也提供了较为详细的小类消费支出项目，见表 5.9。"酒精及酒的制造业""烟草制品业"可对应居民消费支出项目中"烟酒"支出，"汽车制造业""石油及核燃料加工业"可对应居民消费支出项目中"交通通信支出"下的"交通"支出。

表 5.8　　　　　　　2007 年和 2012 年城乡居民消费税负担率　　　　单位：%

项目	2007 年	2012 年
城镇居民消费税负担率	0.56	0.76
农村居民消费税负担率	0.57	0.79

表 5.9　　　　　　　2017 年和 2020 年居民收入和消费支出情况　　　　单位：元

指标	2017 年			2020 年		
	全国居民	城镇居民	农村居民	全国居民	城镇居民	农村居民
可支配收入/纯收入	25973.8	36396.2	13432.4	32118.8	43833.8	17131.5
消费支出	18322.1	24445.0	10954.5	21209.9	27007.4	13713.4
（一）食品烟酒	5373.6	7001.0	3415.4	6397.3	7880.5	4479.4
1. 食品	3745.3	4713.8	2579.9	4519.7	5413.8	3363.6
2. 烟酒	529.7	598.4	447.1	598.3	633.9	552.2
3. 饮料	118.4	150.7	79.5	133.0	165.9	91.3
4. 饮食服务	980.2	1538.1	309.0	1146.3	1667.5	472.4
（二）衣着	1237.6	1757.9	611.6	1238.4	1644.8	712.8
（三）居住	4106.9	5564.0	2353.5	5215.3	6957.7	2962.4
（四）生活用品及服务	1120.7	1525.0	634.0	1259.5	1640.0	767.5
（五）交通通信	2498.9	3321.5	1509.1	2761.8	3474.3	1840.6
1. 交通	1774.4	2380.0	1045.8	2028.5	2586.3	1307.1
2. 通信	724.5	941.6	463.3	733.4	888.0	533.5
（六）教育文化娱乐	2086.2	2846.6	1171.3	2032.2	2591.7	1308.7
（七）医疗保健	1451.2	1777.4	1058.7	1843.1	2172.2	1417.5
（八）其他用品及服务	447.0	651.5	200.9	462.2	646.2	224.4

资料来源：根据《中国住户调查年鉴（2021）》相关数据整理。

与前面分析 2007 和 2012 年居民消费税负担率测算方法一样，将批发业和零售业，分别按照投入产出表各部门总支出比重设定权重外，根据居民消费支出项目与投入产出表匹配产业部门见表 5.10。与前面处理方式不同的是，消费支出项目中提供了"烟酒""交通"具体的支出数据，因此在设定权重时，直接分别按"烟草制造业"占"烟草制品业""酒精及酒的制造业"二者总产出之和的比重设定"烟"消费支出的权重，另外"酒""小汽车""成品油"等税目对应消费项目的权重也是这样处理。通过表 5.10 可以看出批发业部门消费权重在增加，主要贡献是批发业，其权重 2020 年比 2017 年增加 0.92 个百分点。

表 5.10　2017 年和 2020 年消费支出项目与投入产出表各部门的权重

单位：%

消费支出项目	投入产出表	2017 年	2020 年
烟酒支出	酒精及酒的制造业	51.04	59.61
	烟草制品业	48.96	40.39
交通支出	石油及核燃料加工业	15.46	15.57
	汽车制造业	18.00	15.13
人均消费总支出	#批发业	3.34	4.26
	#零售业	3.56	3.19

资料来源：根据《中国住户调查年鉴（2021）》和《投入产出表（2017、2020）》数据测算。

最后分别计算 2017 年和 2020 年居民消费税负担率（见表 5.11）。根据全国居民人均消费数据测算的消费税负担率 2020 年比 2017 年降低 0.08 个百分点；农村居民消费税负担率大幅下降 0.41 个百分点，城镇居民消费税负担率略有增长。整体看，2017 年城乡居民消费税负担率出现较大差异，农村居民消费税负担率较高；到 2020 年城乡居民消费税负担率差距缩小，趋于一致。

表 5.11　　　　　2017 年和 2020 年城乡居民消费税负担率　　　单位：%

项目	2017 年	2020 年
全国居民消费税负担率	0.67	0.59
城镇居民消费税负担率	0.57	0.58
农村居民消费税负担率	0.99	0.58

5.2.2 我国消费税供求弹性分析

5.2.2.1 消费需求弹性分析

1954 年，R. 斯通（R. Stone）提出了线性支出系统模型（LES 模型）用于分析居民消费行为。LES 模型假设消费者需求与其收入之间存在线性关系，且消费支出等于消费者总收入。1973 年，基于 LES 模型，有学者提出了扩展线性支出系统模型（ELES 模型），该模型认为消费者在收入和价格约束下，消费者支出首先选择基本需求，超过基本需求消费者会按比例用于其他消费或用于储蓄（Lluch C.，1973）。其模型如公式（5.5）所示：

$$CE_i = P_iQ_i + \beta_i(Y - \sum P_kQ_k)$$
$$i=1,2,3,\cdots,n;\ k=1,2,3,\cdots,n \qquad (5.5)$$

公式（5.5）中 CE_i 为消费者对第 i 种消费品的支出；P_i 为第 i 种消费品的价格，Q_i 为消费者对第 i 种消费品的需求量；Y 为消费者收入；P_iQ_i 是消费者对第 i 种消费品的基本需求支出；β_i 是指超出基本需求消费支出后种对 i 种消费品的边际消费倾向，β_i 满足 $0<\beta_i<1$ 条件。$\sum P_kQ_k$ 为对各类消费品基本需求消费支出总和。

本书参考蒋洪和于洪（2004）、韩振国（2007）、孟莹莹（2018）研究成果构建居民消费需求价格弹性模型。

采用截面数据分析，令公式（5.6）如下所示：

$$\alpha_i = P_iQ_i - \beta_i\sum_{k=1}^{n}P_kQ_k \qquad (5.6)$$

即可将公式（5.5）转换为公式（5.7）：

$$CE_i = \alpha_i + \beta_iY \qquad (5.7)$$

对公式（5.7）等号两边求和可得到公式（5.8）：

$$\sum_{i=1}^{n}P_iQ_i = \frac{\sum_{i=1}^{n}\alpha_i}{1-\sum_{i=1}^{n}\beta_i} \qquad (5.8)$$

将公式（5.8）代入公式（5.6），可得到对 i 中消费品的基本消费需求公式（5.9）：

$$P_i Q_i = \alpha_i + \beta_i \frac{\sum_{i=1}^{n} \alpha_i}{1 - \sum_{i=1}^{n} \beta_i} \qquad (5.9)$$

当采用最小二乘法估计消费支出常数项不显著，即 $\alpha_i = 0$ 时，则采用韩振国（2007）的修正方法处理。假设存在 m 种消费品的估计常数项不显著，β_i 显著（$i = 1, 2, \cdots, m$），其他消费品估算的 α_i 和 β_i 均显著。对 m 种消费品的基本消费支出用以下公式（5.10）计算；其他消费品则仍然使用公式（5.9）计算。

$$P_i Q_i = \frac{\beta_i}{1 - \sum_{j=1}^{n} \beta_j} \sum_{k=m+1}^{n} P_k Q_k \qquad (5.10)$$

需求的价格弹性系数反映的是价格变动对其需求量变动的影响程度，其计算公式（5.11）如下：

$$\eta_i = \frac{\Delta Q_i / Q_i}{\Delta P_i / P_i} = \frac{\Delta Q_i P_i}{\Delta P_i Q_i} = (1 - \beta_i) \frac{P_i Q_i}{CE_i} - 1 \qquad (5.11)$$

在公式（5.11）中 $P_i Q_i$ 为消费者对 i 种消费品的基本消费需求支出，CE_i 为对 i 消费品的平均消费支出。

由于获取详细的居民消费支出数据十分困难，为考察消费税政策调整对居民消费的影响，本书选取烟、酒等部分消费品作为分析对象。根据 2001 年烟、酒消费税增加从量计税改革、2006 年白酒从价消费税率的合并、2009 年卷烟批发环节加征消费税以及成品油和汽车消费税改革，考虑数据的可获取性而选取 2000～2001 年，2005～2006 年，2008～2009 年三个时段展开对比分析。根据《中国价格及城镇居民家庭收支调查统计年鉴（2001 年、2002 年）》《中国城市（镇）生活与价格年鉴（2006 年、2007 年、2009 年、2010 年）》整理城镇居民分等份消费支出情况见表 5.12。

表5.12　2000年、2001年、2005年、2006年、2008年、2009年城镇居民分等份消费支出情况

单位：元/人

年份	项目	全国平均	最低收入户	低收入户	中等偏下户	中等收入户	中等偏上户	高收入户	最高收入户
2000	人均可支配收入	6279.98	2653.02	3633.51	4623.54	5897.92	7487.37	9434.21	13311.02
	消费性支出	4998.00	2540.13	3274.93	3947.91	4794.56	5894.92	7102.33	9250.63
	烟草类	100.85	62.79	79.09	92.36	99.54	116.89	122.84	144.46
	酒和饮料	103.18	54.79	74.70	92.25	105.92	118.79	136.04	155.06
	其他消费	4793.97	2422.55	3121.14	3763.30	4589.10	5659.24	6843.45	8951.11
2001	人均可支配收入	6859.58	2802.83	3856.49	4946.60	6366.24	8164.22	10374.92	15114.85
	人均消费性支出	5309.01	2690.98	3452.27	4197.57	5131.55	6241.50	7495.09	9834.20
	烟草类	103.83	62.04	80.03	97.60	105.21	118.94	125.16	145.42
	酒和饮料	103.90	56.35	75.24	90.63	106.92	120.50	135.16	158.32
	其他	5101.28	2572.59	3297.00	4009.34	4919.42	6002.06	7234.77	9530.46
2005	人均可支配收入	10493.03	3134.88	4885.32	6710.58	9190.05	12603.37	17202.93	28773.11
	人均消费性支出	7942.88	3111.47	4295.35	5574.32	7308.06	9410.77	12102.51	19153.73
	烟草类	146.02	61.98	90.05	114.67	151.69	179.53	218.26	248.74
	酒类	76.29	31.25	50.90	62.48	77.60	94.35	109.23	127.41
	其他消费	7720.57	3018.24	4154.40	5397.17	7078.77	9136.89	11775.02	18777.58
2006	人均可支配收入	11759.45	3568.73	5540.71	7554.16	10269.70	14049.17	19068.95	31967.34
	人均消费性支出	8696.55	3422.98	4765.55	6108.33	7905.41	10218.25	13169.82	21061.68

113

续表

年份	项目	全国平均	最低收入户	低收入户	中等偏下户	中等收入户	中等偏上户	高收入户	最高收入户
2006	烟草类	164.66	65.61	104.40	127.56	175.66	197.14	240.30	290.43
	酒类	84.24	34.74	55.29	68.36	85.82	101.94	123.56	143.18
	其他消费	8447.65	3322.63	4605.86	5912.41	7643.93	9919.17	12805.96	20628.07
2008	人均可支配收入	15780.76	4753.59	7363.28	10195.56	13984.23	19254.08	26250.10	43613.75
	人均消费性支出	11242.85	4532.88	6195.32	7993.62	10344.70	13316.63	17888.18	26982.13
	烟草类	205.01	96.06	133.68	164.65	207.08	248.17	287.76	375.75
	酒类	111.14	50.79	69.74	88.49	111.00	133.40	159.87	212.99
	家庭交通工具	293.05	24.68	39.08	72.92	132.02	303.89	660.08	1607.49
	车辆用燃料及零配件	173.18	23.47	34.33	60.30	100.94	185.17	363.07	834.16
	其他消费	10460.47	4337.88	5918.49	7607.26	9793.66	12446.00	16417.40	23951.74
2009	人均支配收入	17174.65	5253.23	8162.07	11243.55	15399.92	21017.95	28386.47	46826.05
	人均消费性支出	12264.55	4900.56	6743.09	8738.79	11309.73	14964.37	19263.88	29004.41
	烟草类	228.54	110.86	149.46	189.46	230.62	279.22	321.55	397.76
	酒类	127.90	59.06	81.20	102.56	129.43	158.65	176.11	237.41
	家庭交通工具	497.44	38.03	39.43	116.71	259.87	598.26	1157.36	2482.84
	车辆用燃料及零配件	201.78	21.88	38.52	67.25	122.07	248.29	389.94	942.38
	其他消费	11208.89	4670.73	6434.48	8262.81	10567.74	13679.95	17218.92	24944.02

资料来源：根据《中国价格及城镇居民家庭收支调查统计年鉴（2001年、2002年）》和《中国城市（镇）生活与价格年鉴（2006年、2007年、2009年、2010年）》整理而得。

2001～2010 年统计年鉴中对城镇居民分等份消费支出情况中对食品消费支出项目下均单列了"烟草类""酒类"消费情况，故此以二者分别对应消费税"烟""酒"消费税目；在《中国城市（镇）生活与价格年鉴（2009 年、2010 年)》中在"交通通信"消费支出中仅单列了"家庭交通工具""车辆用燃料及零配件"，因此将二者对应消费税中"小汽车""成品油"消费税目。而对于其他消费项目支出，此处统一合并为"其他消费支出"，依据公式（5.7）以七等份城镇居民消费数据采用最小二乘法进行回归测算 α 和 β 的值，以各消费品全国人均消费支出为基础测算出城镇居民对不同消费品的基本需求支出；最后根据公式（5.11）计算出需求价格弹性，具体结果见表 5.13 和表 5.14。

通过表 5.13，可以看出烟和酒的居民消费价格弹性绝对值比较小，一定程度上说明了二者的成瘾性较强，居民消费对价格不够敏感。2001年消费税政策调整并未增强二者的弹性，反而出现了弹性下降的情况。随着时间的推移，从 2005～2006 年的结果看，烟和酒的需求价格弹性变大了。

根据表 5.14 模拟结果看，2009 年烟和酒的需求价格弹性均相对2008 年有所下降，依然表现出缺乏弹性的特点；但从长期看，二者需求价格弹性整体上有所提升。2008 年和 2009 年小汽车和成品油消费价格弹性的绝对值均大于 1，表现出富有弹性的特点。

考虑到 2019 年以后受新冠疫情影响，本书特以 2013～2019 年为时间段并根据新的居民消费支出统计口径进行测算分析。按照时间序列数据进行测算分析，得出烟酒和交通支出需求价格弹性，见表 5.15。可以发现具有上瘾特征的烟酒消费品整体上缺乏弹性，但长期看其弹性在增加；对应的小汽车、成品油的交通消费支出项目富有弹性，但长期看其弹性有下降趋势。

为更进一步分析烟、酒、小汽车、成品油等需求弹性，此处采用估算的方式分解"烟酒""交通"消费支出。以 2007～2011 年烟和酒分别占"烟酒"比重均值分别乘以 2013～2016 年城镇居民"烟酒"消费支出进而得到"烟""酒"的消费支出额；根据 2007～2011 年"家庭交

表 5.13　　2000～2001 年、2005～2006 年模型估计参数及需求价格弹性

年份	项目	R²	α	Prob.	β	T值	Prob.	CE	PQ	弹性 η
2000	烟	0.9453	53.6938	0.0002	0.0073	9.0977	0.0003	100.85	73.7190	-0.2743
	酒	0.9348	44.4228	0.0027	0.0091	8.4646	0.0027	103.18	69.3930	-0.3336
	其他	0.9976	916.7938	0.0003	0.6151	45.2085	0.0000	4793.97	2610.2476	-0.7904
2001	烟	0.9023	58.7814	0.0011	0.0063	6.7942	0.0006	103.83	78.1087	-0.2524
	酒	0.9381	47.3141	0.0003	0.0080	8.7085	0.0016	103.90	71.9684	-0.3129
	其他	0.9950	1190.0470	0.0000	0.5663	31.6297	0.0005	5101.28	2939.8241	-0.7501
2005	烟	0.8878	66.9788	0.0097	0.0072	6.2912	0.0015	146.02	93.2143	-0.3662
	酒	0.8854	36.8913	0.0066	0.0036	6.2146	0.0016	76.29	49.8765	-0.3486
	其他	0.9994	1266.6350	0.0000	0.6118	90.2768	0.0000	7720.57	3488.1268	-0.8246
2006	烟	0.9097	71.1123	0.0091	0.0076	7.0962	0.0009	164.66	99.1517	-0.4024
	酒	0.8957	39.0646	0.0074	0.0037	6.5541	0.0012	84.24	52.5981	-0.3779
	其他	0.9997	1292.6500	0.0000	0.6063	141.1954	0.0000	8447.65	3516.8839	-0.8361

表 5.14　　　　2008～2009 年模型估计参数及需求价格弹性

年份	项目	R²	α	Prob.	β	T值	Prob.	CE	PQ	弹性 η
2008	烟	0.9586	90.9768	0.0014	0.0070	10.7555	0.0001	205.01	125.4934	-0.3921
	酒	0.9706	44.8202	0.0013	0.0041	12.8367	0.0001	111.14	65.0104	-0.4174
	小汽车	0.9515	-339.5586	0.0007	0.0416	9.9081	0.0000	293.05	-134.0546	-1.4384
	成品油	0.9629	-151.7068	0.0139	0.0212	11.3978	0.0002	173.18	-46.7935	-1.2645
	其他	0.9955	2430.9060	0.0136	0.5060	33.3304	0.0001	10460.50	4930.4626	-0.7671
2009	烟	0.9396	108.1591	0.0019	0.0068	8.8167	0.0003	228.54	144.1843	-0.3734
	酒	0.9599	53.8412	0.0019	0.0042	10.9362	0.0001	127.90	76.0187	-0.4081
	小汽车	0.9710	-521.2065	0.0011	0.0612	12.9382	0.0000	497.44	-195.2544	-1.3685
	成品油	0.9665	-174.1521	0.0055	0.0224	12.0158	0.0000	201.78	-54.9878	-1.2664
	其他	0.9938	2758.5300	0.0107	0.4877	28.2138	0.0001	11208.90	5356.0540	-0.7552

表 5. 15　　　　2013～2019 年模型估计参数及需求价格弹性

项目	R²	α	Prob.	β	Prob.	CE	PQ	弹性 η
烟酒	0.9856	221.4912	0.0001	0.0103 (18.4878)	0.0000	585.5250	291.6511	-0.5070
交通	0.9926	-573.8378	0.0031	0.0809 (25.8655)	0.0000	2240.4333	-20.4646	-1.0084
其他	0.9992	3105.9031	0.0000	0.5063 (79.6872)	0.0000	20598.0575	6569.3340	-0.8425

注：( ) 内的为 T 值。

通工具""车辆用燃料及零部件"占"交通"支出比重均值分别乘以
2013～2016 年各年"交通"支出进而拆解得到各年汽车和成品油对应
的消费支出额。以 2006～2016 年城镇居民消费支出数据测算烟、酒、
汽车、成品油等需求价格弹性（见表 5.16）。

表 5. 16　　　　　2006～2016 年时间序列估算

项目	R²	α	Prob.	β	Prob.	CE	PQ	弹性 η
烟	0.9855	59.2949	0.0001	0.0092 (24.7039)	0.0000	264.0908	87.4652	-0.6719
酒	0.9726	25.4705	0.0067	0.0056 (17.8580)	0.0000	149.5011	42.5313	-0.7171
小汽车	0.9251	0		0.0273 (32.8827)	0.0000	598.5491	83.4514	-0.8644
成品油	0.7747	0		0.0134 (16.0467)	0.0000	289.9234	40.8710	-0.8609
其他	0.9976	980.9673	0.0019	0.5953 (60.9857)	0.0000	14192.02	2798.1869	-0.9202

注：( ) 内的为 T 值。

从表 5.16 可以看出，2006 年消费税改革以后，烟和酒的消费税弹
性有所提升，特别是长期看二者的弹性在加大。而汽车和成品油的弹性
有所下降。

5.2.2.2　消费供给弹性分析

根据柯布－道格拉斯生产函数 $Y = AK^{\alpha}L^{\beta}$，并进行变形得到公式 (5.12) 如下所示：

$$Y/L = A(K/L)^{\alpha} \tag{5.12}$$

公式 (5.12) 中 Y 代表总产值，K 是资本投入，L 是劳动力；Y/L 人均总产值，K/L 为人均资本投入。

对公式 (5.12) 两边取对数，得到新公式 (5.13) 如下所示：

$$\log(Y/L) = \log(A) + \alpha\log(K/L) \tag{5.13}$$

可以根据公式 (5.13) 估算出 α 值，并可以计算出供给弹性

$$\eta_s = \frac{\alpha}{(1-\alpha)} \tag{5.14}$$

本书参考孟莹莹 (2018) 的计算方法，实证检验中采用酒类、烟草、成品油、汽车制造业的人均产值和人均资本投入数据估算 α 值。2019 年以后受新冠疫情影响，相关数据会影响分析结果；同时，我国未出版 2018 年和 2019 年的工业统计年鉴，缺乏较为详细的行业数据资料。由于获取精准的数据比较困难，本书最终选择 2006～2016 年的行业数据进行实证分析。数据主要来源于《中国工业经济统计年鉴 (2007～2012)》和《中国工业统计年鉴 (2013～2017)》和《中国统计年鉴 (2002～2017)》《中国食品工业年鉴 (2007～2017)》以及国家统计局网站。以酒、饮料和精致茶制造业 (2011 年及以前的数据采用 "饮料制造业" 数据)，烟草制造业，石油加工及炼焦业，汽车制造业 (2011 年及以前的数据采用 "交通运输设备制造业" 数据) 分别匹配酒类、烟草、成品油、小汽车等消费税对应的行业部门。人均总产值采用各行业工业总产值除以年末从业人员平均数计算获得；人均资本投入采用各行业新建固定资产投资额除以年末从业人员平均数计算获得。由于 2012 年以后不再公布具体行业工业总产值，因此后续年份 (2013～2016 年) 采用 "工业销售总产值" 替代。根据公式 (5.13)，运用最小二乘法估计得出 $\log(A)$ 和参数 α 值。最后根据公式 (5.14) 计算

出四个行业供给弹性的数值见表 5. 17。

表 5. 17　　　　　　　　　四个行业参数估计结果及供给弹性

项目	R^2 （Adjusted R^2）	Log（A）	Prob.	α	Prob.	AR（1）	Prob.	弹性 η
酒类	0. 9333 （0. 9258）	3. 1484	0. 0000	0. 6313 （6. 4781）	0. 0002	0. 7115 （2. 5595）	0. 0337	1. 71216
烟草	0. 9457 （0. 9397）	5. 3521	0. 0000	0. 4503 （12. 5225）	0. 0000			0. 81922
成品油	0. 7770 （0. 7523）	4. 0565	0. 0000	0. 6771 （5. 6004）	0. 0003			2. 09689
交通	0. 8724 （0. 8582）	3. 4896	0. 0000	0. 6191 （7. 8449）	0. 0000			1. 62560

注：表中（ ）内的为 T 值。

需求弹性和供给弹性共同影响着消费者和生产者负担消费税比例，不考虑生产者不完全竞争等因素，可根据克莱门特（Clément，2007）给出的公式计算出消费者负担的消费税比例及生产者负担消费税比重[①]。依据前面 2006 ~ 2016 年数据计算的需求弹性和供给弹性可计算出消费者和生产者负担消费税大体比重，见表 5. 18。整体来看，我国消费者承担了四大类消费品大部分的消费税。

表 5. 18　　　　　　　　消费者和生产者的消费税负担比例

项目	需求弹性	供给弹性	消费者负担 比例（%）	生产者负担 比例（%）
烟	− 0. 6719	0. 8192	54. 94	45. 06
酒	− 0. 7171	1. 7122	70. 48	29. 52
小汽车	− 0. 8644	1. 6256	65. 29	34. 71
成品油	− 0. 8609	2. 0969	70. 89	29. 11

---

① 消费者负担比例（consumer share）$= \eta_s / (\eta_s + \eta_d)$，其中 η_s 为供给弹性（supply elasticity），η_d 为需求弹性（demand elasticity）。

5.3 消费税引导产业调整情况分析

5.3.1 消费税引导产业结构调整的机理

市场经济条件下的供给和需求关系密切而敏感，供给可以满足并创造新的需求，而需求可以推动并引导生产供给。充足而结构合理的供给不仅能满足市场需求，更有利于社会福利的提高；合理且同时代发展相匹配、衔接的消费结构也将推动生产结构的合理调整，促进供给结构的优化。可以通过优化税收政策，促进消费升级，进而推动生产的调整和发展。合理、优化的消费和生产结构是一国经济保持健康、快速、有序发展的条件，而消费税作为政府宏观调控的重要手段之一，它既可在贯彻消费政策上发挥其特有的作用，又能在推动产业结构方面起到重要的调节作用。消费税可以对价格产生影响，并通过价格这一市场信号来促使生产者调整产品结构，并传导带动产业结构优化，以实现产业结构的调整、升级。往往"寓禁于征"是征收消费税意图，征税会增加消费者负担，影响消费者的消费选择，进而形成对消费行为的调节。通过影响消费者选择，进一步引导树立健康向上的消费理念，从而带动消费结构的合理升级。

消费税引导消费、促进相关产业结构调整的功能是通过征收消费税进而影响价格来实现的，政府征税（消费税）会在市场价格中"打入"一个"税收楔子"，并产生两种不同的价格即生产者价格和消费者价格。在图 5.1 中政府征税后，产生的生产者价格（P_s）低于消费者价格（P_d），生产者价格的相对上升促使市场有效需求由 Q^* 下降至 Q' 处。消费者在价格上升和收入不变的情况下，就会相应减少征税消费品的消费，转向不征税和征税相对较少的消费品的消费。在消费者收入一定的情况下（见图 5.2），在不征税的时候其预算线为 AB，此时 AB 和无差

异曲线 I_1 相切在 E_1 点（消费者达到福利最大化）实现征税前的消费均衡。当政府征收消费税后，征税消费品的相对价格提高，在原有收入条件下消费者的预算线就会由 AB 变为 AC，此时消费者福利最大化的均衡点是 E_2（AC 与 I_2 相切点）。征收消费税后，消费者消费的征税产品量由 Q_{t1} 降为 Q_{t2}，而不征税消费品的消费量则由 Q_1 增加到 Q_2。而对于追求

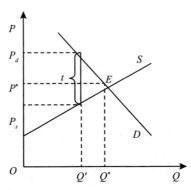

图 5.1　消费税对市场价格的影响

资料来源：［美］曼昆. 经济学原理（第四版）［M］. 北京：清华大学出版社，2009：124 – 127.

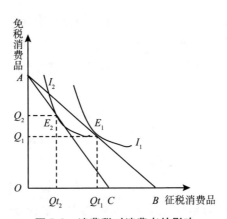

图 5.2　消费税对消费者的影响

资料来源：刘宇飞. 当代西方财政学 ［M］. 北京：北京大学出版社，2000：289 – 299.

利润最大化的生产者（厂商）而言，由于征税商品的有效需求下降可能造成其利润的下降，因此它们就会调整产品结构，生产那些免税和低税的产品。从整个行业看就可能促使资本和劳动力等要素转向那些不征税和税负较低的行业，从而实现产业结构的优化和调整。而在长期条件下，以上各种调整就更可能发生。

以下就借助图 5.3 来从理论上具体分析征收消费税对生产者决策的影响。假定某生产者所占有的生产要素是固定的，并将这些生产要素全部生产两种产品 X_1、X_2，TT 是生产可能性边界（即生产者将拥有的生产要素用于生产 X_1、X_2 两种产品的最大选择组合），TT 线上任意点的切线的斜率是生产一种产品相对于另一种产品的边际替代率或社会机会成本。政府征税前，生产可能性边界 TT 和无差异曲线 I_1 在 E_1 点相切（即在此处实现均衡），企业生产 A 单位的 X_1 和 B 单位的 X_2，此时生产者实现利润最大化。TT 在 E_1 处的切线 PP 的斜率表示 X_1 和 X_2 的边际成本比率；无差异曲线 I_1 在 E_1 点的切线（此时与 PP 线重合）表示产品 X_1、X_2 的相对价格。E_1 点生产可能性曲线（TT）和无差异曲线 I_1 的切线都是 PP，即生产可能性曲线的斜率和无差异曲线的斜率相等，

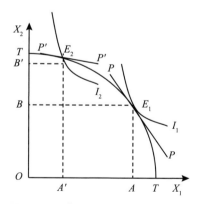

图 5.3　消费税对生产者行为的影响

资料来源：［美］哈维·S. 罗森. 财政学（第六版）［M］. 赵志耘，译. 北京：中国人民大学出版社，2003：35 - 38.

生产与交换同时达到均衡，这意味着边际转换率（MRT）等于产品的边际替代率（MRS），即公式（5.15）~公式（5.17）：

$$MRT_{X1X2} = MRS_{X1X2} \qquad (5.15)$$

因为 $\qquad MRS_{X1X2} = MU_{X1}/MU_{X2} = P_{X1}/P_{X2} = MC_{X1}/MC_{X2} \qquad (5.16)$

所以 $\qquad\qquad MRT_{X1X2} = MC_{X1}/MC_{X2} \qquad (5.17)$

此时，生产者生产 A 单位的 X_1 和 B 单位的 X_2。

现假定政府对 X_1 产品征收消费税（t）而不对 X_2 征税，此时 X_1 的市场价格就会相对提高（X_1 的市场有效需求萎缩），而生产者实际得到的价格却相对较低，生产 X_1 产品的成本相对生产 X_2 提高，原先的均衡就会变化。

征税后，即公式（5.18）和公式（5.19）：

$$MRS'_{X1X2} = MU'_{X1}/MU'_{X2} = P'_{X1}/P'_{X2} = MC_{X1}（1+t）/MC_{X2} \qquad (5.18)$$

由于 $\qquad t > 0，MC_{X1}(1+t)/MC_{X2} > MC_{X1}/MC_{X2} \qquad (5.19)$

即 $\qquad\qquad MRS'_{X1X2} > MC_{X1}（1+t）/MC_{X2}$

又因 $MRT_{X1X2} = MC_{X1}/MC_{X2}$，所以 $MRS'_{X1X2} > MRT_{X1X2}$

此时，TT 和 I_2 在 E_2 处实现征税后新的均衡，生产者生产 X_1 的产量就会从 A 降到 A' 而 X_2 的产量则会由 B 增加到 B'。短期内生产者无法将税负转嫁出去，这样就会导致生产者税负增加，进而影响其生产决策。也就是说，由于政府对消费品（X_1）征收消费税促使生产者调整自身产品结构，减少征税产品生产，相应将更多的资源用于非征税产品（X_2）的生产。而从整个行业来看，生产企业就有可能减少或是停止征税产品的生产，而将资源投资于不征税或低税产品行业，进而推动产业结构的调整。对于政府而言，政府可以通过调整消费税税率和消费税应税品目，以实现引导消费和推动产业结构优化调整的目的。

5.3.2 消费税调节产业发展实证分析

本书主要选取白酒行业作为观察对象，重点分析消费税改革对白酒行业发展影响。我国对酒消费税的调整主要在 2001 年、2006 年以及 2014 年取消对"酒精"征收消费税;我国对啤酒和黄酒征收从量税,且消费税政策相对稳定,因此这里重点分析白酒消费税。

改革开放后,我国白酒产业发展进入快车道,特别是 20 世纪 80 年代以后,白酒产业快速扩张,到 1996 年白酒产量超过 800 万吨。白酒产量增长的背后也出现了不少问题,规模较小的白酒生产企业数量众多,产品质量堪忧,市场竞争激烈,存在不正当竞争、生产假酒等问题。且假冒名酒恶性竞争问题比较严重,白酒质量难以保障,严重影响人民身体健康。恶性假酒中毒事件屡见报端,1998 年春节期间,山西朔州地区发生特大毒酒事件,造成 222 人中毒,27 人死亡的严重后果①。可以说"九五"时期我国白酒行业的发展伴随着诸多问题②。此外偷漏税问题也较为突出,侵蚀了税收基础,影响财政收入。中国加入WTO 后,面对国际市场的竞争挑战,长期"粗放低值"的白酒行业发展模式面临巨大挑战,白酒产业发展亟待调整。为了"扶优限劣",引导白酒行业规范化、规模化发展,国家自 2001 年 5 月 1 日起在保持白酒从价消费税率不变的基础上按每斤 0.5 元征收从量消费税,并停止白酒企业外购已税原料酒和酒精的税款抵扣。定额消费税的征收增加了白酒企业税收负担,对低端白酒冲击远大于高端白酒,进一步促使白酒产业的转型,为遏制白酒产业的无序竞争起到了促进作用。有专家认为"从量税的实施,对以中低端产品为主的酿酒企业造成了几乎致命的影响"③。从图 5.4 可以看出,从 2001 年开始我国白酒产量逐步下降,到 2004 年降至最低,年产量仅为 311.68 万千升。白酒定额消费税的征收给以低端白酒为主的酿酒企业带来了不小的冲击和给白酒行业带来镇痛,而对高端白酒企业而言是利好的。

整体而言,在税收政策影响下白酒产业不断调整,并迎来了新一轮

① 寒江,吴军. 悲剧不能再重演——山西朔州特大假酒中毒案引发的思考 [J]. 中国酒,1998(02):7-11.
② 王延才. 中国白酒行业发展报告 [J]. 酿酒科技,2001(05):17-20.
③ 马勇. 中国白酒三十年发展报告(上)[J]. 酿酒科技,2016(02):17-22.

发展。2003～2012 年，我国白酒产业发展进入了黄金十年①。如图 5.4
所示，整体来看 2004 年以后白酒产量逐步回升，一直到 2016 年白酒
产量达到峰值（1358.36 万千升），之后由开始逐步下降，进入深度
调整阶段。

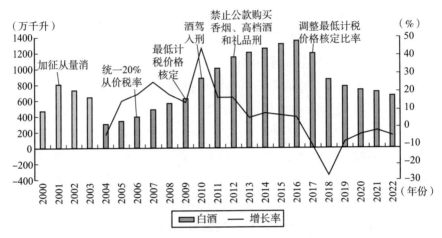

图 5.4　2000～2022 年我国白酒产量

注：2003 年的计量单位为"万吨"，2004 年以后为"万千升"。白酒（折 65 度，商品量）
产量根据《中国食品工业年鉴（2001～2022）》数据对比整理计算得来，其中 2022 年白酒产
量引自《2023 中国白酒产业发展年度报告》。

从表 5.19 可以看出，2001 年白酒采用复合计税方式征税后的五年
里，除了 2003 年减少外，白酒消费税明显增长。白酒消费税占国内消
费税比重，由于税收政策调整税收比重上升，但 2002 年随即下降直至
2004 年，2005 年略有上升，基本维持在 7% 以上。白酒对"酒及酒精"
税目消费税收入的贡献，占比在 40% 左右。白酒中粮食白酒消费税占
绝对优势，一直维持在 90% 以上。可以看出，短期内因为从量征收消
费税的政策影响，消费税收入有所增长，由于政策的变化推动了产业的
调整，中长期看当白酒行业完成阶段性调整后，白酒消费税趋于稳定。

---

① 马勇. 中国白酒三十年发展报告（上）[J]. 酿酒科技，2016（02）：17-22.

表 5.19　　　　　2001 年消费税政策调整前后白酒消费税收入情况

项目	2000 年	2001 年	2002 年	2003 年	2004 年	2005 年
酒及酒精（万元）	732939	842731	907736	937222	1059392	1201714
白酒小计（万元）	325159	364341	386494	373809	422723	477648
1. 粮食白酒（万元）	302177	330005	357275	343142	389100	436745
2. 薯类白酒（万元）	22982	34336	29219	30667	33623	40903
白酒占国内消费税比重（%）	8.48	9.05	8.67	7.92	7.05	7.35
白酒增长率（%）	—	12	6	–3	13	13
白酒占酒类消费税比重（%）	44.36	43.23	42.58	39.88	39.90	39.75
1. 粮食白酒（%）	92.93	90.58	92.44	91.80	92.05	91.44
2. 薯类白酒（%）	7.07	9.42	7.56	8.20	7.95	8.56

注：根据《中国税务年鉴（2001～2006）》计算。

　　从消费税调节产业发展的角度看，2001 年以后白酒产业经过了一段时间的调整，行业整体向好发展，但也出现了一些诸如偷税漏税、小作坊再次出现等问题。从量消费税的征收增加了白酒企业税负，此时消费税负为 25.1%～50%，较低价格的白酒消费税税负反而越高[1]。大型企业为了减轻税负，一定程度上也在减少产能，这也一定程度上为小酒厂、小作坊提供了生存空间。有材料显示，2001～2005 年，江苏、山东、山西、安徽、河南、四川等省大批作坊式小酒厂"应运而生"，每省增加约 1000～3000 家不等[2]。由于我国白酒消费税是单一环节征收，即在生产环节征收，这也为企业规避税负提供了机会。很多白酒企业通过设立独立的销售公司，以低于市场价的方式将白酒销售给关联的销售公司，然后以高价流入市场，以此来规避消费税税负。一些较大的白酒上市企业以出厂价的 50% 出售给自己的销售公司，有些白酒生产企业

————————

① 财政部驻四川专员办综合处. 对白酒生产企业消费税政策执行情况的调查分析 [J]. 财政监督，2006（01）：47–49.
② 云酒团队. 白酒从量计税 20 年：五毛钱带来的巨变 [J]. 企业观察家，2021（05）：60–63.

仅以出厂价格的 1/3、1/4 出售给自己的销售公司①。一些企业也利用薯类白酒和粮食白酒税率的差异，以薯类白酒的名义申报纳税，以规避税负。

针对白酒企业税负较重的现实和打击偷税漏税问题，国家于 2006 年统一了粮食白酒和薯类白酒的从价税率，统一按 20% 的比例征税。也就是说对粮食白酒消费税率降低了 5 个百分点，而薯类白酒税率则增加 5 个百分点。我国白酒市场薯类白酒占比相对较低，此次消费税政策调整对于白酒企业是个利好。为进一步规范白酒消费税征收，2009 年 8 月 1 日，国家税务总局发布的《白酒消费税最低计税价格核定管理方法（试行）》正式实施，将白酒消费税最低计税售价，核定范围为各自销售公司对外销售价格的 50%～70%，规模较大的白酒企业对外销售价格核定范围为 60%～70%；而自 2017 年 5 月 1 日起，白酒消费税最低计税价格核定比例统一调整为 60%。②

核定大酒厂白酒消费税最低计税价格的目的在于保全税基，增收消费税。③ 在《白酒消费税最低计税价格核定管理方法（试行）》出台以后，不少白酒企业以消费税政策调整为由涨价。国家税务总局官方网站也专门说明重核计税价格并非增加消费税，不应成为涨价的理由。核定白酒消费税最低计税价格政策的完善在于堵住税收制度的漏洞，另外，可以看出白酒企业长期借助消费税单一环节征税的特点侵蚀了消费税税基的问题。

我们需要注意的是 2001 年以来我国白酒行业发展经历了调整期（2003 年前）、黄金发展期（2003～2012 年）、深度调整期（2013 年以后），除了消费税政策调整影响外，还应该看到非税收政策的影响，比如经济发展和人民消费方式的改变，中央六项禁令及公务接待的规范化、"酒驾入刑"等政策都对白酒产业发展产生了重要影响。

---

① 吴勇毅. 消费税大调整，白酒行业或在洗牌中重生［J］. 酿酒，2009，36（05）：17－19.

② 根据 2017 年发布的《国家税务总局关于进一步加强白酒消费税征收管理工作的通知》。

③ 贾丽. 白酒消费税细节近期有望出台五粮液茅台对是否提价态度不明［N］. 证券日报，2009－06－24（B02）.

5.4 本章小结

经过对我国消费税制度的历次改革，进一步优化了消费税的调节功能，在不同的经济发展阶段发挥了十分重要的作用。对于具有上瘾性特征的烟、酒消费品而言，我国消费者整体上看消费价格弹性较弱，但从长期来看，二者的需求价格弹性在增长；而小汽车和成品油需求价格弹性相对较高，但长时间看二者的弹性在下降。从消费者负担消费税情况看，我国消费者承担了大部分的消费税，其中酒和成品油消费税超70%是由消费者承担的。从消费税对相关产业的发展影响看，消费税发挥了积极作用，通过对白酒行业的分析，消费税在规范我国白酒市场发展方面也发挥了重要作用。

但我们也应看到，随着我国经济社会发展，消费税调节消费的范围还比较窄，调节效果还比较有限，与经济社会发展有差距。在减少对烟、酒等有害产品消费，促进健康、绿色消费方面我国消费税制度仍存在优化的空间。我国吸烟人群比重依然较高，与控烟目标还有一定差距，烟消费税制度还需要进一步优化。在推进"健康中国"建设下，还需要优化消费税征税范围，逐步将含糖饮料、奢侈消费等纳入消费税征收范畴，增强消费税调节消费的广度。

第 6 章

消费税收入再分配功能分析

6.1 文献综述

6.1.1 国内外文献回顾

6.1.1.1 关于消费税收入分配效应的理论研究

衡量税收的收入分配效应常见的方法就是分析税收累进（退）性，马斯格雷夫和西恩（Musgrave & Thin，1948）对比分析了不同的税收累进性度量方法。休茨（Suits，1977）提出了税收分布集中指数来衡量税收累进性，并称为"S 指数"，当 S 指数 >0 时，则该税种是累进的，反之则为累退的。卡卡瓦尼（Kakwani，1977）提出了基于税收弹性和集中指数（concentration index）的税收累进性测量方法。

阿特金森和施蒂格利茨（Atkinson & Stiglitz，1976）认为相较于直接税，对商品、服务等征收间接税不能有效调节收入分配，因此他们不主张使用商品税来调节收入分配的结构。萨伊斯（Saez，2004）认为短期内劳动者无法频繁更换工作，间接税可以作为直接税的补充用于调节收入分配。郝春虹（2012）认为在商品劳务税中消费税更具有再分配的意义。李升（2022）发现，由于消费税存在消费效应，使得消费税的功能受到一定限制，行业调节效应不显著和收入分配功能不明显。

6.1.1.2 关于消费税收入分配的实证研究

不少学者基于实证研究指出消费税在居民收入分配上表现出累退性特征。卡卡瓦尼（Kakwani，1977）基于澳大利亚居民作为研究对象进行实证研究得出结论认为对商品（无论是生活必需品还是奢侈品）课税的收入分配效应为负。桑托斯和卡奇赛德斯（Santos & Catchesides，2005）认为英国的汽油税则具有较强的累退性。科尔曼和雷姆勒（Colman & Remler，2008）利用问卷调查数据测算出美国低收入家庭、中等收入家庭及高收入家庭对卷烟消费的价格弹性均为负数，且其价格弹性同收入由低到高呈反向关系。低收入家庭对卷烟价格的敏感度要强于高收入家庭，因此，他们认为如果适当提高卷烟消费税会减少卷烟税的累退性，增加其累进性。阿塔古巴（Ataguba，2012）研究得出南非的酒税具有累退性。阿尔萨姆勒等（Alshamleh et al.，2023）研究认为烟、酒税具有累退性，软饮料和化妆品的累退性最强，低收入家庭负担了更多的化妆品消费税，软饮料对高收入家庭造成肥胖的影响更大。

关于我国消费税收入再分配效应的研究，一些学者研究认为我国消费税具有明显的累退性。刘怡和聂海峰（2004）运用 Suit 指数法分析广东省城市居民间接税负担，并得出结论认为间接税不能促进收入分配工作，消费税具有显著的累退性。持相同观点的学者还有聂海峰和岳希明（2012）、田志伟（2015）、王德祥和赵婷（2016）、李颖（2016）、何辉（2017）、田志伟和汪豫（2020）、刘蓉和熊阳（2020），等等。郝春虹（2012）以我国 1995~2009 年城镇居民收入和支出数据为基础构建扩展线性支出系统模型（ELES 模型），其研究结果认为消费税对调节我国收入分配不起作用。白彦锋和符旺（2014）研究认为江苏省现行的消费税制在调节收入分配方面的作用并不明显。

也有一些学者认为消费税具有累进效果，金特里和哈伯德（Gentry & Hubbard，1997）对比分析了消费税、所得税调节收入分配的作用，认为消费税在一定程度上具有调节收入分配的能力。杨格等（Younger et al.，1999）也认为间接税与收入变化并不总是累退的。格鲁伯和科塞吉（Gruber & Köszegi，2004）研究认为考虑到时间不一致性，烟消费税会产生一种自我调节功能，并得出结论征收烟消费税的累退性比之前假设的要小，甚至出现累进性。达塔（Datta，2010）基于印度家庭调查数据研究认为，燃油税具有累进性。普里查德（Prichard，2018）认为消费税可以促进收入公平缩小了贫富差距。法尔贝（Falbe，2020）认为征收含糖饮料税（SSB）可以减少含糖饮料的消费和购买，含糖饮料税具有累进性，将使低收入者更加获益，有助于促进公平。

在国内，认为消费税对居民收入分配有正向促进作用的学者也有不少，如岳希明等（2014）、童锦治等（2017）、赵艾凤和马骁（2017）、万莹和徐崇波（2020）等。万莹（2012）研究认为我国消费税对收入分配的整体影响并不明显，但呈现累进性发展的趋势。杨杨等（2012）研究发现消费税比重增加会使库兹涅茨比率趋于减小，因此认为针对奢侈品、对环境有一定污染和对社会有一定危害性的产品征收消费税有利于缩小我国居民收入分配差距。更多的学者认为不同消费品的消费税收入分配效应呈现异质性，如万莹和徐崇波（2020）。孟莹莹（2014）研究认为，从2007年开始我国消费税对收入分配起正向调节作用。岳希明等（2014）研究认为我国消费税的累进性指数为正，但在农村为负值。陈建东和伍薆霖（2019）研究认为，2000~2011年我国消费税对城乡收入差距起到正向调节作用；而2012~2017年则转为逆向调节。万莹和徐崇波（2020）研究指出，消费税的收入分配效应总体呈现累进性，成品油消费税呈显著累进性，小汽车呈稳定累进性；而烟草类消费税对收入分配呈现稳定且显著的累退性，酒类消费税虽呈累退性，但其累退程度在逐步减弱。

我国"完成脱贫攻坚、全面建成小康社会的历史任务"[1]，"迈上全面建设社会主义现代化国家新征程"[2]。推进共同富裕成为社会关注的

---

[1] 习近平著作选读（第一卷）[M]. 北京：人民出版社，2023：4.
[2] 习近平著作选读（第一卷）[M]. 北京：人民出版社，2023：1.

热点。近些年，我国学者也积极从税收角度研究了如何推进共同富裕建设，对奢侈消费征税的探讨也逐渐增多。不少学者也开始关注奢侈品消费税对收入再分配效应研究，如刘鹏（2020）研究认为，奢侈品消费税具有较高的阶层累进性，且再分配效应显著为正。

6.1.1.3 消费税收入分配效应的研究方法

从采用的研究方法上看，消费税收入再分配效应的主要分析方法有计量经济分析、投入产出表分析、一般均衡分析等，研究层面上既有宏观视角，也有微观视角。杨杨等（2012）通过计算库兹涅茨比率的视角研究消费税收入分配效应问题。郝春虹（2012）以中国城镇居民收入和支出数据构建 ELES 模型进行分析。孟莹莹（2013）借助扩展线性支出 ELES 理论模型和柯布－道格拉斯生产函数，研究了我国消费税收入分配效应。万莹和徐崇波（2020）以 ELES 理论模型作为分析框架，基于微观模拟法研究消费税的收入分配效应，从 MT 指数、K 指数、Suits 指数等多角度对我国消费税的收入分配效应进行比较分析。

也有学者通过构建收入分配模型，计算税负集中率、税前税后基尼系数以及 K 指数来分析消费税收入分配效应问题，如刘成龙和王周飞（2014）、童锦治等（2017）。

部分学者采用投入产出法来测算消费税的收入分配效应，如聂海峰和刘怡（2010）、田志伟和汪豫（2020）、刘蓉和熊阳（2020）等。也有学者则基于一般均衡理论，通过构建可计算一般均衡（CGE）模型来测算消费税的收入再分配效应，如田志伟（2015），李宝锋和丁超凡（2023），汪昊和娄峰（2017）等。

6.1.2 简评

当前，关于消费税收入分配效应的研究文献逐渐增多，实证研究的方法也比较多。整体上看，早期的相关研究较多的认为消费税无法调节收入分配，或者调节效应较弱，呈现累退性；最近的研究中，认为消费税存在累进性的文献逐渐增加。从我国消费税的收入分配效应研究情况看，也呈现出这一态势。国内文献中大部分认为烟、酒消费税在一定程度上恶化了收入分配，也有学者认为酒消费税的累退性在减弱；而小汽车、成品油消费税具有累进性，在调节收入分配中具有正向作用。但我们应该看到的是，消费税功能不仅限于收入分配功能，消费税属于多功能性，富有多功能调节特征的税种，其征收税目具有可选择性。并非消费税的每一个征税对象都具有收入分配调节功能，不同的征税对象，除了收入组织功能外，其调节功能不限于收入分配，不能强求每个消费税目都具有收入分配累进性。不能因为某些税目的累退性而否定消费税在收入再分配中的调节功能，但我们也需要关注累退性的存在导致的负面影响问题。

在我国消费税收入分配效应研究中一些学者基于"共同富裕"时代背景研究探讨了消费税对收入分配调节的作用和消费税改革建议。当前，国内学者对消费税中"奢侈品"消费税的研究也逐渐增多。相较以前的研究，关注我国消费税收入分配效应的研究呈上升趋势。

6.2 消费税收入再分配的基本原理

6.2.1 消费税调节收入分配主要途径

收入分配不公是市场失灵的一个方面，依靠市场自身机制不能解决这一问题，而社会公正又是社会发展的目标之一，因此，政府就理所当然地具有调节收入分配的责任。而税收是政府调节收入分配的重要手段之一，税收通过税种的设定、税基的选择、税率的大小不同来达到调节收入的目的；这几个方面既决定政府调节收入的力度，又影响着政府通过财政支出调节收入的力度。由于税种自身特点不一，使得其在调节收入分配功能中的作用也有所不同，比如在收入分配环节征收的所得税等对收入分配就有直接的调节作用；而对于像消费税一样的商品税来说，它们是在收入的使用环节征收的，主要通过减少货币的实际购买力来实现对收入分配的调节作用，消费税中对奢侈品征收重税具有调节收入的作用。但消费税不像所得税一样具有直接调节收入分配的作用，它主要对收入分配起间接调节。1994 年税制改革，我国确立了以流转税为主体的税收制度，目前所得税制度本身还并不完善；而且所得税在调节收入分配过程中也还存在局限，比如税率过高的话不利于调动劳动者生产和投资的积极性。而消费税是选择特定的消费品或消费行为征收的，在征税范围上比较灵活，因此发挥消费税间接调节收入分配的功能在当前具有十分重要的意义。另外，消费税可以影响人们的消费行为，从某种程度和意义上可以弥补所得税无法对灰色、非法收入调节的缺陷。

（选择性）消费税间接调节收入分配主要表现在两个方面：一是消费税对大众消费品（主要是生活必需品）实行免税或低税、减税。由于大众消费品主要消费群体是低收入者，对于大众消费品的减免税就是对低收入群体的照顾，使他们不因征税而使生活质量下降。这虽不是积极的公平收入分配措施，也不一定能缩小收入差距，但在一定意义上是可以缓解贫困、至少避免了因税致贫，对于缓解收入两极分化具有积极意义。二是对于中高档产品尤其是奢侈品征收重税。对中高档产品和奢侈品征收消费税可以抑制奢侈消费，征税使高收入者消费成本增加，这从缓解两极分化方面来说是具有积极意义的。同时，在转移支付制度健全的情况下，因对奢侈征税而增加的收入，还可以为转移支付筹措更多的资金，进而促进社会公平。另外，对奢侈征税既可增加税收收入，减少奢侈消费、抑制超前消费；又可刺激增加社会储蓄，把消费基金引向投资领域、促进经济增长。

6.2.2 奢侈品消费税①

6.2.2.1 奢侈、奢侈品及奢侈消费

为了把握"奢侈""奢侈品"及其消费税等概念，有必要对"奢侈"相关问题进行探讨。说到"奢侈"，其实它是一个跨学科的概念，集哲学、历史学、人类学、宗教、经济学和政治学等学科于一身。它与"奢侈品"的概念密切相关，但又并非一回事；"奢侈品是用来说明物品对消费者需求②满足的程度，而奢侈则是用来衡量消费者对物品的使用程度。"③ 可以看出，"奢侈"更多的是强调消费品量的满足，我们经常说的"铺张浪费"有点这个意思。而对于"奢侈品"（往往构成奢侈品消费税的征税对象）的界定比较困难，既是一个伦理问题，也是一个规范性的问题，涉及价值判断（这也更体现"奢侈"的跨学科性）。

对于奢侈消费可从两个角度理解：一方面，从个人主义的角度来看，当个人消费超出个人收入（或财力）支出程度时即可判断为奢侈消费；比如对于富翁来说购置一架私人飞机可能不算什么，私人飞机对于富翁来说可以算作是他们的"奢侈型必需品"④；但对于一个低收入者来说这就是一种奢侈消费了，私人飞机的消费完全超出了低收入者的经济能力。另一方面，从整个社会资源消费角度出发，当消费（消耗）的资源超过资源供求状况时就构成了奢侈消费。这两种理解由于立足点不一样而产生了矛盾，为了更加科学合理地界定奢侈消费，我们将个人主义角度理解的奢侈消费进行延伸使两种判断标准都能从社会整体出发。将人类看成一个利益整体重新界定奢侈消费，即在一定社会发展阶

---

① 其并非作为独立税种，只是对选择奢侈品、高档消费服务等征税收消费税的一种称呼，其实质属于消费税。

② 本书认为"欲望"更为贴切。

③ 朱为群. 消费课税的经济分析 [M]. 上海：上海财经大学出版社，2001：150.

④ 朱为群将其定义为"只有富人才能消费的必需品"，参见：朱为群. 消费课税的经济分析 [M]. 上海：上海财经大学出版社，2001：140.

段，一个社会普遍理解、认同的与社会发展程度、社会一般消费能力相协调的消费作为奢侈消费的界定标准，当社会成员（个人或某一社会团体）的消费超过社会一般消费能力时即判定为奢侈消费。

在界定了奢侈消费后，我们再具体来看"奢侈品"的定义和特征。按照西方主流经济学的定义"奢侈品"是指需求收入弹性大于1的产品，在此我们也可以理解为实现满足人们奢侈消费的产品。奢侈品涉及人们生活的吃、穿、住、用、行，正如克里斯托弗·贝里将奢侈品主要分为"饮食、居所、衣着和娱乐休闲"① 四大类。他指出"非意向性"（生存之必需，并不以人的意志为转移）和"普遍性"（客观的、普遍的、非某个人的特性，即人类具有的特性）是需要的两个标准，而满足"欲望"的"奢侈品"则具有"精美"（质量的角度）和存在某种"信念"（拥有奢侈品是一种"享乐"）的特性。克里斯托弗·贝里还指出奢侈品是非必需的，并与"多余"概念相交叉，从"边际效应递减规则"的角度理解看奢侈品似乎是"冗余"的，而且是可以"轻易被替代"的。

除认识了奢侈品的概念及其部分特征之外，我们还应注意的是奢侈品是有时间阶段性的，即"奢侈品"是动态和相对静止相融合的概念。它"取决于欲望及相关信念满足后激发出的深层品质改进或精美要求"②。奢侈品的动态性涉及一个"拖曳效应"，即"随着物品的普及并成为日常生活的必需，获取或拥有这些物品就失去了'奢侈'意义，它们甚至可能被认为是公共必需品"③。"奢侈品"也是相对静止的，即是阶段性、"暂时性"的，这又揭示了两个重要含义：其一，"欲望似乎转变为一种需要"④，奢侈品也就不再是奢侈消费的对象了。其二，

---

① ［美］克里斯托弗·贝里. 奢侈的概念：概念及历史的探究［M］. 江红，译. 上海：上海人民出版社，2005：9.

②③ ［美］克里斯托弗·贝里. 奢侈的概念：概念及历史的探究［M］. 江红，译. 上海：上海人民出版社，2005：20.

④ ［美］克里斯托弗·贝里. 奢侈的概念：概念及历史的探究［M］. 江红，译. 上海：上海人民出版社，2005：21.

"涉及特殊地位问题"①。曾经的"奢侈品"转变为社会必需品后，其中可能成为公共产品由公共资金来开支。

6.2.2.2 奢侈品消费税的可行性和必要性

通常，欲望的膨胀会带来对奢侈品追求的增长，促使奢侈消费增加，这可能会加剧社会分化，使社会矛盾更尖锐，更会加速人类生存资源的消耗。另外，奢侈品需求的增多会带来非生产性的增长，这对于整个经济的发展是不利的。但从某种程度上说，欲望又是人类进步的最大推动器，适度的欲望可以推动社会的进步和生产的发展。奢侈消费是满足、实现欲望的一种重要方式，奢侈消费会刺激欲望的增长，从这个意义上说，奢侈消费似乎也可以推动生产的发展。从个人角度看，奢侈消费可以激发个人创造更多的财富；而对于一个收入达到一定水平的人来说，追求更高质量的消费似乎也并不一定会受到伦理的谴责。因此，关于奢侈消费的限制与否还存在不同的看法。

对奢侈品征收高税率的消费税就是政府限制奢侈消费的一种重要税收政策，奢侈品消费税既可以让富人多交税，抑制奢侈消费、增加财政收入，又可以缓解社会两极分化、促进社会公平。对于我们这样一个发展中国家来说，过度消费、奢侈消费都是与社会发展步伐不相适应的，也是与构建社会主义和谐社会、实现共同富裕的社会目标不相协调的。另外，奢侈消费也是对社会资源的一种浪费，与人类社会可持续发展相违背的。可见，征收奢侈品消费税是十分必要的。也有人会指出征收奢侈品消费税限制奢侈消费，会使得奢侈品生产企业关闭，进而使得更多的人失去工作，结果反而不利于社会公平。因此有人认为对游艇等征收消费税会导致游艇销量下降，进而可能导致游艇制造企业倒闭和行业萎缩、使企业职工失业，最终造成低收入的游艇制造企业的职工境况变坏。但我们应该运用系统、全面的视角看待对游艇等奢侈品征收消费税的意义，征税可能会影响被征税行业，但也会引导人、财、物向不征税

---

① ［美］克里斯托弗·贝里. 奢侈的概念：概念及历史的探究 ［M］. 江红，译. 上海：上海人民出版社，2005：21.

产品或创新产品领域聚集，而抵消征税带来的福利问题。同时，我们更应看到我国当前实际，目前相当部分的奢侈品主要还是一些进口产品，因此征税对失业的影响也是微乎其微的。更重要的是，我们还处于发展中国家的行列，社会主义市场经济制度还有待完善，引导、培育健康、绿色的消费观念也是很重要的。目前一部分人渐渐富裕起来，有的在面对财富时迷失了自我，大肆挥霍、过度娱乐化、生活甚至奢侈糜烂。这种情况不符合国情，更不利于国民树立健康正确的消费观，也不符合中国特色社会主义文化发展要求，对后代的影响也是不良的。当奢侈消费、泛娱乐化等不良消费观被过度追捧时，也会冲击社会主义核心价值观，甚至可能会激化社会矛盾、引发各类社会问题，威胁共同富裕事业的推进，影响社会主义现代化强国建设。

奢侈品对于大部分中高收入者来说是富有弹性的，当征收奢侈品消费税时可以减少他们对奢侈品的消费，以达到限制奢侈消费、促进社会公平的目的。而对于富人[1]来说，奢侈品可能是缺乏弹性的，奢侈品对他们来说是身份地位的象征、是名副其实的"炫耀性"产品，也可理解为是这一阶层的"必需品"。正如凡勃伦所说的在"有闲阶级"进行"金钱竞赛"的"明显消费"中，奢侈品是最好的"明显消费"对象了。对他们而言，奢侈品消费税对他们影响有限，甚至会出现"越奢侈越消费"。即消费税的增加带动消费品价格的上涨，更加提升了此类消费品的"身价"。对于他们来说似乎消费税的调节功能失效了（从一个较窄的角度看），但至少对于税收收入是一种增加，在转移支付制度完善的情况下也是可以间接促进社会公平的。此外，对奢侈品征收消费税所具有的政治意义也不容忽视，这常成为各国开征奢侈品消费税的重要动因之一。但对奢侈品征收消费税也需要关注奢侈品的性质和市场供求状况，征税时应选择非生活必需品或只有高收入群体才能消费的产品[2]，还要根据经济发展水平动态调整奢侈品的范围。

---

① 在此，"富人"是指中高收入者中少数富翁阶层，是在社会富裕阶层的进一步划分中处于较顶端的消费者。

② 李万甫. 商品课税经济分析 [M]. 北京：中国财政经济出版社，1998：227.

6.3 消费税促进收入再分配的现状分析

6.3.1 我国消费税调节收入分配功能不断优化

社会主义初级阶段是一个漫长的过程，社会两极分化、贫富差距拉大已是影响经济社会发展的主要原因之一。收入是消费的基础，消费可以反映收入的状况；在利用所得税等直接税调节收入分配的同时，利用消费税来调节消费以达到对社会收入分配的调节也是政府采用的手段之一。我国现行消费税主要选择部分消费品征税，对于大部分的生活必需品都没有纳入征税范畴，而对一些高档消费品、奢侈品则征收较高的消费税。对于奢侈品征收消费税必须考虑奢侈品的时间阶段性，随着经济社会发展和人民生活水平的提高，一些过去被认为是高档消费品或是奢侈品的产品也会逐渐成为人们日常生活的必需品，因此消费税应该及时进行调整。在 2006 年以前，随着经济社会发展我国就对消费税相关内容进行了微调：对于香皂、护肤护发品的消费，如 1994 年 1 月 1 日起，财政部，国家税务总局规定我国将香皂适用税率降为 5%[①]；1999 年 1 月 1 日起，财政部，国家税务总局规定，除香皂外的护肤护发品适用税率由 17% 降为 8%[②]；2001 年 1 月 1 日起，根据财政部，国家税务总局规定[③]，停止对香皂征收消费税。对于首饰的消费，如 1994 年 1 月 1 日起，根据财政部，国家税务总局规定，将金银首饰适用税率降为 5%[④]；

---

① 资料来源于 1994 年 1 月 1 日起生效的《财政部 国家税务总局关于对香皂暂时给予减征消费税照顾的通知》，该文依据的《财政部关于公布废止和失效的财政规章和规范性文件目录（第十批）的决定》已于 2008 年废止。
② 资料来源于 1999 年 1 月 1 日起生效的《财政部 国家税务总局关于调整护肤护发品消费税税率的通知》。
③ 资料来源于 2001 年 1 月 1 日起生效的《财政部 国家税务总局关于香皂和汽车轮胎消费税政策的通知》。
④ 资料来源于 1994 年 1 月 1 日起生效的《财政部 国家税务总局关于金银首饰消费税减按 5% 征收的通知》。

2001 年 1 月 1 日起，根据财政部，国家税务总局规定，对未镶嵌的成品钻石和钻石饰品减按 5% 的税率征收消费税①；2003 年 5 月 1 日起，根据财政部，国家税务总局规定，又将铂金首饰消费税税率降为 5% 且改在零售环节征收②；2006 年消费税政策调整，根据财政部，国家税务总局规定，将部分生活必需品从消费税税目中剔除，并增加、修改了部分奢侈品消费税目③。

2006 年消费税政策调整将中高收入者为主要消费群体的而低收入者较少消费的消费品纳入消费税征税范围，比如新增加了高尔夫球及球具、高档手表、游艇等税目。对高尔夫球及球具、游艇按 10% 的税率征收消费税，对高档手表（价值在 1 万元以上）按 20% 的税率征收消费税。目前一些高档手表会镶嵌钻石等珠宝，其功能已远远超出计时，已属于奢侈品行列；游艇的主要消费群体是少数高收入者，随着我国富裕阶层的增加对游艇的消费也在增加，因此对游艇征收消费税也是必然；而高尔夫运动目前在我国也只是少数人才会享受的运动，对还处于发展中阶段的我国来说还未普及，按照目前我国的消费水平应属于高档奢侈消费之列，也理所当然地征收消费税。在 2006 年、2008 年我国对小汽车适用税率进行了调整，逐步细化小汽车税率档次，大幅提升大排量小汽车适用税率；而高档、奢侈性质的汽车也都是大排量汽车，将这些小汽车税率提高也能够起到部分抑制奢侈消费的目的。2006 年以来我国将高尔夫球及球具、高档手表、游艇等非生活必需的、具有一定奢侈性的消费品纳入消费税征税范围；2008 年将小排量汽车税率最低降至 1%，而对大排量小汽车税率最高提升至 40%；2016 年又在"小汽车"税目下专门设置了"超豪华小汽车"子税目，除生产（或进口）环节外，在零售环节加征 10% 消费税，提升了对

---

① 资料来源于 2001 年 1 月 1 日起生效的《财政部 国家税务总局关于钻石及上海钻石交易所有关税收政策的通知》。
② 资料来源于 2003 年 5 月 1 日起生效的《财政部 国家税务总局关于铂金及其制品税收政策的通知》。
③ 资料来源于 2006 年发布的《财政部 国家税务总局关于调整和完善消费税政策的通知》。

奢侈属性较强的小汽车的征税。通过多次消费税政策调整，进一步增强了消费税收入分配调节功能。

整体而言对诸如高档手表、游艇、超豪华小汽车等消费品征收较高的消费税，一般只会使消费它们的高收入者付出更多的消费代价，而对低收入者则不会产生较大影响，对于抑制贫富差距、增加税收收入都具有比较重要的意义。通过消费税制度的改革完善，我国消费税调节收入分配的功能进一步得到增强。

除了加大对高档品、奢侈品征收消费税的力度，我国消费税改革还根据经济社会发展的实际，对已成为社会必需品或是低收入者消费较多的大众消费品不再征税或是降低税率。如对逐渐成为生活必需品的浴液、洗发水、花露水等不再征收消费税，并最终取消了护肤护发品税目，目前仅对高档化妆品征收消费税。1994 年分税制改革时对当时护肤护发类产品开征消费税，主要是因为当时这些产品由于价格高，尚不属于大众消费品，对其征税可以起到调节消费的目的。随着经济发展、人民收入水平的提高，护肤护发品已逐渐成为大众消费品，再征税就会加重低收入者的负担，不利于社会公平。此外还有，对气缸容量 250 毫升以下的摩托车不再征税，对气缸容量为 250 毫升的摩托车税率降低至3%；降低普通居民消费增多的金银首饰、铂金首饰、钻石及钻石饰品的税率等；这些也都体现着促进社会公平的政策意图。

从税收促进社会公平的角度看，对高档手表、高尔夫球及球具、游艇、超豪华小汽车等高档消费品、奢侈品征收较高的消费税，使得这些消费品的购买者（主要是高收入者）实际购买力较征税前相对下降，减少其对这些高档、奢侈品的消费能力，缓解收入差距拉大的势头，有利于促进整个社会的公平、和谐。同时，将诸如已成为大众消费品的护肤护发品剔除出消费税征收行列，会减少低收入者税收负担，使低收入者不会因为征税以致实际购买力下降而造成生活更加困难，同样也具有促进社会公平的意义。

6.3.2 我国消费税调节收入分配实证分析

6.3.2.1 我国居民收入分配基本情况

从人均可支配收入基尼系数看。根据《中国统计年鉴（2023）》数据显示，2021 年，中国 GDP 首次突破 110 万亿元人民币，人均 GDP 约 1.2618 万美元，超过世界人均 GDP 水平（1.2282 万美元）；2023 年人均 GDP 达 1.27 万美元。从 2003~2022 年全国居民人均可支配收入基尼系数变化情况看，2004~2008 年呈现一个上升趋势，2008 年以后逐年下降，2015 年历史最低为 0.462；之后略有上升，一直到 2022 年全国居民人均可支配收入基尼系数基本维持在 0.465 上下。党的十八大以来，全国居民人均可支配收入基尼系数累计下降 0.007，总体呈下降态势（见图 6.1）。

图 6.1 2003~2022 年全国居民人均可支配收入基尼系数

资料来源：根据《中国住户调查年鉴（2023）》数据绘制。

从城乡居民收入差距看。我国城乡收入差距依然较大，如图 6.2 所示，从 2013~2022 年全国居民、城镇和农村居民五等份收入分组收入中，高收入是低收入的倍数对比情况看，全国居民高收入是低收入的

10 倍以上；城镇居民收入差距相对较小，高收入是低收入的 6 倍左右；农村居民高收入是低收入的 8～9 倍。从城镇居民和农村居民分组数据看，城镇居民高收入组人均收入是农村的 2～3 倍，低收入组则在 3～4 倍之间。农村居民高收入者人均收入只能处于城镇居民中间收入档次，城镇居民高收入组人均收入与农村居民低收入组人均收入比看，城镇居民是农村居民的 20～21 倍，可见我国城乡差距依然较大。

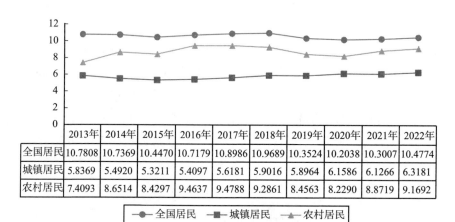

图 6.2　2013～2022 年五等份居民收入高收入组收入相对低收入组倍数变化情况

资料来源：国家统计局. 国家数据［DB/OL］.［2024 - 03 - 14］. https：//data. stats. gov. cn/.

　　从奢侈品消费市场看。根据中国珠宝玉石首饰行业协会发布的《2022 中国珠宝上市公司研究报告》显示，2022 年我国珠宝市场规模为 7190 亿元，限额以上单位金银珠宝类零售总额为 3014 亿元。通过图 6.3 可以看出，虽然受新冠疫情影响，但我国珠宝市场规模已超过 7000 亿元，成为世界第二大珠宝消费市场。从 2022 年市场构成看，黄金市场规模占比为 57%，其次是玉石占比为 20%，钻石占比为 11%，彩色宝石占比为 4%。

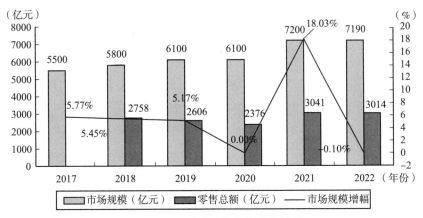

图6.3 我国珠宝市场规模变化情况

资料来源：中国珠宝玉石首饰行业协会网站，http：//www. jewellery. org. cn.

根据胡润百富发布的《2023中国高净值家庭现金流管理报告》显示，我国拥有600万元人民币家庭净资产的"富裕家庭"数量达到518万户，拥有千万人民币家庭净资产的"高净值家庭"数量达到211万户，拥有亿元人民币家庭净资产的"超高净值家庭"数量达到13.8万户；而这类家庭用于私人飞机、游艇、赛马等奢侈消费支出占其家庭现金支出的25%，每年约为120万元，超过医疗保健、文旅娱乐等常规支出。

6.3.2.2 我国消费税收入再分配功能实证分析

消费税收入再分配功能发挥作用的主要机理体现在以下方面。对特定消费品征收消费税，消费税再通过价格传导实现对消费者消费支出的间接调节，从而发挥其在收入再分配中的作用。作为价内税征收消费税会影响消费者实际购买力，影响消费者选择。消费税通过对生活必需品不征收或以较低的税率征税，而减轻低收入者税收负担；对于非必需品和奢侈品征税，以增加高收入群体的税收负担，而实现对收入分配的调节作用。

在再分配意义上，消费税比其他商品劳务税更具优势[1]，国内学者

---

[1] 郝春虹. 消费税调节居民收入差距效果测度——基于ELES模型方法 [J]. 财贸研究，2012，23（01）：102-109.

采用不同的分析方法对我国消费税收入分配功能进行了实证分析，具体观点见表 6.1。我国消费税经历多次调整，逐步停止对一些成为生活必需品的消费品征收消费税，而增加奢侈品征税。其目的就在于使我国消费税在调节收入分配中的作用得到更好的发挥。根据现有的研究情况看，更多的学者认为我国消费税呈现累退性，在调节收入分配、促进社会公平方面的作用并不明显。由于我国消费税目前主要以烟、酒、汽车、成品油等为主要征税对象，大多数学者研究认为烟、酒消费税累退性较明显，而汽车和成品油消费税逐渐由累退性转向累进性，在调节收入分配方面的作用更加正向。但我们需要注意的是消费税作为间接税其在收入再分配上的调节功能只是其中的一项，对于烟、酒消费品的征税更多地体现在组织财政收入、引导居民消费、纠正负外部性等方面。烟、酒作为居民日常生活常见消费品，其消费群体几乎覆盖从低收入到高收入的所有人群，因此其在调节收入分配上的正向作用不够明显，甚至是负向调节作用。2006 年以后我国消费税改革增加了对奢侈品消费税征税，拉开不同排量小汽车税率，提升大排量小汽车税率，对超豪华小汽车加征消费税等，增强了消费税收入分配功能。成品油和汽车消费存在一定的关联性，而随着汽车的普及，电动新能源汽车的快速发展，近年来在小汽车和成品油消费税累进性更加明显，在缩小收入差距方面起到了正向作用。

表 6.1　　　　部分学者对消费税收入分配功能的研究情况

学者	研究对象	主要方法	结论
刘怡和聂海峰（2004）	2002 年广东省城镇住户	洛伦兹曲线、Suit 指数	Suit 指数是 - 0.15696，消费税都具有累退的性质
郝春虹（2012）	1995 ～ 2009 年城镇居民家庭	ELES 模型，基尼系数	消费税的部分税目在调节收入差距方面不起作用
万莹（2012）	2002 ～ 2009 年城镇居民家庭	基尼系数、Suits 指数	影响不明显，逐步向累进性发展的趋势。烟草和酒类消费税具有强烈的累退性；家庭交通工具及相关燃料及零配件消费税具有较强的累进性

续表

学者	研究对象	主要方法	结论
杨杨等（2012）	1994～2009年城镇居民	库兹涅茨比率	对奢侈品、对环境有一定污染和对社会有一定危害性的产品征税有利于缩小居民收入分配差距
白彦锋和符旺（2014）	1994～2011年江苏省城镇居民	基尼系数	在促进收入公平分配方面的作用并不明显
孟莹莹（2014）	2004～2010年城镇居民	Kakwani指数	从2007年开始具有累进性，对收入分配起到正向的调节作用；具有累退性的是卷烟和酒消费税；燃油和汽车具有累进性
童锦治等（2017）	2006～2011年城镇居民	Kakwani指数	总体呈累进性，有利于收入再分配。烟和酒消费税对收入再分配具有负向调节作用，成品油和汽车消费税对收入再分配具有较强的正向调节作用
陈建东（2019）	2000～2017年31个省份的面板数据	基尼系数	2000～2011年，消费税对城乡收入差距起正向调节作用；而2012～2017年，消费税对城乡收入差距转为逆向调节
万莹和徐崇波（2020）	2010～2017年城镇居民	MT指数、K指数、Suits指数	总体呈现累进性；烟草类呈现稳定且显著的累退性；酒类虽呈现累退性，但逐步减弱；成品油、小汽车呈显著累进性
刘蓉和熊阳（2020）	2017年中国家庭金融调查数据	帕累托分析法	消费税的家庭平均负担率为0.75%，具有累退性，对收入再分配起逆向调节作用；但征收消费税后家庭收入分布更接近帕累托最优
李宝锋和丁超凡（2023）	2018年城乡居民收入及消费支出（模拟估算）	CGE模型，基尼系数和MT指数	消费税整体呈累退性；烟、酒消费税均呈累退性，使农村、城镇及全国居民收入分配差距均有所扩大；小汽车消费税扩大了农村居民收入分配差距，而使城镇及全国居民收入分配差距有所缩小；成品油消费税缩小了城镇居民收入分配差距，而扩大了农村及全国居民收入分配差距

续表

学者	研究对象	主要方法	结论
杨志安和付正淦（2024）	2012～2020年中国家庭追踪调查（CFPS）数据	MT指数、K指数	消费税改革在一定程度上减弱了消费税累退性

为进一步考察我国消费税在调节收入分配方面的作用，本书主要采用基尼系数、MT指数、K指数等方面进行分析。

这里重点考察2012～2022年我国消费税在收入分配方面的调节作用，主要基于城镇居民消费进行分析；同时由于烟、酒、汽车、成品油四类消费税项目占比较高，可以代表消费税整体趋势，此处以四类消费品的消费税合计视同为城镇居民消费负担的消费税总额。基本思路为：首先根据历史统计资料拟合得到五等份城镇居民烟、酒、汽车、成品油四类消费支出额；其次根据本书第5章的方法，根据投入产出表测算的实际消费税税率来计算烟、酒等四类消费支出中所包含的消费税额。

（1）第一步测算城镇居民分组消费支出。

《中国住户调查年鉴（2013～2023）》提供了"城镇居民按收入五等份分组的人均可支配收入"数据，由于2012年以后我国不再公布分等份居民消费具体情况，此处在借鉴已有研究的基础上采用回归预测的方式进行。假设城镇居民消费趋势整体不变的前提下，可以根据《中国城市（镇）生活与价格年鉴（2006～2012）》提供的2005～2011年我国城镇居民分等份可支配收入及消费支出构建消费函数回归模型，进而预测2012～2022年城镇居民不同等份家庭消费支出额。由于2012年前我国城镇居民按七等份划分，而2012年后则按五等份划分，为了统一，此处先对2005～2011年城镇居民可支配收入和各项消费支出统一为"低收入组""中间偏下收入组""中间收入组""中间偏上收入组""高收入组"五组，即将原来统计年鉴中的"最低收入户"和"低收入户"合并为"低收入组"，将统计年鉴中原来"高收入组""最高收入组"合并为"高收入组"，如表6.2所示。

表 6.2 城镇居民分组人均消费支出模拟参数

城镇居民分组	α	Prob.	β	Prob.	R^2
低收入组	582.9507 (5.9892)	0.0019	0.779381 (50.9121)	0.0000	0.9981
中间偏下收入组	1007.631 (14.1118)	0.0000	0.682507 (101.1073)	0.0000	0.9995
中间收入组	1194.972 (12.9435)	0.0000	0.657806 (102.4176)	0.0000	0.9995
中间偏上收入组	1164.07 (3.9273)	0.0111	0.644249 (42.4733)	0.0000	0.9972
高收入组	2294.647 (13.4820)	0.0000	0.58173 (119.4337)	0.0000	0.9997

注：( ) 内为 T 值。

假设城镇居民可支配收入是居民决定消费支出的主要因素，构建我国城市居民消费函数，如式（6.1）所示：

$$C_i = \alpha_i + \beta_i Y_i \quad (i = 1, 2, 3, 4, 5) \tag{6.1}$$

其中 i 为每组城镇居民消费支出，1~5 分别代表收入由低到高五等份；C_i 为 i 组城镇居民消费支出额；Y_i 为 i 组城镇居民可支配收入；α_i 为常数项，代表为维持生存的基本消费；β_i 为边际消费倾向（$0 < \beta_i < 1$）。

烟的消费支出函数为公式（6.2）：

$$C_{ci} = \alpha_{ci} + \beta_{ci} Y_{ci} \quad (i = 1, 2, 3, 4, 5) \tag{6.2}$$

酒的消费支出函数为公式（6.3）：

$$C_{wi} = \alpha_{wi} + \beta_{wi} Y_{wi} \quad (i = 1, 2, 3, 4, 5) \tag{6.3}$$

小汽车消费支出函数为公式（6.4）：

$$C_{ai} = \alpha_{ai} + \beta_{ai} Y_{ai} \quad (i = 1, 2, 3, 4, 5) \tag{6.4}$$

成品油的消费支出函数为公式（6.5）：

$$C_{fi} = \alpha_{fi} + \beta_{fi} Y_{fi} \quad (i = 1, 2, 3, 4, 5) \tag{6.5}$$

根据 2005~2011 年城镇居民分等份消费支出数据模拟的烟、酒、汽车、成品油消费支出函数相关参数分别见表6.3至表6.7。可以看出，对于"低收入组"中"小汽车"消费支出方程的拟合优度略低外，其他等式的拟合优度均较高。从模拟结果看，所有参数均能通过 T 检验，且在 5% 的显著性水平下均显著。

表 6.3　　　　　　　　　　低收入组四类消费支出模拟参数

项目	α	Prob.	β	Prob.	R^2
烟			0.0178 (25. 5727)	0.0000	0.7475
酒			0.0098 (49. 2311)	0.0000	0.9478
小汽车			0.0072 (6. 9017)	0.0005	0.5113
成品油	− 37. 4557 (− 3. 7048)	0.0139	0.0109 (6. 8571)	0.0010	0.9039

注：（ ）内为 T 值。

表 6.4　　　　　　　中间偏下收入组四类消费支出模拟参数

项目	α	Prob.	β	Prob.	R^2
烟	48. 0340 (2. 8516)	0.0358	0.0113 (7. 0728)	0.0009	0.9091
酒	12. 5179 (2. 9907)	0.0304	0.0076 (19. 0810)	0.0000	0.9865
小汽车	− 124. 1050 (− 4. 0448)	0.0099	0.0224 (7. 7255)	0.0006	0.9227
成品油	− 89. 0162 (− 4. 3423)	0.0074	0.0149 (7. 6838)	0.0006	0.9219

注：（ ）内为 T 值。

表6.5　　　　　　　　　中间收入组四类消费支出模拟参数

项目	α	Prob.	β	Prob.	R^2
烟	77.4372 (6.2231)	0.0016	0.0092 (10.6419)	0.0001	0.9577
酒	15.7529 (2.6269)	0.0467	0.0069 (16.4923)	0.0000	0.9819
小汽车	−326.2957 (−3.4452)	0.0183	0.0393 (5.9655)	0.0019	0.8768
成品油	−180.7539 (−5.3852)	0.0030	0.0209 (8.9382)	0.0003	0.9411

注：（ ）内为 T 值。

表6.6　　　　　　　　中间偏上收入组四类消费支出模拟参数

项目	α	Prob.	β	Prob.	R^2
烟	77.5729 (4.4663)	0.0066	0.0088 (9.9120)	0.0002	0.9516
酒			0.0072 (88.7349)	0.0000	0.9855
小汽车	−495.3916 (−3.7881)	0.0128	0.0480 (7.1710)	0.0008	0.9114
成品油	−374.2324 (−6.9209)	0.0010	0.0307 (11.0903)	0.0001	0.9609

注：（ ）内为 T 值。

表6.7　　　　　　　　　高收入组四类消费支出模拟参数

项目	α	Prob.	β	Prob.	R^2
烟	75.5888 (6.1139)	0.0017	0.0073 (20.7625)	0.0000	0.9885
酒			0.0054 (45.3416)	0.0000	0.9592

项目	α	Prob.	β	Prob.	R^2
小汽车			0.0431 (16.5843)	0.0000	0.7164
成品油	−757.5481 (−10.7792)	0.0001	0.0393 (19.5410)	0.00000	0.9871

注:( )内为 T 值。

根据上述模型分别预测出不同收入组的人均消费支出、烟类消费支出、酒类消费支出、汽车消费支出、成品油消费支出,同时采用本书第5章的方法,根据国家统计局发布的投入产出表(2012年、2017年、2018年和2020年多部门投入产出表测算)匹配测算出批发、零售占消费支出的权重(见表6.8),在此基础上进一步测算出总消费支出中批发、零售对应的消费支出额。2005年8月卷烟在批发环节按5%缴纳消费税,2015年9月批发环节消费税率提升为11%。由于2015年前批发和零售业消费税无法区分,在测算时统一计入批发项目;2015年以后批发和零售则分别测算。假设短期内批发、零售业所占权重不变,测算批发、零售业消费支出时,相应权重适用年度见表6.9。

表6.8　　　　　　根据投入产出表测算的批发、零售业权重　　　　单位:%

项目	2012 年	2017 年	2018 年	2020 年
批发零售	6.27	—	—	—
#批发业	—	3.34	4.02	4.26
#零售业	—	3.56	3.06	3.19
权重测算适用年度	2012~2014 年	2015~2017 年	2018~2019 年	2020~2022 年

(2)第二步测算城镇居民分组消费税。

使用上述测算的城镇居民分组消费支出和分行业实际税率(见表6.9)相乘计算出烟、酒等主要项目的消费税额和总的消费税额。

表 6.9 主要行业实际税率 单位: %

项目	2012 年	2017 年	2018 年	2020 年
烟草制品业	49. 37	42. 30	42. 44	47. 90
酒的制造	5. 07	3. 48	3. 74	3. 21
石油加工、炼焦及核燃料业	8. 01	11. 11	9. 30	10. 73
汽车制造	2. 80	2. 70	2. 63	2. 73
批发和零售业	0. 75	—	—	—
1. 批发业	—	2. 53	1. 87	1. 98
2. 零售业	—	0. 11	0. 11	0. 11
权重测算适用年度	2012 ~ 2014 年	2015 ~ 2017 年	2018 ~ 2019 年	2020 ~ 2022 年

（3）第三步测算基尼系数、MT 指数、K 指数。

依据 2012 ~ 2022 年我国城镇居民分等份可支配收入，运用张建华（2007）基尼系数测算方法测算出税前基尼系数和消费税后基尼系数；并进一步测算 MT 指数、K 指数（见表 6.10）。

表 6.10 2012 ~ 2022 年消费税的收入再分配效应对比

年份	税前基尼系数 G_0	税后基尼系数 G_1	税后收入集中度 C_0	MT 值	K 值
2012	0. 29130	0. 29159	0. 25721	− 0. 00030	− 0. 03409
2013	0. 31172	0. 31198	0. 28152	− 0. 00026	− 0. 03020
2014	0. 30180	0. 30206	0. 27262	− 0. 00025	− 0. 02919
2015	0. 29520	0. 29524	0. 29006	− 0. 00004	− 0. 00514
2016	0. 29697	0. 29700	0. 29363	− 0. 00003	− 0. 00333
2017	0. 30335	0. 30336	0. 30187	− 0. 00001	− 0. 00148
2018	0. 30396	0. 30402	0. 29580	− 0. 00007	− 0. 00815
2019	0. 32125	0. 32132	0. 31255	− 0. 00007	− 0. 00870
2020	0. 32479	0. 32486	0. 31747	− 0. 00007	− 0. 00732

续表

年份	税前基尼系数 G_0	税后基尼系数 G_1	税后收入集中度 C_0	MT 值	K 值
2021	0.32382	0.32388	0.31739	-0.00006	-0.00643
2022	0.32520	0.32525	0.31981	-0.00005	-0.00538

从 2012～2022 年测算数据看基尼系数有所增加，税后基尼系数也有所增加；征收消费税后的基尼系数也所有增加。从 MT 值和 K 值看，其值均为负，说明整体消费税并没有缩小收入差距。从消费税整体上看，消费税依然呈累退性。但需要注意的是消费税税目较多，功能较多，并非所有税目均具有收入再分配调节作用，要深入分析消费税收入分配作用，还需要对其具体税目进行解构分析，下面将选取消费税占比较高的四大税目进行具体分析，具体测算结果见表 6.11 至表 6.14。

表 6.11 　　　　2012～2022 年酒消费税的收入再分配效应对比

年份	税前基尼系数 G_0	税后基尼系数 G_1	税后收入集中度 C_0	MT 值	K 值
2012	0.29130	0.29133	0.18997	-0.00004	-0.10133
2013	0.31172	0.31176	0.21398	-0.00003	-0.09774
2014	0.30180	0.30184	0.20461	-0.00003	-0.09719
2015	0.29520	0.29522	0.19907	-0.00002	-0.09613
2016	0.29697	0.29699	0.20202	-0.00002	-0.09494
2017	0.30335	0.30337	0.20929	-0.00002	-0.09405
2018	0.30396	0.30398	0.21428	-0.00002	-0.08968
2019	0.32125	0.32127	0.22717	-0.00002	-0.09408
2020	0.32479	0.32481	0.23227	-0.00002	-0.09252
2021	0.32382	0.32384	0.23143	-0.00002	-0.09239
2022	0.32520	0.32522	0.23437	-0.00002	-0.09083

表 6. 12　　　　　2012～2022 年烟消费税的收入再分配效应对比

年份	税前基尼系数 G_0	税后基尼系数 G_1	税后收入集中度 C_0	MT 值	K 值
2015	0. 29520	0. 29578	0. 18379	− 0. 00058	− 0. 11141
2016	0. 29697	0. 29754	0. 18536	− 0. 00058	− 0. 11161
2017	0. 30335	0. 30392	0. 19110	− 0. 00057	− 0. 11224
2018	0. 30396	0. 30450	0. 19522	− 0. 00054	− 0. 10874
2019	0. 32125	0. 32183	0. 20446	− 0. 00058	− 0. 11679
2020	0. 32479	0. 32543	0. 20956	− 0. 00064	− 0. 11523
2021	0. 32382	0. 32446	0. 20774	− 0. 00064	− 0. 11609
2022	0. 32520	0. 32583	0. 21076	− 0. 00063	− 0. 11444

表 6. 13　　　　　2012～2022 年小汽车消费税的收入再分配效应对比

年份	税前基尼系数 G_0	税后基尼系数 G_1	税后收入集中度 C_0	MT 值	K 值
2012	0. 29130	0. 29112	0. 49275	0. 00017	0. 20145
2013	0. 31172	0. 31156	0. 53268	0. 00017	0. 22096
2014	0. 30180	0. 30164	0. 50161	0. 00017	0. 19980
2015	0. 29520	0. 29504	0. 51673	0. 00016	0. 22153
2016	0. 29697	0. 29681	0. 49917	0. 00016	0. 20220
2017	0. 30335	0. 30319	0. 53072	0. 00015	0. 22738
2018	0. 30396	0. 30382	0. 51378	0. 00014	0. 20983
2019	0. 32125	0. 32110	0. 53670	0. 00015	0. 21545
2020	0. 32479	0. 32464	0. 52066	0. 00015	0. 19587
2021	0. 32382	0. 32367	0. 53633	0. 00015	0. 21251
2022	0. 32520	0. 32505	0. 52137	0. 00015	0. 19617

表 6.14   2012～2022 年成品油消费税的收入再分配效应对比

年份	税前基尼系数 G_0	税后基尼系数 G_1	税后收入集中度 C_0	MT 值	K 值
2012	0.29130	0.29104	0.47388	0.00026	0.18258
2013	0.31172	0.31144	0.49317	0.00028	0.18144
2014	0.30180	0.30152	0.48226	0.00029	0.18046
2015	0.29520	0.29479	0.47436	0.00040	0.17916
2016	0.29697	0.29655	0.47553	0.00042	0.17856
2017	0.30335	0.30292	0.48181	0.00043	0.17847
2018	0.30396	0.30360	0.47537	0.00036	0.17141
2019	0.32125	0.32087	0.50025	0.00038	0.17900
2020	0.32479	0.32435	0.50158	0.00044	0.17678
2021	0.32382	0.32337	0.50116	0.00045	0.17734
2022	0.32520	0.32475	0.50036	0.00045	0.17516

表 6.11 仅考虑酒消费税的情况下，测算税后基尼系数、MT 指数和 K 指数；表 6.12 仅考虑烟消费税的情况下测算的结果，从数据获得可比性考虑，对烟消费税的收入再分配效应相关指数计算时仅测算了 2015～2022 年相关数据。酒和烟消费税整体上看和消费税整体分析基本一致，二者消费税均具有累退性。但不同的是酒消费税的累退性降低明显，而烟消费税的累退性相对于酒消费税还是比较高的，且高于消费税整体，可见我国烟消费税累退性较强。

表 6.13 和表 6.14 反映的是对小汽车和成品油消费税相关指标的测算结果，可以看到不同于消费税整体、烟和酒消费税累退性结论，我国小汽车和成品油消费税呈现明显的累进性。小汽车消费税 2022 年 MT 指数和 K 指数均小于 2012 年，小汽车消费税累进性出现了有所减弱的迹象。成品油消费税 MT 指数和 K 指数均高于小汽车，其消费税累进程度要高于小汽车。因此可以认为，对小汽车和成品油征收消费税能够缩

小收入差距，对收入再分配调节起到了积极作用。

6.4 本章小结

长期以来一种观点认为间接税不具有直接税调节收入分配的作用，随着研究的深入人们逐渐认识到间接税在调节收入分配方面也具有积极的作用。作为间接税的消费税由于征税对象的可选择性，通过合理的税制结构设计可使消费税在调节收入分配方面发挥独特的作用。我国消费税经过多次调整和完善后，一些学者研究发现我国消费税累退性在减弱，逐步呈现累进性，其在收入分配调节中的作用逐渐被更多的学者所认同。上面的分析结果也验证了这一观点，本书对我国消费税进行实证研究发现，我国消费税整体具有累退性，甚至在一定程度上加剧了收入差距。烟和酒消费税对收入差距的缩小作用不明显，尤其是烟消费税的累退性明显。而对小汽车和成品油征收消费税，则明显具有累进性。

在评价消费税收入再分配功能时不能简单地从整体去分析，消费税税目多，不同税目调节功能的侧重点不同，比如对烟、酒征收消费税更多地倾向于对消费行为的调节，目的在于引导健康消费。而对高档消费品征税则更能体现收入再分配的调节意图；而高档烟、酒又具有奢侈品性质，对于高档烟、酒的征税可以增强消费税收入再分配作用。从缩小收入差距，推进共同富裕建设来看，有必要增强我国消费税收入分配功能，因此增加对奢侈消费征税也是我国消费税今后改革的方向之一。

第7章

消费税环保功能分析

党的十八届三中全会明确提出将高耗能、高污染产品纳入消费税征收范围，党的二十大报告明确提出："完善支持绿色发展的财税、金融、投资、价格政策和标准体系，发展绿色低碳产业，健全资源环境要素市场化配置体系，加快节能降碳先进技术研发和推广应用，倡导绿色消费，推动形成绿色低碳的生产方式和生活方式。"[1]

7.1 文献综述

7.1.1 国内外文献回顾

"波特假说（Porter Hypothesis）"认为，适当的环境规制能够激励企业进行技术创新[2]，因此合理的税收制度能够促进环境保护与生产发展的平衡。在贯彻新发展理念、实现绿色发展的背景下，作为绿色税制体系中的消费税需要发挥更多节能环保作用（罗秦，2021）。李

---

① 习近平：高举中国特色社会主义伟大旗帜为全面建设社会主义现代化国家而团结奋斗：在中国共产党第二十次全国代表大会上的报告 ［EB/OL］. （2022 – 10 – 25）［2023 – 03 – 03］. https：//www. 12371. cn/2022/10/25/ARTI1666705047474465. shtml.
② Porter M E, Linde C. Toward a new conception of the environment – competitiveness relationship ［J］. Journal of economic perspectives, 1995, 9 （4）: 97 – 118.

晶和王珊珊（2016）认为对于消费终端的污染品征收消费税可以矫正环境负外部性，建议加快消费税改革助力环境治理与改善。赛普斯和门德尔松（Sipes & Mendelsohn，2001）通过实证分析认为汽油税短期弹性在 −0.4 ~ −0.6，长期弹性在 −0.5 ~ −0.7，因此认为汽油税只会使环境小幅改善。斯特纳（Sterner，2007）研究认为燃油税能抑制燃油消费、减少碳排放。厉荣和孙岩岩（2019）指出我国成品油消费税对于引导成品油消费、倡导节能环保理念、促进生态文明建设都具有重要的导向作用。史锦华和罗添元（2012）认为征收成品油消费税可通过减少能源消费和环境污染提高社会整体福利水平，从长远看有利于节约能源和提高利用效率。管治华和陈俊宇（2023）认为消费税能够抑制碳排放增长，但抑制作用较弱。

在增强消费税环境保护功能上，部分学者认为应强化对高耗能、高污染产品的调节作用，建议将相关污染产品纳入消费税范畴，如张德勇（2021）、岳树民和薄彦婷（2023）等。袁明（2023）指出应当将经济调节功能作为消费税在"双碳"法治结构中的主导定位；李晶和王珊珊（2016）则认为应将可计量、易于征管的污染品以及电力、生活垃圾与排污、瓦斯天然气等纳入消费税征税范围。于佳曦和刘林林（2020）、薛肖艳（2023）等主张对一次性消费品征收消费税。

在税率设置上，伍红和王昊（2023）认为促进节能减排，助力"双碳"目标实现应提高成品油税率。庞凤喜和王绿荫（2020）指出对高污染、高能耗类消费品，应根据其废弃排放物的数量或依其对环境的外部效应程度实行差别税率；提高具有资源类属性和高污染消费品的消费税税率。

在征税环节上，赖明勇等（2008）研究认为发现燃油税零售环节征收的经济损失最小，但节能环保效果一般，而生产环节征税的环保效果显著，但是经济损失较大。孙开和金哲（2012）也主张对环保性质消费品在生产环节征税。而李晶和王珊珊（2016），伍红和王昊（2023）等主张在对污染品征税时，宜设置在消费环节课征并采取价外税方式。

7.1.2 简评

对于消费税"绿化"功能逐渐被广泛认识，对于消费税环保功能与环保税的衔接学界还有一些不同的看法，有主张进一步增强消费税环保功能的观点，也有认为不宜扩大消费税环保功能。国外有些文献关注于消费税对环境保护的实证分析，目前对于我国消费税在促进环境保护和资源节约方面的实证研究还相对较少。

7.2 消费税在促进环境保护方面的作用机理

伴随着工业社会的到来，人类社会不断进步、生活水平不断提高；但人类对于资源的消耗也与日俱增，造成对生态环境的极大破坏，而这种破坏也日益威胁着人类自身的生存与发展。而市场经济下由于负外部效应的存在，价格无法反映社会实际成本，生产发展的同时对于生态环境的破坏也更加严重。因此减轻、消除生态破坏对人类社会带来的危害，已成为世界各国政府的重要政策目标之一。税收政策是消除外部负效应的重要手段之一，因此得到了各国政府的广泛重视。目前，被广泛倡导的"绿色税收""环境保护税"① 就是人们为发挥税收在环境保护方面的作用而建立起来的。

7.2.1 税收促进环境保护的运行机理

外部性是市场失灵的表现之一，它是指个体未能承担相应的生产成本或未为所获得的利益支付费用。外部性包括正的外部性和负的外部性。前者是指个体的私人收益要小于社会收益，因而往往造成供给不

---

① 朱为群（2001）将环境税同奢侈品消费税一样归为选择性消费税范畴，这是一个较为广义的界定。

足；后者是指个体的私人成本小于社会成本，因而往往出现过度供给，造成资源配置效率的低下。税收是减少外部性的重要手段之一，消费税通过对相应产品征税进而加重生产者的负担，使得个体面对的成本能够反映社会成本。对高能耗、高污染的产品征税，以使消费者减少此类产品的消费，诱使生产者减少生产、改进技术，进而提高资源利用效率、减少环境污染；同时取得税收还可以用来治理污染。如图 7.1 所示，在不征税的情况下，市场均衡在供给曲线 S 和需求曲线 D 的交点（P_1，Q_1）也即私人边际成本（MPC）和社会边际收益（MSB）的交点。外部边际成本（MEC）并未在市场中得到反映，当征收消费税 $T = MEC$ 后，市场形成新的均衡，市场价格由社会边际成本和社会边际收益的交点（P_2，Q_2）决定。征税后新的市场均衡反映了外部边际成本，使得市场均衡处在社会福利最大化的位置。因此通过对相应污染产品征收消费税可以使生产者以及消费者都面对真实的社会边际成本，进而据此做出有助于资源节约、环境保护、生态和谐发展的生产和消费决策，实现对生态环境的保护和资源的节约。

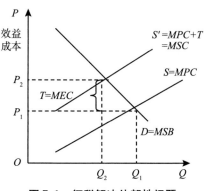

图 7.1　征税解决外部性问题

7.2.2　环境保护税体系简介

20 世纪中叶，一些发达国家开始关注工业化进程所带来的污染问题，出于减少污染目的的"环境税"出现。而对于污染等具有负外部效应的"有害品"征税可以统称为"绿税"①，类似的税收概念还有"生态税""污染税""绿色税"等。现如今逐渐形成了更为宽领域的"绿色税制"理念，并被人们所关注。2021年欧盟环境税收入就占到GDP的2.2%②。

关于环境保护税制的划分目前还比较困难，各国都有自己的理解。环境保护税按照征税的对象大致可以分为四类。第一类是基于环境源头的"自然资源"而开征的资源税，如土地资源、矿产资源、水资源等；对能源矿产征税的比较多，如煤、石油、天然气、铀等；我国设有单独"资源税"税种，因各国资源禀赋差异，资源税的征收范围差异明显。第二类关注于污染行为对污染物的排放征收"排污税""污染税"等，具体名称各国有所不同。根据排放污染物的不同，通常有"水污染税""大气污染税""噪声税""垃圾税"等。具体实践中又大体呈现两类：一是对污染物排放综合征收，名称上有"综合污染税""污染税""排污费"等，比如我国单独开征有"环境保护税"；二是以具体污染物单独征税并命名的，如"水污染税""噪声税""二氧化硫税""垃圾税"，此外还有"碳税"等。第三类就是对生产消费具有污染性的产品和资源产品征收的产品税，各国普遍在"特别消费税"征税范围中纳入了高污染、有害品，使得消费税的"绿化"功能不断加强，并向"环保型消费税"发展。我国对"木制一次性筷子""成品油""小汽车"等征收消费税就具有环境保护的意图。第四类就是具有环境保护意义的其他税，包括将环保理念融入税制设计之中，不断强化税种"绿化"程度的做法。

广义的环境保护税涵盖了所有基于环境保护意图而征收的税收及其相关税收政策的统称。在构建环境保护税体系中一种重要的选择就是对

---

① ［美］保罗·萨缪尔森，威廉·诺德豪斯. 经济学（16版）［M］. 萧琛，等译. 北京：华夏出版社，1999：240.
② 欧盟网站. https：//taxation - customs. ec. europa. eu/taxation - 1/economic - analysis - taxation/taxation - trends - european - union_en.

现有间接税（增值税和消费税）的结构重设，这种选择也是一种低成本引入市场刺激措施来控制环境污染和资源节约的方式，这种重设的间接税可以较低的成本激励生产者和消费者减少对环境的破坏和污染。经济发展与环境保护之间存在一定的冲突，需要寻找二者的平衡点；利用市场的手段，通过开征环境保护税引导产业发展和居民消费更加关注资源和生态保护。除了开设专门的环境保护税外，很多国家通过开征特种消费税的形式可以实现对消费税的重设，通过推动税收"绿化"度提升税收促进环境保护的功能。比如挪威、瑞典对化肥、电池等征税，意大利对塑料袋征税，丹麦对少量提供的杀虫剂、用作喷雾推进剂的气体等征税。

在构建环境保护税体系过程中，各国基于自身国情选择了不同的方案。除了开征独立的环境保护税外，对于增值税、消费税等现有税收制度的"绿化"重构也越来越被世界各国所重视。发挥税收政策的调节作用在实现经济和生态保护的协调发展过程中具有十分重要的意义。当前，充分挖掘现有税制的环保效应，进一步发挥税收（如消费税、资源税等）的环保作用以促进生态环境保护，构建符合国情的"绿色"税收体系被广泛认同。

7.3　我国消费税绿色化实践分析

7.3.1　我国消费税环保功能日益增强

我国在经济社会发展中，十分重视环境保护和生态文明建设。党的十八大明确指出建设"美丽中国"，强调把生态文明建设放在突出地位。2015 年 5 月 5 日，《中共中央　国务院关于加快推进生态文明建设的意见》发布；增强生态文明建设被写入"十三五"规划。生态文明建设是我国"五位一体"总体布局中的重要组成部分，2018 年"生态文明建设"被纳入我国《宪法》。推进生态文明建设，也是我国推进富强民主文明和谐美丽的社会主义现代化强国建设的需要。我国于2018年开始对大气污染物、水污染物、固体废物和噪声等应税污染物征收"环境保护税"，形成了以环境保护税、资源税为核心，并与其他税种协调配合的环境保护税体系。在推进我国生态文明建设过程中，我国通过税制改革不断完善增值税、消费税"绿化"功能，进一步优化了我国环境保护税体系。

消费税的环保效应主要是通过对高能耗、高污染的消费品征税，进而影响消费者消费行为，减少对环境有害产品的消费。消费税税负的分担机制最终影响着消费者和生产者，当税收负担完全转嫁给消费者时，征税产品的成本相应增加，进而促使消费者减少此类产品消费而增加替代品消费。如果消费者负担所有税负的话，消费者也可能减少征税产品的消费，这样市场需求就会下降；市场需求的下降最终会影响到生产供给、间接促使生产者减少高能耗、高污染产品的产量，进而达到节约资源、减少对环境的破坏。如税负不能完全转嫁时，消费者也可能减少征税产品消费而生产者也会有一定动力改进技术降低成本、提高效率。而税收负担不能转嫁并由生产者自身负担时，生产者要么通过改进技术提高生产效率，要么就是改变投资方向、进行产品结构调整转而生产其他产品。技术的进步则会提高资源利用率、减少污染排放，产品结构的调整则会直接减少高耗能、高污染产品的产量，这些都有利于资源的节约和环境保护。

我国消费税设立之初，其绿化程度有限，主要体现在对小汽车、摩托车、汽油、柴油、鞭炮和焰火等税目上。2006年消费税制度改革，新增了木制一次性筷子、实木地板、游艇税目，调整新设"成品油"税目，进一步增强了我国消费税"绿化度"。2016年开始对"电池""涂料"征收消费税，并延续至今。从表7.1可以看出，在我国现行消费税15个税目中，11个税目具备直接或间接税收绿化功能，因此消费税的绿化功能十分明显。

表 7.1　　　　　　　　　　　　　　绿色消费税目情况

序号	消费税税目	主要污染	绿化功能
1	烟	生产和消费环境污染	抑制消费、减少环境污染
2	酒	生产过程的环境污染	减少粮食消耗，减少次生环境污染
3	鞭炮、焰火	大气污染	引导减少消费，降低污染气体排放
4	成品油	能源消耗、大气污染	降低能源消耗、降低污染气体排放
5	实木地板	森林资源消耗	减少消费，节约使用资源、增强自然环境调节能力
6	木制一次性筷子	森林资源消耗	减少消费，节约使用资源、增强自然环境调节能力
7	小汽车	大气污染	引导新能源消费、降低污染气体排放
8	摩托车	大气污染	引导新能源消费、降低污染气体排放
9	游艇	水污染、大气污染	抑制消费、降低水体和大气污染
10	电池	重金属污染、大气污染	减少消费、促进技术革新
11	涂料	环境污染	减少消费、促进技术革新

7.3.2　我国消费税绿色环保效应的实证分析

为进一步分析消费税在引导绿色消费、促进环境保护方面的作用，接下来本书采用实证分析的方法阐述我国消费税在促进环境保护方面的作用。

7.3.2.1　模型构建与指标选取

假设消费税通过引导绿色消费，并进一步传导至生产厂商，进而影响到污染物的排放。基于目前消费税收入比重分析，可以看出消费税影响的行业主要涉及大气污染等，因此本书主要考虑消费税对大气污染的影响。在此基础上，我们构建分析模型如公式（7.1）所示：

$$SO2_i = \alpha_i + \beta_1 CT_i + \beta_2 IO_i \qquad (7.1)$$

其中，α_i 为常数项，代表技术进步、环保政策等因素；$SO2_i$ 为第 i 年污染物排放量，此处选择工业二氧化硫排放量作为被解释变量；CT_i 为第 i 年缴纳的消费税额，此处选取国内消费税收入额作为解释变量；IO_i 为第 i 年的工业产出情况，此处以工业增加值为解释变量。β_1、β_2 为各项参数。

为了减少变量异方差对模型估计的影响，此处对各变量取对数，构建多元回归模型如公式（7.2）所示：

$$\ln SO2_i = \alpha_i + \beta_1 \ln CT_i + \beta_2 \ln IO_i \tag{7.2}$$

国内消费税收入数据来自《中国税务年鉴》，工业增加值来自国家统计局网站"国家数据"库，二氧化硫排放量来自《中国环境年鉴》和《中国环境统计年鉴》。由于我国在 2016 年对环境统计指标进行了较大调整，2016 年以后的二氧化硫统计量与之前的统计数据不可比，因此这里数据选取时间为 1995~2015 年，相关数据见表 7.2 和表 7.3。

表 7.2   **1995~2015 年我国二氧化硫排放量、**

国内消费税及工业增加值情况

年份	工业二氧化硫排放量 （万吨）	国内消费税 （亿元）	工业增加值 （亿元）
1995	1405.00	541.48	25023.20
1996	1364.00	620.23	29528.90
1997	1852.00	678.70	33022.60
1998	1594.00	814.93	34133.90
1999	1460.00	820.66	36014.40
2000	1613.00	858.29	40258.50
2001	1567.00	929.99	43854.30
2002	1562.00	1046.32	47774.90
2003	1791.40	1182.26	55362.20

年份	工业二氧化硫排放量 （万吨）	国内消费税 （亿元）	工业增加值 （亿元）
2004	1891.40	1501.90	65774.90
2005	2168.42	1633.81	77958.30
2006	2234.82	1885.69	92235.80
2007	2139.98	2206.83	111690.80
2008	1991.37	2568.27	131724.00
2009	1865.94	4761.22	138092.60
2010	1864.42	6071.55	165123.10
2011	2017.20	6936.21	195139.10
2012	1911.71	7875.58	208901.40
2013	1835.19	8231.32	222333.20
2014	1740.35	8907.12	233197.40
2015	1556.74	10542.16	234968.90

资料来源：根据《中国税务年鉴（1996～2016）》《中国环境年鉴（1996～2016）》和《中国环境统计年鉴（2005～2016）》，以及国家统计局网站"国家数据"库相关数据整理汇总。

表7.3　　　　　　　　　　　　描述统计分析

变量	均值	标准差	最小值	最大值
工业二氧化硫（万吨）	47619	251.3626	1364	2234.82
消费税（亿元）	7619	3293.6780	541.48	10542.16
工业增加值（亿元）	77958.3	75704.899	25023.2	234968.9

7.3.2.2　回归结果分析

通过对变量取对数后进行回归分析得到相关结果如表7.4所示。

表 7.4　　　　　　　　　　　　　　回归结果

变量	系数	标准误差	T 值	P 值
$\ln CT$	− 0. 4921	0. 1080	− 4. 5549	0. 0002
$\ln IO$	0. 7310	0. 1407	5. 1941	0. 0001
C	2. 9769	0. 7912	3. 7624	0. 0014
R^2	0. 6728	被解释变量的样本均值		7. 4760
Adjusted R^2	0. 6364	被解释变量的样本标准差		0. 1426
标准误差	0. 0860	赤池信息准则 AIC		− 1. 9373
残差平方和 SSR	0. 1331	施瓦茨准则 SC		− 1. 7881
对数似然估计值	23. 3414	Hannan − Quinn criter.		− 1. 9049
F 统计量	18. 5048	D − W		1. 4738
Prob（F 统计量）	0. 0000			

　　从回归结果看，$\ln CT$ 的系数为 − 0. 4921，$\ln IO$ 的系数为 0. 731，常数项为 2. 9769；各变量系数均在 1% 的显著水平下通过了 T 值检验；拟合优度 R^2 为 0. 6728，说明方程拟合效果较好；D − W 值为 1. 4738，接近 2，表示变量不存在自相关。模型回归分析可以说明消费税与二氧化硫排放存在一定的负相关关系，征收消费税一定程度上能够降低大气污染物的排放。由于数据获得的困难，上述模型的分析尚不精确，但基本上能够解释消费税在环境保护中的积极作用。但我们也应看到消费税在促进环境保护方面的潜力还很大。

　　从 1995 ～ 2015 年消费税增长率和工业二氧化硫排放量增长率对比情况看，大致呈现消费税增长快时，工业二氧化硫增长相对较慢，这也说明了消费税对环境保护具有正向效应。我国消费税制度建立以后，2006 年做了一次较大调整，增加了对实木地板、木制一次性筷子等消费品的征税，消费税"绿化"功能得到强化。从消费税收入增长率和二氧化硫增长率对比情况看（见图 7. 2），2006 年消费税政策调整后消费税收入有所增长，同时二氧化硫的排放增速下降。2009 年消费收入大幅增加主要在于卷烟消费税的调整，这一阶段我国工业二氧化硫排放增速呈上升趋势。2014 ～ 2015 年我国对成品油消费税进行连续调整，与此同时工业二氧化硫的排放增长率也有所下降。

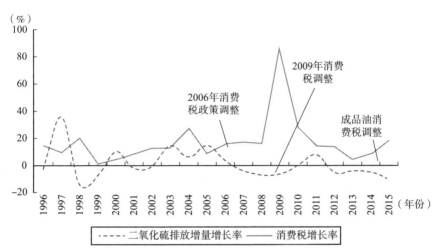

图7.2 1996～2015年我国二氧化硫排放量增长情况和消费税增长情况

资料来源：根据《中国税务年鉴（1996～2016）》《中国环境年鉴（1996～2016）》和《中国环境统计年鉴（2005～2016）》相关数据计算绘制。

2016～2021年，我国大气污染排放统计标准调整，通过图7.3可以看出，2016年以来我国工业二氧化硫排放量呈逐年下降趋势。

图7.3 2016～2022年我国二氧化硫排放量

资料来源：根据《中国环境统计年鉴（2022）》和《2022年中国生态环境统计年报》相关数据绘制。

为分析二氧化硫排放量统计标准变化后，消费税对我国工业二氧化硫排放的影响，本书对公式（7.1）进行了调整，并考虑地区经济发展水平引入新的变量（在此以人均 GDP 作为分析指标）。在分析 2016 年以后的消费税影响时，由于数据样本较少，这里主要采用省级面板数据进行分析。由于西藏地区消费税占比小、工业二氧化硫排放量也最低，在此不做考虑，同时也不考虑香港、澳门、台湾等地情况，仅利用其余 30 个省份数据分析，如公式（7.3）所示：

$$SO2_{i,j} = \alpha_{i,j} + \beta_1 CT_{i,j} + \beta_2 IO_{i,j} + \beta_3 GDPp_{i,j} \tag{7.3}$$

其中，$SO2_{i,j}$ 为 j 省第 i 年的污染物排放量，此处选择工业二氧化硫排放量作为被解释变量；$CT_{i,j}$ 为 j 省第 i 年缴纳的消费税额，此处选取国内消费税收入额作为解释变量；$IO_{i,j}$ 为 j 省第 i 年的工业产出情况，此处以工业增加值为解释变量；$GDPp_{i,j}$ 为 j 省第 i 年的人均 GDP。β_1、β_2、β_3 为各项参数。

为了减少变量异方差对模型估计的影响，此处对各变量取对数，构建多元回归模型如公式（7.4）所示：

$$\ln SO2_{i,j} = \alpha_{i,j} + \beta_1 \ln CT_{i,j} + \beta_2 \ln IO_{i,j} + \beta_3 \ln GDPp_{i,j} \tag{7.4}$$

通过构建面板混合模型，考虑横截面权重进行回归分析的结果如表 7.5 所示：

表 7.5 回归结果

变量	系数	标准误差	T 值	P 值
$\ln CT$	−0.3901	0.0322	−12.1134	0.0000
$\ln IO$	1.0583	0.0402	26.3381	0.0000
$\ln GDPP$	−2.6057	0.1147	−22.7149	0.0000
C	36.5443	1.3114	27.8664	0.0000
R^2	0.8514	S. D. dependent var		14.9098
Adjusted R^2	0.8489	Sum squared resid		77.4226
F 统计量	336.2258			
Prob F 统计量	0.0000			

从对各省工业二氧化硫排放量的回归分析结果看，拟合优度 R^2 为 0.8514，调整后 $Adjusted\ R^2$ 为 0.8489，说明模型的整体拟合效果良好。变量各参数均通过 T 值检验，P 值均小于 0.01。解释变量 $\ln CT$、$\ln IO$ 和 $\ln GDPP$ 对被解释变量 $\ln OS2$ 具有显著影响。表明消费税对工业二氧化硫排放的影响在 1% 的显著水平上是显著的。同时可以发现消费税对二氧化硫排放量之间存在一定的负相关关系，征收消费税一定程度上有助于减少二氧化硫的排放。消费税作为污染物排放的影响因素之一，消费税具有一定的环保功能，但消费税的"绿化"效果还有待提升。

由于受限于数据和模型构建的局限性，以上研究分析还主要是粗线条的，未能更精准地从消费税税目角度分析消费税"绿化"功能。同时当前环境保护面临的问题还有很多，污染源种类也很多，模型关注的视角仅在工业二氧化硫排放上，存在一定局限性。从我国"双碳"目标的达成角度看，不断提升消费税"绿化"调节功能还有不少差距。消费税在与其他税种的协调配合上还有很大提升空间。

7.4　本章小结

消费税征税对象具有可选择性，具有一定的环境保护调节潜力，也是各国加强环境保护调节的重要税种之一。从我国现行消费税"绿色"税目角度看，消费税具有明显的促进环境保护的意图。但需要注意的是消费税主要针对的是消费品征税，其对环境保护的促进作用需要经过价格传导影响消费需求量，进而影响消费品的生产，最终影响生产者厂家的生产行为，其环保功能的发挥关键在于价格传导机制是否畅通。消费税环保功能的发挥还受到征税范围、税率、供求弹性等多种因素的影响。2006 年及以后的消费税改革提升了我国消费税环境保护功能，通过前面的实证分析看，征收消费税有助于促进资源节约和环境保护。

2020 年 9 月 22 日，国家主席习近平在第七十五届联合国大会上宣布我国"二氧化碳排放力争于 2030 年前达到峰值，努力争取 2060 年前实现碳中和"①；中国以实际行动为建设生态文明和美丽地球贡献了自己的力量。"双碳"目标倡导的是"绿色、环保、低碳"的生活方式，与消费税引导健康、绿色消费理念是一致的。但我们也应看到我国"生态环境保护任务依然艰巨"，我国正在努力建设社会主义现代化强国，党的二十大报告强调"中国式现代化是人与自然和谐共生的现代化"。从贯彻落实党的二十大精神角度看，我国消费税在引导绿色生产生活方式、促进环境保护上还有待加强。我国消费税"绿化"度还有待提升，比如在征税范围上可以考虑将资源浪费较为严重的"一次性消费品"纳入征税范围；为提升消费税引导绿色消费的效果方面考虑可以将小汽车、成品油等征税环节后移至零售环节。

---

① 中华人民共和国中央人民政府网站. 习近平在第七十五届联合国大会一般性辩论上发表重要讲话 [EB/OL]. (2020 – 09 – 22) [2024 – 04 – 14]. https：//www. gov. cn/xinwen/2020 – 09/22/content_5546168. htm.

第8章

国外消费税制度介绍及对
我国的借鉴

8.1 国外消费税开征情况

目前，世界上大多数国家也是选取部分特殊消费品作为对象征收消费税，一般称之为"选择性消费税"[①]。对烟、酒及其他奢侈品征收消费税的历史悠久。在世界经合组织（OECD）国家中，特别消费税的税收收入占 GDP 的比重由 2018 年的 2.4% 下降到 2020 年的 2.3%；占税收收入的比重则由 7.3% 下降至 6.9%[②]。消费税在对财政收入的贡献作用在下降，更多的体现在调整消费上。作为一般流转税的补充，消费税主要针对部分具有特殊性商品征税。烟、酒具有成瘾性，过量消费会损害身体健康，产生较大的社会负外部性，因此烟、酒等商品几乎被所有的 OECD 成员国纳入本国消费税征税范围；也有些国家对巧克力、咖啡和橙汁等产品征收消费税。

世界各国开征消费税都比较普遍，对比分析国外开征消费税情况对于完善我国消费税制度具有积极的借鉴价值。

[①] 在世界经合组织（OECD）报告中称为 Select Excise Dutties。

[②] OECD, Consumption Tax Trends 2022：VAT/GST and Excise, Core Design Features and Trends, OECD Publishing, Paris, ［M/OL］. (2022 – 11 – 30) ［2024 – 02 – 08］. https：//doi. org/10. 1787/6525a942 – en.

8.1.1　各国消费税征收模式

基于不同的历史和文化特点，各国在消费税实践中大致可将消费税征收模式划分为独立型、嵌入型和复合型消费税制度①。

独立型消费税制度，就是单独制定消费税法律。具体有两种形式：一是将所有需征税的消费品统一制定消费税法律，然后以列举税目的方式将所有征税对象在税法中列出，采用这种模式的国家如比利时、智利、爱沙尼亚等；二是将不同的消费品独立征收消费税，且独立制定消费税法，通常以征税对象命名税法（酒税、烟税等），采用这种模式的国家有奥地利、丹麦、法国、德国、希腊等②。也有的国家两种形式都采用，如韩国在对珠宝、首饰、猎枪或步枪等产品和夜总会、赛马、赌博等特定服务场所征收综合消费税外，又对烟、酒等消费品单独征收烟税、酒税等税种。

嵌入型消费税制度，是将消费税征收对象嵌入统一的增值税、销售税制度中的一种模式。通过对特定消费品征收较高的税率或特定的征税项目等来实现对消费品的征税。如印度在统一征收货物劳务税的同时对烟、酒以及奢侈品等消费品征收适用较高的税率。孟加拉国以增值税附加税的方式对奢侈品等产品征收 10% ~ 500% 的附加税，也属于嵌入型消费税征收模式。在增值税等货物和劳务税普遍征收，税率趋于简化的背景下，采用嵌入型征收消费税的模式国家越来越少。

复合型消费税制度，即在一些国家既设立单独的消费税，同时也针对部分消费品适用较高税率的方式嵌入增值税等其他税种中的征收模式。采用这种模式的代表国家有白俄罗斯、阿根廷等。

8.1.2　各国消费税征税范围

依据国情不同，各国家消费税具体征税范围存在较大差异。一些国

---

① 《世界税制现状与趋势》课题组. 世界税制现状与趋势（2021 ~ 2022）［M］. 北京：中国税务出版社，2022：303 - 305.

② 龚辉文. 各国消费税发展的若干特征与启示［J］. 财政科学，2023（06）：104 - 114.

家仅对烟类、酒类、机动车辆及石油资源类征收消费税；还有国家将食品、奢侈品等纳入消费税征税范围；此外也有国家将部分生产、生活资料纳入消费税征税范围。从现有国家消费税实践看，纳入消费税征税范围的主要有：烟类产品、酒类产品、矿物能源类产品、机动交通工具、奢侈品、污染品、特定服务（如娱乐业）等。

8.1.2.1 烟类产品

烟类产品一般主要有：卷烟、雪茄烟、电子烟以及其他烟草类制品等。烟类消费品征税在世界上比较普遍，大多数国家都对烟类产品征收消费税。由于烟的消费较为普遍、量大，且具有成瘾性，其需求价格弹性较弱，是"理想的"税收来源，因此各国常将其作为组织财政收入的重要来源之一。烟对于消费者而言对健康具有伤害性，会导致额外医疗支出，带来较大的社会负面效应，因此征收烟消费税也是社会的普遍共识。各国也较倾向于对烟征收重税。

8.1.2.2 酒类产品

酒类产品主要包括啤酒、葡萄酒、白酒、其他酒和酒精饮料等，也有国家对非酒精饮料征收消费税。酒与烟具有共通性，消费普遍、具有成瘾性，易产生负外部性等特征。酒类产品征收消费税也较为普遍，税率一般也较高。

8.1.2.3 能源产品

能源产品主要有燃油、煤、天然气等矿物能源产品，也有国家对电力征收消费税[①]。能源产品即生产资料，也是居民生活必需品，其作为政府收入的来源也较为理想，因此也是各国征收消费税的主要对象之一。同时对不可再生能源产品征税对引导绿色消费、减少碳排放，促进绿色发展而言具有积极意义，这也是各国对能源产品征收消费税的考虑

---

① 《世界税制现状与趋势》课题组. 世界税制现状与趋势（2021～2022）［M］. 北京：中国税务出版社，2022：306－307.

因素之一。美国、加拿大等国家设有"燃油税";西班牙设有"碳氢化合物消费税";法国有"能源消费税"。OECD国家统计资料显示,其成员国主要对汽油、柴油和燃料油征收消费税。

8.1.2.4 机动交通工具

小汽车、船、飞机等机动交通工具会产生大气污染,也是各国消费税征税对象。在节能减排,推进绿色发展的背景下,一些国家从环境保护的角度考虑增加机动交通工具消费税。

8.1.2.5 奢侈品

奢侈品具有"价高""缺乏消费弹性"等特点,是政府组织财政收入的理想税源。奢侈品主要消费群体为高收入者,对其征税不会影响普通居民消费,在一定程度上具有调节收入分配的作用。随着经济社会发展、生活水平的提升,"奢侈品"的范围也在不断变化,"奢侈品"的界定一般也比较困难,这在一定程度上影响其征税范围的扩展。

一些国家对豪华汽车、游艇、私人飞机等征收奢侈品消费税,如2022年,加拿大对豪华汽车、船和飞机新开征豪华税(luxury tax)。还有对金、银等贵重首饰,珠宝,玉石,化妆品以及其他高档生活品(如高档手表、裘皮大衣)等征收消费税。如韩国对销售价格超过200万韩元的豪华手表、豪华地毯、豪华包;销售价格超过500万韩元的豪华皮毛及其制品(不包括兔皮和生皮毛)、珠宝(不包括工业用钻石、未加工的原石、原矿和散石)、珍珠、龟壳、珊瑚、琥珀、象牙及其制品(包括散石)、贵金属制品、豪华家具(每件500万韩元或每套800万韩元);对超出部分征收20%的个人消费税(individual consumption tax)[①]。

8.1.2.6 环境破坏性产品

在绿色税收理念的推动下,各国对税收在环境保护方面的功能也日

---

① Ministry of Economy and Finance KOREA. A Guide to Korean Taxation 2022 [R/OL]. https://english. moef. go. kr/.

益看重，将具有一定污染性的产品也逐步纳入消费税征税范围，使得消费税的"绿化"程度不断提升。除了对成品油等能源产品、机动车等征收消费税外，一些国家也开始对一次性物品、农药和化肥、轮胎、电池、电子产品等征收消费税。

8.1.2.7　特定服务

无论是基于财政收入的考虑，还是不同地域文化的影响，一些服务也纳入消费税征税范围，比如娱乐服务、广告服务、博彩等。如英国的赌博税、航空旅客税；美国对航空运输、投注、外国保险征税；菲律宾的赛马税；韩国经营赛马场、自行车赛道、老虎机俱乐部、高尔夫球场、赌场、夜总会等征收消费税。

8.1.2.8　含糖饮料

近些年一些国家基于促进健康消费的考虑，对含糖饮料等开征"健康税"[①]。出现了含糖饮料税（sweetened beverages tax 或 sugar-sweetened beverages tax），这是对含糖的甜味饮料征收的一种"健康税"。2016年，世界卫生组织发布报告指出越来越多的证据证明对含糖饮料征收适当的税收将导致其消费量减少，如果征收后可以使零售价格提高 20%以上，其征税效果更好；同时报告也指出和烟草税一样，通过征收特别消费税方式提高零售价格更加有效[②]。表 8.1 为部分国家对含糖饮料的征税情况；另外有 16 个太平洋岛国和地区（PICTs）征收了含糖饮料税，其中有 11 个是以消费税的方式征收的[③]。根据 WHO 相关报告显

---

　　① 含糖饮料，主要包括软饮料、调味牛奶、能量饮料、维生素水、果汁和加糖冰茶，与儿童和成人患蛀牙、2 型糖尿病、超重和肥胖、心脏病、中风和癌症的风险增加有关。烟草、酒精、含糖饮料以及化石燃料等消费容易增加心血管疾病、癌症、呼吸道疾病和糖尿病等非传染性疾病，并对个人和社会产生负面影响；因此对烟草、酒精、含糖饮料及化石燃料征税被称为健康税。

　　② World Health Organization. Fiscal policies for diet and prevention of noncommunicable diseases：technical meeting report，5 – 6 May 2015，Geneva，Switzerland．［M／OL］．（2016 – 09 – 19）［2024 – 04 – 14］．https：//iris. who. int/handle/10665/250131.

　　③ Teng A，Snowdon W，Tin S T W，et al. Progress in the Pacific on sugar-sweetened beverage taxes：a systematic review of policy changes from 2000 to 2019［J］．Australian and New Zealand journal of public health，2021，45（4）：376 – 384.

示，截至 2022 年 5 月，已有超过 85 个国家或地区对含糖饮料征税①。

表 8.1 部分国家对含糖饮料征税情况

国家	时间	征税对象	税率
芬兰	2011 年	无糖软饮料（ASBs）和无糖矿泉水；无糖果汁	0.13 欧元/升
		含糖软饮料，果汁	0.32 欧元/升
		固体浓缩物	2.04 欧元/公斤
		无糖固体浓缩物	1.13 欧元/公斤
匈牙利	2011 年	对于每 100 毫升含糖量超过 8 克的即饮（RTD）软饮料	15 福林特（HUF）/升
		用于甜味饮料的浓缩糖浆	240 福林特/升
		每 100 毫升含有超过 1 毫克甲基黄嘌呤的能量饮料	50 福林特/升
		每 100 毫升含有超过 15 毫克甲基黄嘌呤的能量饮料	300 福林特/升
		含糖可可粉	85 福林特/公斤
法国	2018 年	滑动税率：每升含糖量每 100 毫升小于或等于 1 克的饮料起征点为 0.03 欧元，每升含糖量每 100 毫升为 15 克的饮料最高税率为 0.2412 欧元。对于每升含糖量超过 15 克的饮料，每公斤添加的糖额外加收 0.0205 欧元。对于非热量甜味饮料，税率为每升 0.03 欧元；对于天然水或人工水，税率为每升 0.0054 欧元	
菲律宾	2018 年 1 月 1 日	用纯热量甜味剂和纯无热量甜味剂或热量和非热量甜味剂混合物的甜味饮料	6 比索/升
		使用纯高果糖玉米糖浆或与任何热量或无热量甜味剂组合的甜味饮料	12 比索/升

① WHO manual on sugar-sweetened beverage taxation policies to promote healthy diets. (2022 – 12 – 13) [2024 – 04 – 14]. https：//www. who. int/publications/i/item/9789240056299.

国家	时间	征税对象	税率
南非（健康促进税，HLP）	2018年4月1日	含糖饮料（含糖量每百毫升超过4克）	2.1分/克糖
英国（软饮料业税，SDIL）	2018年4月6日	5g≤饮料每100毫升含糖量<8g	18便士/升
		8g≤饮料每100毫升含糖量	24便士/升
爱尔兰（含糖饮料税，SSDT）	2018年5月1日	对于每100毫升含5~8克糖的产品（非酒精类、以水和水果为基础的饮料）	16.26欧元/百升
		对于每100毫升含8克及以上糖的产品	24.39欧元/百升
塞舌尔	2019年4月1日	含糖量超过每100毫升5克的饮料（含调味牛奶）	4卢比/升
葡萄牙	2019年10月1日	对于每升含糖量少于80克的含糖饮料（SSB），税率为8.22欧元/百升；对于每升含糖量等于或超过80克的含糖饮料，税率为16.46欧元/百升。该税率适用于HS 2202下的饮料及浓缩饮料	

资料来源：The World Bank. Global SSB Tax Database [DB/OL]. (2023 – 11 – 01) [2024 – 04 – 17]. https：//datacatalog. worldbank. org/search/dataset/0063310.

8.1.2.9 其他产品

除了对上述产品或服务征收消费税外，一些国家基于本国国情和地域文化特点，对杀虫剂、扑克牌、枪支、玩具、游戏、运动器材、橡胶、疫苗、电子产品中的化学品等征收消费税。如瑞典对电视机、电话、电脑、冰箱和洗衣机等电子产品、塑料手提袋征税；丹麦对杀虫剂征税。

整体上看，除了烟、酒、机动车、燃料等传统消费税目外，一些国家逐步将含糖饮料、电子烟等有害健康的产品纳入消费税征税范畴。随着数字技术的广泛应用和数字经济的发展，一些国家也选择性地将部分数字产品和服务也纳入了消费税范畴。世界各国更加注重发挥消费税环保功能、调节消费行为等方面的功能。

8.2 各国消费税税率

8.2.1 酒类消费税税率

各国对酒类产品的分类方式存在差异，但大致可以将酒类产品分为啤酒、葡萄酒和白酒（未改性乙醇）等，一些国家也对非酒精类饮料征收健康税。很多国家对酒类产品征收消费税时采用从价征收、从量征收或是采用从价、从量复合征收的方式。

8.2.1.1 啤酒消费税税率

OECD 国家啤酒消费税政策具体如表 8.2 所示，可以看出大多数国家啤酒消费税采用从量计征消费税的方式，墨西哥、智利等国则采用比例税率。冰岛啤酒消费税则采用以啤酒酒精度减去特定值后再计算消费税额的方式征收消费税。其中啤酒税率最高的是以色列，定额税率达到 774.3 美元；最低的是卢森堡，为 2.33 美元。大部分国家对小型啤酒厂和低度酒精含量的啤酒适用较低税率。有些国家则根据通货膨胀率对消费税率进行动态调整，如澳大利亚、加拿大、以色列、哥斯达黎加等国家。欧盟成员国规定了啤酒最低税率，即对每百升柏拉图度（Hecto-litre per degree Plato）最低税率为 0.748 欧元；对每百升每度纯酒精适用最低税率 1.87 欧元①；欧盟国家可以自由决定按高于欧盟最低标准征收消费税。

---

① 来自欧盟网站，https：//taxation – customs. ec. europa. eu/taxation – 1/excise – duties/excise – duty – alcohol_en。

表 8.2　　　　　　　　　　OECD 国家啤酒的消费税率

国家	定额税率（每度酒精百升）	小型啤酒厂的优惠税率		低度啤酒每百升消费税率
	美元	年产量（百升，hectolitre）	美元	美元
澳大利亚	（1）小于8升的单个容器啤酒；或至少8升但不超过48升且未设计为连接加压气体输送系统或泵输送系统的单个容器的啤酒：酒精含量不超过3%的每升酒精 45.07 澳元，酒精含量超过3%但不超过 3.5% 为 52.49 澳元，酒精含量超过 3.5% 时为 52.49 澳元。 （2）超过48升的单个容器啤酒；或设计为连接加压气体输送系统或泵输送系统的至少8升但不超过48升的单个容器的啤酒：酒精含量不超过3%的每升 9.01 澳元，酒精含量超过3%但不超过 3.5% 的每升 28.23 澳元，酒精含量超过 3.5% 的每升 36.98 澳元。 （3）使用商业设施或设备为非商业目的生产的啤酒也适用较低的税率，酒精含量不超过3%的啤酒为每升酒精 3.17 澳元，酒精含量超过3%的啤酒为每升酒精 3.65 澳元。 （4）啤酒的消费税是根据酒精含量超过酒精体积的 1.15% 的量计算；酒精含量不超过 1.15% 的啤酒无须缴纳消费税。 每年2月和8月会根据通货膨胀对税率调整			
奥地利	5.88	≤12500	3.53	0.00
		≤25000	4.12	
		≤37500	4.71	
		≤50000	5.29	
比利时	5.89	≤12500	5.13	0.00
		≤25000	5.29	
		≤50000	5.47	
		≤75000	5.64	
		≤200000	5.81	
加拿大	1. 按啤酒百升征收（不是每百升每度酒精）。自 2022 年 1 月 1 日起，所有啤酒或麦芽酒的联邦消费税率如下：（1）酒精度超过 2.5%，每百升 34.00 加元；（2）酒精度超过 1.2% 但不超过 2.5% 酒精度，每百升 17.00 加元；（3）酒精度不超过 1.2%，每百升 2.822 加元。 2. 持牌酿酒商每年在加拿大酿造的前 75000 百升啤酒和麦芽酒的消费税税率可减征：（1）前 2000 百升部分按上述税率减 90%；（2）接下来的 3000 百升的部分可减 80%；（3）接下来的 10000 百升部分可减 60%；（4）接下来的 35000 百升部分可减 30%；（5）最后 25000 百升部分可减 15%。 3. 每年4月1日，啤酒税率根据通货膨胀情况进行调整			

续表

国家	定额税率（每度酒精百升）	小型啤酒厂的优惠税率		低度啤酒每百升消费税率
	美元	年产量（百升，hectolitre）	美元	美元
智利	对葡萄酒、啤酒、蒸馏酒精饮料和其他酒精饮料适用税率为20.5%，适用增值税基数，即销售价格（不包括增值税本身），并对批发经销商之间的销售征收			
哥伦比亚	国产和进口啤酒需按零售价的48%征收消费税；啤酒与非酒精饮料的混合物按20%征收。不含酒精的啤酒（酒精含量低于2.5% vol.）无须纳税			
哥斯达黎加	根据酒精浓度（按体积计算）征收；税率根据消费价格指数的变化每季度更新一次。税率根据每种白酒和啤酒的酒精度而有所不同，范围有：0%～15%，15%～30%，以及30%以上			
捷克	3.69	≤10000	1.85	0.00
		≤50000	2.21	
		≤100000	2.58	
		≤150000	2.95	
		≤200000	3.32	
丹麦	7.75	≤3700	减免50%	0.00
		≤20000	减免百分比为168607除以生产量（升）加4.43	
		≤200000	减免百分比为14.29减去百升生产量除以14003	
爱沙尼亚	14.94	≤15000	7.47	0.00
芬兰	44.76，酒精含量为0.5%～3.5%的啤酒的消费税率为每百升24.75美元/酒精度	≤5000	22.39	0.00～29.12
		≤30000	31.34	
		≤55000	35.81	
		≤100000	40.29	
		年啤酒产量不超过20万百升的小型啤酒厂：前0.5百升部分税率下降50%；接下来的2.5万百升部分税率下降30%，再接下来的2.5万百升部分税率下降20%，最后4.5万百升的部分税率下降10%		

国家	定额税率（每度酒精百升）	小型啤酒厂的优惠税率		低度啤酒每百升消费税率
	美元	年产量（百升，hectolitre）	美元	美元
法国	9.06，酒精含量超过18%的啤酒需缴纳额外税款：每百升48.97欧元	≤200000	4.53	4.53
德国	2.32	≤5000	1.15	0.00
		≤10000	1.39	
		≤20000	1.62	
		≤40000	1.74	
希腊	14.71	≤200000	7.35	0.00
匈牙利	5.34，调味啤酒需缴纳每升25福林的公共卫生产品税	≤200000	2.67	0.00
冰岛	减去2.25百分之一升的酒精含量后，每升啤酒中每百分之一升酒精征收132冰岛克朗（ISK）。如，一升酒精度为6%的啤酒每升酒精含量为6厘升。因此，一升酒精度为6%的啤酒消费税计算如下：（6－2.25）×132＝每升495冰岛克朗。酒精度低于2.25%的啤酒不征税			
爱尔兰	26.53	≤50000	可减免或返还50%的酒精产品税（消费税）	0.00
以色列	74.30	每年根据消费价格指数（CPI）的变化进行调整，酒精含量低于2%的啤酒（如果以可重复使用的瓶子销售，则酒精含量低于3.8%）不征税		
意大利	8.65	≤10000	4.32	0.00
		≤30000	6.05	
		≤60000	6.92	

国家	定额税率（每度酒精百升）		小型啤酒厂的优惠税率	低度啤酒每百升消费税率
	美元	年产量（百升，hectolitre）	美元	美元
日本	每升 20000 日元	≤100000	（1）上一年度的啤酒产量小于或等于 10000 百升，则为正常税率的 85%； （2）上一年度的啤酒产量超过 10000 百升但小于或等于 13000 百升，则为正常税率的 92.5%（临时措施）	—
韩国	啤酒的税率为每千升 830.300 韩元（2021 年 12 月 31 日之前使用单独分配水龙头的 8 升或更大容器中出售的啤酒，适用 664.200 韩元的税率）。每年，啤酒税率都是根据消费价格指数的变化调整。自 2022 年 4 月 1 日起，啤酒的税率为每千升 855.200 韩元			
拉脱维亚	9.65	≤10000	4.82	0.00
立陶宛	9.20	≤10000	4.60	0.00
卢森堡	2.33	≤50000	1.15	0.00
		≤200000	1.32	
墨西哥	比例税率：啤酒和其他酒精饮料的税率对标准酒精度 Gay – Lussac（GL）在 14°及以下的，为 26.5%；14°~20°为 30%；20°以上的为 53%			
荷兰	（1）酒精度约为 2.8% 的适用 8.83 欧元；（2）酒精度约 2.8%~4.4% 的适用 28.49 欧元；（3）酒精度约为 4.4%~6% 的适用 37.96 欧元；（4）酒精度约 6% 或更高适用 47.48 欧元。 对于最高酒精含量为 0.5% 的啤酒，适用每百升 8.83 欧元的消费税和 9% 的增值税税率。 小型啤酒厂（年产量高达 200000 百升）的费率如下：（1）酒精度约为 2.8% 的，8.83 欧元；（2）酒精度在 2.8%~4.4% 之间的，26.35 欧元；（3）酒精度在 4.4%~6% 之间的，35.11 欧元；（4）15 度及以上，43.92 欧元			
新西兰	20.61	酒精度低于 1.15% 的啤酒不征收消费税。酒精度超过 1.15% 但不超过 2.5% 的啤酒的税率为每升 0.43573 新西兰元；酒精度超过 2.5% 的啤酒的消费税为每升酒精 29.054 新西兰元		

国家	定额税率（每度酒精百升）	小型啤酒厂的优惠税率		低度啤酒每百升消费税率
	美元	年产量（百升，hectolitre）	美元	美元
挪威	每百升产品的消费税率如下：（1）0 ~ 0.7% 酒精度的：0 挪威克朗；（2）酒精度 0.7% ~ 2.7%：每百升 331 挪威克朗；（3）酒精度 2.7% ~ 3.7%：每百升 1244 挪威克朗；（4）酒精度 3.7% ~ 4.7%：每百升 2155 挪威克朗；（5）酒精含量超过 4.7%：每度酒精和百升 482 挪威克朗			
波兰	6.11	≤200000	按啤酒标准消费税税率计算的消费税金额的 50%	0.00
葡萄牙	（1）0.5% <酒精度≤1.2%，8.34 欧元；（2）1.2% <酒精度≤2.8%，10.44 欧元；（3）2.8% <酒精度≤4.4%，16.70 欧元；（4）4.4% <酒精度≤5.2%，20.89 欧元；（5）5.2% <酒精度≤6%，25.06 欧元；（6）酒精度 >6%，29.30 欧元（截至 2022 年 1 月 1 日的价格）。小型啤酒厂（年产量高达 200000 百升）的为正常费率的 50%			
斯洛伐克	4.22	≤200000	3.12	0.00
斯洛文尼亚	14.24	≤20000	7.12	0.00
西班牙	（1）酒精度低于 1.2% 的啤酒免征消费税；（2）酒精度在 1.2% ~ 2.8% 的啤酒为 2.75 欧元/百升；（3）酒精度在 2.8% ~ 4.4% 的啤酒为 7.48 欧元/百升；（4）酒精度在 4.4% ~ 6% 酒精度的啤酒为 9.96 欧元/百升；（5）酒精度在 6% ~ 7.6% 的啤酒为 13.56 欧元/百升；（6）酒精度超过 7.6% 的啤酒为 0.91 欧元/百升和每标准酒精度			
瑞典	23.57	—	—	0.00
瑞士	每百升税率：淡啤酒（原麦芽汁浓度 10.0° Plato 以下）：16.88 瑞士法郎；普通和特制啤酒（10.1 至 14.0° Plato）：25.32 瑞士法郎；烈性啤酒（14.1° Plato 以上）：33.76 瑞士法郎。对于年产量低于 55000hl 的小型啤酒厂，税率根据产量逐步降低，最高可减少 40%（年产量最高为 15000hl）。酒精含量超过 15% 的啤酒作为酒精饮料征税（每百升无水酒精 2900 瑞士法郎）。酒精含量低于 0.5% vol. 的啤酒免征消费税			
土耳其	6.19	—	—	0.00

续表

国家	定额税率（每度酒精百升）	小型啤酒厂的优惠税率		低度啤酒每百升消费税率
	美元	年产量（百升，hectolitre）	美元	美元
英国	26.14	≤60000	酒精含量低于1.2%的啤酒免征消费税。 （1）产量不超过5000百升：标准税率的50%； （2）5000百升产量≤30000百升，消费税计算公式：年产量减去2500/年产量×标准税率； （3）30000<产量≤60000百升，消费税计算公式：年产量减去（2500减去超过30000百升的年产量的8.33%）/年产量×标准税率	11.53
美国	联邦和州加权平均消费税率为每百升产品20美元	≤2347000	前600万桶啤酒的联邦税为每桶16.00美元（31加仑），之后每桶18.00美元。1桶=1.1735百升。每年生产少于200万桶啤酒的小型国内酿酒商对前60000桶啤酒每桶缴纳3.50美元的联邦税，然后对超过60000桶的每桶啤酒缴纳16.00美元的联邦税	—

注：（1）除个别使用本国货币外，其他均采用折算后的美元。（2）欧盟规定对酒精含量低于0.5% vol. 的啤酒免征消费税。（3）丹麦对酒精含量低于2.8% vol. 的啤酒免征消费税。（4）日本，自2020年10月1日起，酒类的消费税率发生了变化，以恢复不同类型啤酒之间税负的公平性。到2026年10月，啤酒和类啤酒的消费税将统一为每百升15500日元。

资料来源：OECD（2022），Consumption Tax Trends 2022: VAT/GST and Excise, Core Design Features and Trends, OECD Publishing, Paris, [M/OL]. (2022-11-30) [2024-02-08]. https: //doi. org/10.1787/6525a942-en.

8.2.1.2 葡萄酒消费税税率

葡萄酒大体可以分为起泡葡萄酒、无泡葡萄酒（静止葡萄酒）以及低度无泡葡萄酒。表 8.3 是 OECD 成员国葡萄酒的消费税税率，大部分 OECD 国家都采用定额税率的方式对葡萄酒征收消费税。澳大利亚、智利、哥伦比亚、韩国等国采用从价消费税率。一般对低度起泡酒适用较低的消费税率。欧盟对葡萄酒没有规定最低正税率，具体由其成员国自行决定征税率。

表 8.3　　　　OECD 成员国葡萄酒（wine）消费税税率

国家	静止葡萄酒或无泡葡萄酒（still wine）	低度无泡葡萄酒	起泡酒（sparkling wine）	低度起泡酒
	每百升消费税	每百升消费税	每百升消费税	每百升消费税
	美元	美元	美元	美元
澳大利亚	葡萄酒均衡税（wine equalization tax，简称 WET）批发价的29%征收	符合条件的生产者可进行税收返还，最高可达 350000 澳元	—	
奥地利	0.00	0.00	0.00	0.00
比利时	88.13	28.13	301.55	28.13
加拿大	53.76	（1）酒精度超7%的葡萄酒适用每升 0.672 加元的税率；（2）超过 1.2% 但不超过 7% 的税率为 0.322 加元/升；（3）酒精度在1.2% 或更低的适用税率为每升 0.021 加元。葡萄酒税率随通货膨胀情况调整	53.76	—
智利	对葡萄酒、起泡酒、香槟、苹果酒和其他酒精饮料（以及其他）的销售或进口征收 20.5% 的附加税。计税依据同增值税一致，即销售价格（不包括增值税本身）或批发价格			
哥伦比亚	进口和国产葡萄酒和开胃酒需缴纳消费税，包括两部分：一部分按零售价（不含税）的20%从价征收，另一部分按 750 毫升每瓶 178 哥伦比亚比索			
哥斯达黎加	任何国内生产或进口的酒精饮料中所含的每毫升绝对酒精，无论其呈现形式如何，都要根据酒精的体积浓度征收特定的税。税率由法律规定，并根据消费者价格指数的变化按季度更新			

续表

国家	静止葡萄酒或无泡葡萄酒（still wine）	低度无泡葡萄酒	起泡酒（sparkling wine）	低度起泡酒
	每百升消费税	每百升消费税	每百升消费税	每百升消费税
	美元	美元	美元	美元
捷克	0.00	0.00	107.93	0.00
丹麦	179.01（6%＜酒精含量≤15%，每百升1126丹麦克朗）	82.35（酒精含量＞1.2%的低度葡萄酒，最高6%的酒精含量为每百升518丹麦克朗）	232.27（6%＜酒精含量≤15%，每百升1461丹麦克朗）	132.75（起泡酒的价格相当于无泡酒的价格加上每百升335丹麦克朗）
	239.75（15%＜酒精含量≤22%，每百升1508丹麦克朗）		293.00（15%＜酒精含量≤22%，每百升1843丹麦克朗）	
爱沙尼亚	173.91	74.53（酒精含量高达6%的葡萄酒是低葡萄酒）	173.91	74.53
芬兰	495.29	（1）酒精度＞1.2%，但不超过2.8%的36.00欧元/百升；（2）酒精度＞2.8%，但不超过5.5%的198.00欧元/百升；（3）酒精度＞5.5%，但不超过8%的287.00欧元/百升；（4）酒精度＞8%的421.00欧元/百升	495.29	—
法国	4.61	苹果酒、佩里酒、蜂蜜酒、葡萄汁等低度酒可享受1.34欧元/百升的优惠	11.41	4.61

国家	静止葡萄酒或无泡葡萄酒（still wine）	低度无泡葡萄酒	起泡酒（sparkling wine）	低度起泡酒
	每百升消费税	每百升消费税	每百升消费税	每百升消费税
	美元	美元	美元	美元
德国	0.00	0.00	起泡酒的消费税为 136 欧元/百升。对于酒精含量低于 6% 的起泡葡萄酒，其消费税税率为每百升 51 欧元。对酒精含量（abv）在 1.2% ~ 22% 的中间产品按以下税率征税：15% < abv ≤ 22% 的，153 欧元/百升；abv ≤ 15% 的，为 102 欧元/百升；abv ≤ 15% 的起泡酒的税率为 136 欧元/百升。葡萄酒不征收消费税	0.00
希腊	0.00	0.00	0.00	0.00
匈牙利	0.00	0.00	54.30	0.00
冰岛	对于酒精含量不超过 15% 的葡萄酒税率为 120.25 冰岛克朗（ISK），其消费税是按照每升葡萄酒中的酒精含量来计算的，计算公式为：（酒精度 - 2.25）× 120.25（冰岛克朗）			
爱尔兰	499.81	166.55（酒精含量不超过 5.5% 的葡萄酒；酒精度 > 15% 的无泡葡萄酒的税率为 616.45 欧元。酒精含量超过 5.5% 但不超过 15% 的无泡葡萄酒税率为 424.84 欧元）	999.62	166.55
以色列	0.00	0.00	—	0.00
意大利	0.00	0.00	0.00	0.00

国家	静止葡萄酒或无泡葡萄酒（still wine）	低度无泡葡萄酒	起泡酒（sparkling wine）	低度起泡酒
	每百升消费税	每百升消费税	每百升消费税	每百升消费税
	美元	美元	美元	美元
日本	82.00	82.00	82.00	82.00
韩国	无论酒精含量如何，葡萄酒的酒税税率为制造商价格（或进口价格）的30%			
拉脱维亚	130.59	130.59	130.59	130.59
立陶宛	212.94	91.6	212.94	91.76
卢森堡	酒精含量≤13%的无泡葡萄酒适用较低的增值税税率；酒精饮料的额外费用为每百升600欧元			
墨西哥	啤酒和其他酒精饮料：酒精度不超过14°Gay-Lussac（GL）的税率为26.5%；14°G.L.以上和20°G.L.以下的饮料为30%；20°G.L以上的饮料适用53%			
荷兰	103.88	52.05	103.88	52.05
新西兰	206.06	206.06	206.06	206.06
挪威	673.34	673.34（酒精含量在4.7%~22%的葡萄酒，其消费税税率是每百分之一升酒精和每百升482挪威克朗）	673.34	—
波兰	49.48	49.48	49.48	49.48
葡萄牙	0.00	0.00	0.00	0.00
斯洛伐克	0.00	0.00	93.71	63.72（适用于酒精度不超过8.5%起泡酒；中间产品的费率为84.24欧元/百升）
斯洛文尼亚	0.00	0.00	0.00	0.00
西班牙	中间产品（即添加了蒸馏酒精的产品）的税收根据其酒精含量而定。对于酒精含量在1.2%至不超过22%之间的中间产品，具体税率为：（1）酒精含量大于1.2%且小于15%的中间产品，其税率为338.48欧元/百升；（2）其他酒精含量的中间产品（即酒精含量在15%~22%），其税率为64.13欧元/百升			

国家	静止葡萄酒或无泡葡萄酒（still wine）	低度无泡葡萄酒	起泡酒（sparkling wine）	低度起泡酒
	每百升消费税	每百升消费税	每百升消费税	每百升消费税
	美元	美元	美元	美元
瑞典	酒精葡萄酒（无泡葡萄酒和起泡酒）的消费税税率为：（1）酒精度<2.25%，0瑞典克朗；（2）酒精度2.25%~4.5%，919瑞典克朗；（3）酒精度4.5%~7%，1358瑞典克朗；（4）酒精度7%~8.5%，1869瑞典克朗；（5）酒精度8.5%~15%，2618瑞典克朗；（6）酒精度15%~18%，5479瑞典克朗			
瑞士	酒精度超过18%的新鲜葡萄酿造的天然葡萄酒和其他酒；酒精度超过15%的葡萄酒被作为酒精饮料征税（每百升无水酒精1450瑞士法郎）。所有酒精度超过22%的葡萄酒都作为酒精饮料征税（每百升无水酒精2900瑞士法郎）			
土耳其	196.00	334.29	1324.18	334.29
英国	407.63	125.59	522.12	125.59
美国	38.00		105.00	—

注：无泡葡萄酒或静止葡萄酒（still wine）：通常是指在20℃时，二氧化碳压力小于0.05MPa的葡萄酒。

（1）英国：对于酒精含量较低的酒类饮料（如葡萄酒和酿造葡萄酒）有较低的税率的优惠税率，如下：①酒精度超过1.2%但不超过4%的，税率为91.68英镑；②酒精度超过4%但不超过5.5%的，税率为126.08英镑；③低浓度起泡酒和酒精度超过5.5%但低于8.5%的酿造葡萄酒，税率为288.10英镑；④起泡酒和酿造葡萄酒的酒精度至少为8.5%，但不超过15%的，税率为381.15英镑。对于酒精含量超过15%但不超过22%的饮料，税率为每公升396.72英镑。

（2）美国：对于酒精含量不超过16%的静止葡萄酒，其联邦和州的综合平均消费税税率为每百升38美元。酒精度不超过16%的起泡酒税率为105美元。

联邦消费税税率如下：①酒精度（abv≤16%）不超过16%，根据生产量适用差别税率：在前30000加仑葡萄酒每加仑0.07美元；30000~130000的每加仑葡萄酒0.17美元；130000~750000的每加仑葡萄酒0.535美元；超过750000加仑，每加仑1.07美元。②酒精度在16%~21%：前30000加仑葡萄酒每加仑0.57美元；30000~130000的每加仑葡萄酒0.67美元；130000~750000的每加仑葡萄酒1.035美元；超过750000加仑，每加仑1.57美元。③酒精度在21%~24%：前30000加仑葡萄酒2.15美元；30000~130000加仑的每加仑葡萄酒2.25美元；130000~750000的每加仑葡萄酒2.615美元；超过750000加仑的，每加仑3.15美元。④人工碳酸葡萄酒，根据生产量适用差别税率：前30000加仑2.30美元；30000~130000的每加仑2.40美元；130000~750000的每加仑2.765美元；超过750000加仑，每加仑3.30美元。⑤起泡酒，根据生产量适用差别税率：起泡酒前30000加仑为每加仑2.40美元；30000~130000加仑起泡酒每加仑2.50美元；130000~750000加仑起泡酒每加仑2.865美元；超过750000加仑起泡酒，每加仑3.40美元。（26.42美国加仑=1百升）

资料来源：OECD（2022），Consumption Tax Trends 2022：VAT/GST and Excise, Core Design Features and Trends, OECD Publishing, Paris, ［M/OL］. (2022-11-30) ［2024-02-08］. https：//doi. org/10. 1787/6525a942-en.

8.2.1.3 白酒及其他含酒精饮料消费税税率

表 8.4 为 OECD 成员国家白酒（未改性乙醇）和其他含酒精饮料消费税税率。可以看出各国税率差异较大，多数国家适用定额税率，智利、哥伦比亚、韩国等采用比例税率。奥地利、丹麦、德国、希腊、匈牙利、日本、拉脱维亚、葡萄牙、斯洛文尼亚、西班牙、瑞士等国家对小生产者有优惠税率。欧盟对高浓度的烈性酒（蒸馏酒，spirits）制定了最低征税标准为按每百升纯酒精征收 550 欧元；对于波特酒、雪利酒等中间产品①最低按 45 欧元/百升征收消费税。

表 8.4 **啤酒和葡萄酒以外的含酒精饮料的消费税率**

国家	白酒（未改性乙醇）		其他发酵饮料	
	每百升无水酒精（纯酒精）的消费税	小生产者税率	消费税	小生产者税率
	美元		美元	
澳大利亚	6684.96	无		
奥地利	1141.76	对于每年生产不超过 4 百升纯酒精的小型酿酒厂，税率为 648 欧元（标准税率的 54%）		
比利时	3520.93	无	按百升产品征税。与"葡萄酒"类别类似，适用以下消费税：非发酵饮料为 74.91 欧元，起泡发酵饮料为 256.32 欧元，低酒精发酵饮料的消费税降低为 23.91 欧元（≤酒精度为 8.5%）	

---

① Intermediate Products（e. g. port，sherry）。https：//taxation – customs. ec. europa. eu/taxation – 1/excise – duties/excise – duty – alcohol_en.

| 国家 | 白酒（未改性乙醇） | | 其他发酵饮料 | |
| | 每百升无水酒精（纯酒精）的消费税 | 小生产者税率 | 消费税 | 小生产者税率 |
	美元		美元	
加拿大	1018.88	无		
智利	酒精饮料在销售或进口时需缴纳附加税。白酒、白兰地、苦艾酒、皮斯科酒、威士忌和其他蒸馏酒精饮料为31.5%；啤酒、葡萄酒、起泡酒、香槟、苹果酒和其他酒精饮料的税率为20.5%	无		
哥伦比亚	酒精饮料需加收5%的增值税。进口和国产酒精饮料需缴纳零售价（不含税）25%的消费税	无		
哥斯达黎加	国产或进口酒精饮料中所含的每毫升纯酒精，无论其表现如何，均根据酒精浓度征收特定税。税率根据消费者价格指数在三个月内的变化每季度更新一次	无		
捷克	1087.55	无	对其他发酵饮料征收的消费税与起泡酒的税率相同	
丹麦	2384.74	是的，小型生产者（每年 ≤ 10 百升）的税率降低了50%	其他发酵饮料作为葡萄酒征税	无
爱沙尼亚	2212.94	无	173.91（低酒精其他发酵饮料，最高6% vol.）的消费税税率为每百升63.35欧元	无

国家	白酒（未改性乙醇）		其他发酵饮料	
	每百升无水酒精（纯酒精）的消费税	小生产者税率	消费税	小生产者税率
	美元		美元	
芬兰	5923.53	无	酒精度超 1.2%，但不超过 2.8%：为 36 欧元/百升；酒精度超 2.8% 但不超过 5.5%，为 198 欧元/百升；酒精度超 5.5% 但不超过 8%，为 287 欧元/百升；酒精度超过 8%，421 欧元/百升。中间饮料的税率如下：酒精度超 1.2% 但不超过 15%，为 501 欧元/百升；酒精度超 15% 但不超过 22%，为 771 欧元/百升	
法国	2125.04	无	附加税：每百升无水酒精 578.80 欧元	
德国	1532.94	是的，每百升纯酒精 730 欧元或 1022 欧元	酒精饮料的附加税率为每百升纯酒精 5550 欧元	
希腊	2882.32	是	23.53	无
匈牙利	1099.77	是的，每个果农家庭每年用于私人消费的 43 升纯酒精享受零税率	其他发酵饮料的消费税税率为 9870 福林/百升；起泡型其他非碳酸饮料为 16460 福林/百升；中间产品的消费税税率为每百升产品 25520 福林	

国家	白酒（未改性乙醇）		其他发酵饮料	
	每百升无水酒精（纯酒精）的消费税	小生产者税率	消费税	小生产者税率
	美元		美元	
冰岛	12812.03	无	其他发酵饮料（苹果酒和佩里酒）非碳酸饮料和起泡饮料酒精度≤2.8%：47.23欧元/百升。无泡和起泡酒精度>2.8%，但不超过6.0%：94.46欧元/百升。蒸馏和起泡酒酒精度>6.0%但不超过8.5%：218.44欧元/百升。蒸馏酒精度>8.5%：309.84欧元/百升，起泡酒酒精度>8.5%：619.70欧元/百升。其他发酵饮料（苹果酒和佩里除外）不起泡和起泡酒精度≤5.5%：141.57欧元/百升；酒精度>5.5%：424.84欧元/百升，起泡酒酒精度>5.5%：849.68欧元/百升。中间产品饮料：无泡酒精度≤15%：424.84欧元/百升；无泡酒精度>15%：616.45欧元/百升；起泡酒：849.68欧元/百升	
爱尔兰	5008.24	无		
以色列	2694.74	无		
意大利	1218.26	无	0.00	

国家	白酒（未改性乙醇）		其他发酵饮料	
	每百升无水酒精（纯酒精）的消费税	小生产者税率	消费税	小生产者税率
	美元		美元	
日本	（1）威士忌和白兰地（酒精度40%）40000日元；（2）烈酒（酒精度37%）37000日元；（3）烧酒A组和B组（酒精度25%）25000日元；（4）清酒11000日元	是		是
韩国	以产品的价值为计税依据，税率不随酒精含量而变化。对于威士忌、白兰地、普通蒸馏酒、白酒、稀释烧酒和蒸馏烧酒，酒类税率为72%，附加教育税为30%	无		
拉脱维亚	2028.24	是	130.59	
立陶宛	2544.71	无	212.91/91.76	
卢森堡	1224.88	无	酒精饮料附加税率：每百升600欧元	
墨西哥	酒精饮料适用从价税率：酒精度不超14° Gay – Lussac（G. L.）税率26.5%；酒精度超14°G. L. 在20° G. L. 以下为30%；酒精度超20° G. L. 为53%	无		
荷兰	1983.53	无		
新西兰	对于酒精度为9% ~ 14%的酒精饮料，消费税为每升2.9054新西兰元。对于酒精度超过14%的酒精饮料，消费税为52.916新西兰元	无		

国家	白酒（未改性乙醇）		其他发酵饮料	
	每百升无水酒精（纯酒精）的消费税	小生产者税率	消费税	小生产者税率
	美元		美元	
挪威	9569.27	无		是
波兰	1788.34	无	最低税率为基本税率50%的优惠税率也适用于中间产品和发酵饮料的小型生产商	是
葡萄牙	1631.68	是的（小型酿酒厂适用50%的减免税率）	12.28	无
斯洛伐克	1270.59	无	对果农酿酒厂生产的乙醇，可享受全国乙醇消费税税率50%的优惠税率。仅限于每年43升乙醇供果农家庭个人消费	是
斯洛文尼亚	1552.94	是	纯酒精的税额为1320欧元/百升。对于每年生产不超过150升纯酒精的小型生产商，税率为660欧元/百升	
西班牙	1128.16	是	加那利群岛的消费税税率为每百升纯酒精750.36欧元	对于小型酿酒厂税率为每百升839.15欧元（或在加那利群岛为653.34欧元）
瑞典	6017.39	无		
瑞士	3186.81	是	小型生产商每年生产的首30升纯酒精适用30%的减免税率。正常税率：每百升2900瑞士法郎。某些类型葡萄酒的特殊税率：每百升1450瑞士法郎。预调酒（也称为即饮饮料或设计师饮料，酒精和苏打水的混合物）的特殊税率：每百升11600瑞士法郎	

国家	白酒（未改性乙醇）		其他发酵饮料	
	每百升无水酒精（纯酒精）的消费税	小生产者税率	消费税	小生产者税率
	美元		美元	
土耳其	5446.19	无		
英国	3936.99	无		
美国	905.00	无		

注：（1）加拿大：自2022年1月1日起，烈酒按每升酒精含量征收12.736加元的消费税；而酒精含量不超过7%的烈酒，则按每升0.322加元征收消费税。啤酒的酒精含量如果超过11.9%，强化葡萄酒的酒精含量超过22.9%，则被视为烈酒。酒类饮料的消费税税率每年4月1日根据通货膨胀进行调整。

（2）挪威：发酵饮料的消费税税率为：①酒精度在0% ~0.7%：0挪威克朗/百升；②酒精度在0.7% ~2.7%：331挪威克朗/百升；③酒精度在2.7% ~3.7%：124挪威克朗/百升；④酒精度在3.7% ~4.7%：2155挪威克朗/百升。酒精含量超过4.7%酒精度的发酵饮料的消费税为482挪威克朗/百升。小型啤酒厂生产的酒精含量在3.7% ~4.7%的发酵酒精饮料（年产量低于50万升）：每百升1724挪威克朗，年产量不超过50000升（含50000升）。每百升1832挪威克朗，每年50000 ~100000升（含100000升）。每百升1940挪威克朗，每年100000 ~150000升（含）的容量。每百升2047挪威克朗，每年150000 ~200000升（含200000升）。

（3）爱尔兰：其他发酵饮料和中间饮料的征税方式为：其他发酵饮料（苹果酒和梨酒）静止和起泡的，酒精含量≤2.8%：每百升47.23欧元；静止和起泡的，酒精含量2.8% ~6.0%：每百升94.46欧元；静止和起泡的，酒精含量6.0% ~8.5%：每百升218.44欧元；静止的，酒精含量>8.5%：每百升309.84欧元；起泡的，酒精含量>8.5%：每百升619.70欧元。其他发酵饮料（苹果酒和梨酒以外的），静止和起泡的，酒精含量≤5.5%：每百升141.57欧元；静止的，酒精含量>5.5%：每百升424.84欧元；起泡的，酒精含量>5.5%：每百升849.68欧元。中间饮料：静止的，酒精含量≤15%：每百升424.84欧元；静止的，酒精含量>15%：每百升616.45欧元；起泡的：每百升849.68欧元。

（4）瑞典：酒精饮料（啤酒和葡萄酒除外）的消费税税率为：①酒精度<2.25%，0瑞典克朗/百升；②酒精度2.25% ~4.5%，919瑞典克朗/百升；③酒精度4.5% ~7%，1358瑞典克朗/百升；④酒精度7% ~8.5%，1869瑞典克朗/百升；⑤酒精度8.5% ~15%，2618瑞典克朗/百升。中间产品：①酒精度1.2% ~15%，3299瑞典克朗/百升；②酒精度15% ~22%，5479瑞典克朗。乙醇，酒精度100%，51659瑞典克朗/百升。

（5）英国：所有酒精含量超过22%的饮料均按烈酒征税。大多数其他烈酒与其他类型酒精的混合物也按烈酒征税。苹果酒和梨酒的关税税率为：静止苹果酒和梨酒酒精含量1.2% ~6.9%的税率为40.38英镑/百升。静止苹果酒和梨酒酒精含量6.9% ~7.5%，税率为50.71英镑/百升。起泡苹果酒和梨酒酒精含量1.2% ~5.5%的税率为40.38英镑/百升。起泡苹果酒和梨酒酒精含量5.5% ~8.5%的税率为288.10英镑/百升。

（6）美国：①未改性乙醇的联邦和州加权平均消费税税率为每百升905美元。联邦消费税为不超过100000每标准加仑（0<gal≤10万）为2.70美元，接下来的22130000标准加仑（10万<gal≤2223万）为13.34美元，超过22230000每标准加仑（2223万<gal）为13.50美元。标准加仑是含有3.785%酒精的美制加仑（50升）。其他发酵饮料的联邦消费税因类型而异。②烈性苹果酒的联邦税率为前30000加仑（0<gal≤3万）为0.164美元，接下来的100000加仑（3万<gal≤13万）为0.17美元，接下来的620000加仑（13万<gal≤75万）为0.193美元，超过750000加仑（75万<gal）的每加仑为0.226美元。③蜂蜜酒的联邦税率为前30000加仑（0<gal≤3万）为0.07美元，接下来的100000加仑（3万<gal≤13万）为0.17美元，接下来的620000加仑（13万<gal≤75万）为0.535美元，超过750000加仑的每加仑（75万<gal）为1.07美元。

资料来源：OECD（2022），Consumption TaxTrends2022：VAT/GST and Excise，Core Design Features and Trends，OECD Publishing，Paris，https：//doi.org/10.1787/6525a942 - en。

8.2.2 烟类消费税税率

对于烟草类消费品一般税率较高，许多国家对卷烟采用从价和从量复合计征的方式征收消费税。OECD 成员国都对烟征收消费税，征税税目大体可分为卷烟、雪茄烟和烟丝。表 8.5 为 OECD 成员国烟消费税税率。可见很多国家对烟采取从价和从量复合的方式计征消费税。

2010 年《世界卫生组织烟草税收管理技术手册》中建议应使消费税至少占烟草制品零售价格的 70%①。世界卫生组织还建议简化烟草消费税的税率结构，简化税制有助于减少避税和逃税，增强税收调节效率；对于采用从价税和从量税复合计征消费税的国家，建议定期增加从量税部分税额，使其在消费税总额中占更大份额；同时建议根据通货膨胀情况建立自动调整机制②。

大多数国家对烟类消费品征收较高的消费税，表 8.6 为 OECD 成员国卷烟消费税负对比。从表 8.6 可以看出，除了美国外有 37 个国家的卷烟消费税占零售价格比重超过 50%，其中有 27 个国家超过 70%；8 个国家卷烟消费税负超过 80%，税负最高的是芬兰达 88.23%，其次是爱沙尼亚为 87.64%。

表 8.5　　　　　　　　　OECD 成员国烟草消费税税率对比

国家	卷烟			雪茄烟			烟丝/卷烟用烟草 (Rolling tobacco for cigarettes)		
	从量税额（每千支）	从价税率（零售价格 RSP 百分比）	每千支香烟的最低总消费税	从量税额（每千支）	从价税率（零售价格百分比）	每千支香烟的最低总消费税	从量税额（每千克）	从价税率（零售价格百分比）	每千支香烟的最低总消费税
	美元	%	美元	美元	%	美元	美元	%	美元
澳大利亚	841.39	0.00		—	0.00		1201.98	0.00	

---

① World Health Organization. (2010). WHO technical manual on tobacco tax administration. World Health Organization [M/OL]. (2012–06–16) [2024–04–14]. https://iris.who.int/handle/10665/44316.

② 世界卫生组织（WHO）/郑榕（译）. 世界卫生组织烟草税政策和管理技术手册 (2021) [M]. 合肥：安徽科学技术出版社，2023：24–26.

续表

国家	卷烟			雪茄烟			烟丝/卷烟用烟草 (Rolling tobacco for cigarettes)		
	从量税额（每千支）	从价税率（零售价格RSP百分比）	每千支香烟的最低总消费税	从量税额（每千支）	从价税率（零售价格百分比）	每千支香烟的最低总消费税	从量税额（每千克）	从价税率（零售价格百分比）	每千支香烟的最低总消费税
	美元	%	美元	美元	%	美元	美元	%	美元
奥地利	80.00	34.50	180.74	0.00	13.00		0.00	56.00	152.94
比利时	95.85	40.04		0.00	10.00		74.48	31.50	
加拿大	116.36	00.00	—				145.45	00.00	
智利	73.55	30.00			52.60			59.70	
哥伦比亚	37.40	10.00		37.40	10.00		59.67	10.00	
哥斯达黎加	38.76	22.00		—					
捷克	86.72	30.00		101.01	—		131.92	—	
丹麦	307.69	1.00		188.41	10.00	362.32	246.57	0.00	
爱沙尼亚	107.41	30.00	179.82	177.65	10.00	248.24	119.88	0.00	
芬兰	97.88	52.00	379.29	76.71	34.00	379.29	70.00	52.00	252.12
法国	74.82	55.00	396.12	57.29	36.30	316.35	98.24	49.10	
德国	128.00	19.84		16.47	1.47		58.41	16.00	
希腊	97.06	26.00		0.00	35.00		200.00	0.00	
匈牙利	85.77	23.00		14.51	14.00		77.85	0.00	
冰岛	213.42	0.00		—	0.00		237.42	0.00	
爱尔兰	451.08	8.83		—	0.00		491.78	0.00	
以色列	126.35	批发价的270%，加上每千支香烟408.12以色列先令		0.00	批发价格的90%，不低于每千克74.02以色列先令		180.51	批发价的270%，每千克不低于1116.91以色列先令	
意大利	25.99	59.80		0.00	23.50		0.00	59.00	
日本	138.90	0.00		138.90	0.00		138.90	0.00	

续表

国家	卷烟			雪茄烟			烟丝/卷烟用烟草（Rolling tobacco for cigarettes）		
	从量税额（每千支）	从价税率（零售价格 RSP 百分比）	每千支香烟的最低总消费税	从量税额（每千支）	从价税率（零售价格百分比）	每千支香烟的最低总消费税	从量税额（每千克）	从价税率（零售价格百分比）	每千支香烟的最低总消费税
	美元	%	美元	美元	%	美元	美元	%	美元
韩国	127.38	64.76		雪茄的消费税为 294800 韩元/千克	0.00		91.20	0.00	
拉脱维亚	115.29	15.00	151.06	135.53	—		101.06	—	
立陶宛	87.41	25.00	144.12	—	—		114.12	—	
卢森堡	22.22	46.65		0.00	10.00		19.41	33.15	
墨西哥	27.05	41.01		0.5484 比索/0.75 克	30.4%（手工）/160%（非手工）		0.5484 比索/0.75 克	30.4%（手工）/160%（非手工）	
荷兰	263.32	5.00	286.18	0.00	9.00		189.31	0.00	
新西兰	1000 支实际烟草含量不超过 0.8 公斤的卷烟的消费税为每公斤烟草含量 1030.90 新西兰元	0.00		—	0.00		每公斤烟草含量 1469.03 新西兰元	0.00	
挪威	343.42	0.00		343.42	0.00		343.42	0.00	
波兰	59.09	32.05	126.31	112.18	—		40.36	32.05	81.20
葡萄牙	118.82	14.00	161.80	0.00	25.00		95.29	15.00	
斯洛伐克	87.76	23.00	137.06	90.24	—		105.106	0.00	

续表

国家	卷烟			雪茄烟			烟丝/卷烟用烟草 (Rolling tobacco for cigarettes)		
	从量税额（每千支）	从价税率（零售价格RSP百分比）	每千支香烟的最低总消费税	从量税额（每千支）	从价税率（零售价百分比）	每千支香烟的最低总消费税	从量税额（每千克）	从价税率（零售价格百分比）	每千支香烟的最低总消费税
	美元	%	美元	美元	%	美元	美元	%	美元
斯洛文尼亚	92.88	22.77		0.00	6.30		46.62	37.00	
西班牙	29.06	51.00	154.71	0.00	15.80	48.42	27.65	41.50	116.18
瑞典	186.70	1.00		164.53	0.00		228.35	0.00	
瑞士	130.02	25.00	233.19	6.15	1.00		41.76	25.00	87.91
土耳其	80.79	63.00		97.65	45.00	73.06	94.58	55	10.41
英国	360.14	16.50		449.21	0.00		414.16	0.00	
美国	132.00			—	—		—	—	

注：（1）奥地利：对雪茄烟采用复合计征消费税的方式，按零售价的13%和每千支至少100欧元的方式征收消费税。2022年4月1日起，卷烟消费税的从价税率由34.5%调整为33%，从量税率由每千支68欧元调整为73欧元。此外，每千支卷烟的最低总消费税提高至157.98欧元；烟丝的最低消费税由130欧元提升至每公斤140欧元。

（2）加拿大：自2022年1月1日起，雪茄的消费税为每千支31.65673加元，加上基于每支雪茄0.11379加元和销售价格或完税价格的88%中较大者的额外消费。每年4月1日，烟草税率根据通货膨胀调整。

（3）比利时：自2022年4月1日起，新的消费税率：对于香烟，具体消费税现在为每1000支香烟90.05欧元。对于雪茄来说，现在的消费为11.5%。对于卷烟，具体消费税改为每1000克75.17欧元。

（4）加拿大：截至2022年1月1日，雪茄的消费税为每1000支雪茄31.65673加元，外加基于每支雪茄0.11379加元和销售价格或完税价值的88%（视情况而定）的较高者征收的额外消费税。每年4月1日，烟草税率都会自动进行通货膨胀调整。

（5）智利：烟草制品的销售需缴纳19%的增值税。此外，还对加工烟草、香烟和雪茄的销售或进口征税。加工烟草销售价格适用的税率为59.7%。雪茄的税率为52.6%。香烟的税率为包装销售价格的30%，加上对香烟包装中每支香烟的月税单位征收系数0.0010304240的结果（月税单位：CLP54171或约63.71美元）。消费税的税基考虑了对最终消费者的销售价格、增值税以及对烟草、香烟和雪茄征收的税款。

（6）美国：其各州税差异很大。每千支香烟的联邦和州税加权平均值为132.00美元。联邦特定消费税的烟草税率为：小卷烟为每千支50.33美元（不超过每千支3磅）；大卷烟每千支105.69美元；重量不超过千分支3磅的小雪茄为每千支50.33美元；大雪茄的制造商价格的52.75%，但不超过每千支402.60美元；自制卷烟每磅24.78美元（每公斤54.63美元）。一些州还按从价征税。

资料来源：OECD（2022），Consumption Tax Trends 2022：VAT/GST and Excise，Core Design Features and Trends，OECD Publishing，Paris，[M/OL].（2022 - 11 - 30）[2024 - 02 - 08]. https://doi.org/10. 1787/6525a942 - en.

表 8.6　　　　　　　　　税负占卷烟总价的比重（2020 年）

国家	税前价格（美元）	特别消费税	从价消费税	税收占零售价格比重（%）	一包 20 支香烟的价格	
					价格（以本币计价的零售价）	价格（零售价，美元）
芬兰	1.16	是	是	88.23	8.6	9.85
爱沙尼亚	0.56	是	是	87.64	4	4.56
土耳其	0.4	是	是	84.88	18.5	2.64
法国	1.91	是	是	83.23	10	11.39
以色列	1.66	是	是	83.21	34	9.88
新西兰	3.49	是	否	82	29.9	19.42
希腊	1.01	是	是	80.84	4.65	5.3
智利	0.77	是	是	80.04	3044	3.84
拉脱维亚	0.85	是	是	79.9	3.7	4.21
英国	2.74	是	是	79.25	10.3	13.21
爱尔兰	3.25	是	是	78.87	13.5	15.38
斯洛文尼亚	0.92	是	是	78.67	3.8	4.33
葡萄牙	1.07	是	是	78.61	4.4	5.01
波兰	0.91	是	是	78.4	16.5	4.23
西班牙	1.24	是	是	78.24	5	5.69
丹麦	2.05	是	是	77.98	61	9.32
捷克	1.06	是	是	77.17	108	4.65
荷兰	2.08	是	是	77.17	8	9.11
比利时	1.79	是	是	76.95	6.8	7.74
斯洛伐克	0.87	是	是	76.72	3.46	3.78
意大利	1.57	是	是	76.59	5.9	6.72
奥地利	1.65	是	是	74.52	5.7	6.49
立陶宛	1.23	是	是	74.02	4.15	4.73

国家	税前价格（美元）	特别消费税	从价消费税	税收占零售价格比重（%）	一包20支香烟的价格	
					价格（以本币计价的零售价）	价格（零售价，美元）
澳大利亚	5.26	是	否	73.91	29.3	20.15
韩国	1	是	否	73.86	4500	3.81
哥伦比亚	0.37	是	是	73.13	5152	1.39
匈牙利	1.32	是	是	72.72	1485	4.82
卢森堡	1.95	是	是	68.27	5.4	6.15
瑞典	2.36	是	是	68.06	68	7.38
墨西哥	1	是	是	67.57	66	3.08
德国	2.91	是	是	63.54	7	7.97
加拿大	3.67	是	否	61.71	12.85	9.58
挪威	5.27	是	否	61.55	129	13.7
日本	1.86	是	否	61.03	510	4.78
瑞士	3.7	是	是	59.63	8.6	9.16
冰岛	4.82	是	否	54.96	1449	10.7
哥斯达黎加	1.75	是	是	53.62	2200	3.76
美国	4.14	是	否	39.97	7.33	7.33

资料来源：OECD（2022），Consumption Tax Trends 2022：VAT/GST and Excise，Core Design Features and Trends，OECD Publishing，Paris，［M/OL］.（2022-11-30）［2024-02-08］. https：//doi. org/10. 1787/6525a942-en.

8.2.3 汽车消费税税率

各国对汽车征税较为普遍征收增值税（或货物与劳务税），一些国家在购买汽车时一次性缴纳的车辆购置税（一些国家在车辆注册时收取注册费）；也有的国家在车辆使用期间缴纳的车辆使用税。车辆购置税和车辆使用税其性质上具有消费税的性质。在汽车消费税税率设计上也比较多样，有从量计征，也有从价计征；依据车型大小、发动机功率或排气量、二氧化碳排放量等不同标准设计税率；同时对电动汽车等新能源车实施减免优惠政策。表 8.7 展示了部分国家的汽车消费税税率对比情况。

表 8.7　　　　　　　　部分国家汽车消费税税率情况

国家	消费税
澳大利亚	10% 商品货物税率，对豪华车（豪华车标准为含税价 69152 澳元，油耗低于每 100 公里 7 升的含税价为 79659 澳元）适用 33% 税率。符合条件的旅游经营者和初级生产者有资格申请退还某些汽车的豪华汽车税，最高可达 10000 澳元
哥伦比亚	国家消费税：对于家庭用车、露营车以及货车的离岸价（FOB）价值（或等价价值）大于等于 30000 美元的车辆，适用 16% 的税率。此外，离岸价（或等价价值）大于等于 30000 美元的货车也适用此税率。 对于家庭用车、露营车以及货车的离岸价（FOB）价值（或等价价值）小于 30000 美元的车辆，以及排量大于 200cc 的摩托车，适用 8% 的税率
冰岛	1. 机动车消费税：基于二氧化碳排放量，适用税率为 0 ~ 65%； 2. 私家车以外的机动车辆的消费税按价值的百分比计算消费税； 3. 小型货车、小型专用车、车龄 40 年以上的车辆、机动车车身适用税率 13%； 4. 小型客车、摩托车、其他车辆适用税率 30%； 5. 进口和国内销售的电动、氢动力或插电式混合动力汽车（包括公共汽车）限免消费税（大型货车、大型专用车、拖拉机、农用拖车、大型雪地车、水陆两用车、竞赛车和摩托车、残疾人运输车、救援车和大型客车除外）
韩国	个人消费税：应税物品制造商价格的 5% 计税：乘用车（不包括不超过 1000cc 的乘用车）、露营车、两轮车、电动乘用车（皮卡车无须缴纳 ICT 和教育税）。 教育税：个人消费税金额的 30%。 购置税：零售价的 2% ~ 7%，不含增值税。 个人消费税和教育税的减免：残疾人使用的汽车；医院使用的救护车；用于运输业务的汽车（仅限公共客运）；用于汽车租赁业务的汽车。 混合动力车和电动车的退税：个人消费税减免不超过 100 万韩元（混合动力）、300 万韩元（电动）、400 万韩元（氢能）
波兰	乘用车的排量超过 2000 立方厘米的车辆税率为 18.6%，其他车辆税率为 3.1%。对于采用传统内燃机与电力驱动相结合的混合动力乘用车（混合动力电动汽车 – HEV），税率按标准税率减半征收。 对于排量不超过 2000 立方厘米的乘用车，税率 1.55%；对于排量超过 2000 立方厘米但不超过 3500 立方厘米的乘用车，税率 9.3%。对于排量超过 2000 立方厘米但不超过 3500 立方厘米的插电式混合动力车辆，适用减税税率 9.3%。 免征消费税：特定类型的救护车；排量不超过 2000 立方厘米的电动车、混合动力车（插电式）和氢燃料车（混合动力车的免税政策为临时性措施，有效期至 2022 年 12 月 31 日）；从欧盟或欧洲自由贸易联盟（EFTA）永久进口或临时返回波兰的乘用车（需满足一定条件）

续表

国家	消费税
瑞士	汽车税：对于单位重量不超过 1600 公斤的轻型商用车以及乘用车，按照车辆价值的 4% 征收汽车税。汽车进口到国内领土以及国产汽车交付和自用均需缴纳此税。 电动车辆免征汽车税
土耳其	特别消费税（SCT）在首次购置车辆时征收一次。标准：发动机容量、SCT 税基、电动和混合动力汽车的电机功率（千瓦）

资料来源：OECD（2020），Consumption Tax Trends 2020：VAT/GST and Excise Rates, Trends and Policy Issues, OECD Publishing, Paris, [M/OL]. (2020 – 12 – 03) [2024 – 04 – 18]. https：//doi. org/10. 1787/152def2d – en.

8.2.4 能源产品消费税税率

很多国家都对汽油、柴油等能源产品征收消费税，也有的国家对火力发电等电力产品征收消费税。各国对汽油等能源产品都征收消费税，税率形式上主要采用从量定额税率。表 8.8 和表 8.9 是欧盟能源产品消费税最低税率表。表 8.10，反映了 2022～2024 年欧盟国家汽油消费税税率变动情况，欧盟各成员国汽油消费税率较高，都在欧盟规定的最低标准之上，各国间汽油税率依然存在较大差异。欧盟成员国中无铅汽油最低税率为马耳他的 359 欧元/千升；最高的是荷兰为 789.1 欧元/千升。

表 8.8   **欧盟能源产品消费税最低税率**

能源种类	能源燃料类别	最低税率
机动车燃料	含铅汽油	421 欧元/1000 升
	无铅汽油	359 欧元/1000 升
	柴油	330 欧元/1000 升
	煤油	330 欧元/1000 升
	液化石油气	125 欧元/1000 公斤
	天然气	2.6 欧元/千兆焦耳

续表

能源种类	能源燃料类别	最低税率
商业和工业 用途的汽车燃料	瓦斯油	21 欧元/1000 升
	煤油	21 欧元/1000 升
	液化石油气	41 欧元/1000 公斤
	天然气	0.3 欧元/千兆焦耳

资料来源：欧盟网站。https：//taxation – customs. ec. europa. eu/taxation – 1/excise – duties/ excise – duty – energy_en.

表8.9 **欧盟供暖和电费的最低税率**

燃料	单位	商务用途	非商业用途
瓦斯油	欧元/1000 升	21	21
重质燃料油	欧元/1000 公斤	15	15
煤油	欧元/1000 升	0	0
液化石油气	欧元/1000 公斤	0	0
天然气	欧元/千兆焦耳	0.15	0.3
煤炭和焦炭	欧元/千兆焦耳	0.15	0.3
电力	欧元/兆瓦时	0.5	1.0

资料来源：欧盟网站。https：//taxation – customs. ec. europa. eu/taxation – 1/excise – duties/ excise – duty – energy_en.

表8.10 **欧盟部分成员国临时调整汽油消费税税率** 单位：欧元/千升

国家	2022 年 7 月		2023 年 1 月		2023 年 7 月		2024 年 1 月		备注
	含铅 汽油	无铅 汽油	含铅 汽油	无铅 汽油	含铅 汽油	无铅 汽油	含铅 汽油	无铅 汽油	最低 税率
爱尔兰	465.98	465.98	—	483.34	—	532.12	—	606.39	(1)
希腊	681	700	681	700	681	700	681	700	
意大利	478.4	478.4	728.4	728.4	728.4	728.4	728.4	728.4	

续表

国家	2022 年 7 月		2023 年 1 月		2023 年 7 月		2024 年 1 月		备注
	含铅汽油	无铅汽油	含铅汽油	无铅汽油	含铅汽油	无铅汽油	含铅汽油	无铅汽油	最低税率
西班牙	505.79	503.92 472.69	505.79	503.92 472.69	505.79	503.92 472.69	505.79	503.92 472.69	(2)
立陶宛	579.24	466	579.24	466	579.24	466	579.24	466	
卢森堡	580.71	527.15 463.05	591.52	537.99 447.09	591.52	537.99 447.09	602.33	548.64 447.09	(3)
拉脱维亚	594	509	594	509	594	509	594	509	
马耳他	678.18	359	678.18	359	678.18	359	678.18	359	
荷兰	917.31	650.71	917.31	650.71	975.1	789.1	1071.63	789.1	
波兰	397.59	359.1 426.95	377.07	368.77 408.61	377.07	368.77 408.61	395.03	391.29 432.44	(4)
芬兰	723.8	723.8	723.5	723.5	722.6	722.6			
法国	715.6	682.9	715.6	682.9	715.6	682.9			(5)
葡萄牙	791.34	457.4	704.64	514.21	704.64	551.42	704.64	578.13	(6)
奥地利	554 587	482 515	554 587	482 515	554 587	482 515	554 587	482 515	(7)
罗马尼亚	450.02	382.6	421	359	421	359	477.5	405.97	
瑞典	621.44	528.87 359.47 532.81	675.91	580.27 368.76 583.95	675.91	580.27 368.76 583.95	582.74	492.95 393.67 496.4	(8)
比利时	667.84	455.53 455.53 455.53 471.24	667.84	600.16 600.16 600.16 615.87	667.84	600.16 600.16 600.16 615.87	667.84	600.16 600.16 600.16 615.87	(9)
斯洛文尼亚	490.09	372.22	490.09	378.58	470.96	470.96	528.99	528.99	(10)
斯洛伐克	——	514	—	514	—	514	—	514	(11)
保加利亚	424.38	363.02	424.38	363.02	424.38	363.02	424.38	363.02	
塞浦路斯	421	359	421	359	421	429	421	359	

续表

国家	2022 年 7 月		2023 年 1 月		2023 年 7 月		2024 年 1 月		备注
	含铅汽油	无铅汽油	含铅汽油	无铅汽油	含铅汽油	无铅汽油	含铅汽油	无铅汽油	最低税率
捷克	541.7	448.06 —	558.98	523.5	558.98	523.5	560.51	524.94	
德国	721	359 669.8	721	654.5 669.8	721	654.5 669.8	721	654.5 669.8	(12)
丹麦	760.64	641.24	771.45	636.58	771.45	636.58			含二氧化碳税
克罗地亚	600.16	408.11	597.25	406	597.25	406	597.25	456	
爱沙尼亚	563	563	563	563	563	563	563	563	
匈牙利	335.05 349.01 265.24	335.05 349.01 265.24	282.45 294.21	282.45 294.21	282.45 294.21	282.45 294.21	392.56 405.43	392.56 405.43	(13)

注："—"代表未查询到相关新数据。

(1) 爱尔兰：无铅汽油消费税中，含碳税 129.59 欧元，不含碳税 476.80 欧元；

(2) 西班牙：I. O. 低于 98 的无铅汽油适用低税率；

(3) 卢森堡：自1999年6月后，卢森堡不再销售含铅汽油，但航空汽油（Avgas）除外。纯生物燃料和生物液体免征碳税后适用较低的消费税率；

(4) 波兰：市场禁售含铅汽油。包括燃油税和排放费；

(5) 法国：含有10%乙醇的无铅汽油税率为 662.9 欧元；

(6) 葡萄牙：葡萄牙国内不再销售含铅汽油。国际服务提供商 = 650.00 二氧化碳 = 54.34，无铅汽油：国际服务提供商 =450.36 二氧化碳 =127.77；

(7) 奥地利：根据含硫量划分为 2 档（硫含量≤10mg/kg 和硫含量 >10mg/kg）；

(8) 瑞典：含二氧化碳税（3140 瑞典克朗）无铅汽油分三档；

(9) 比利时：无铅汽油的四档为"辛烷值 <95""辛烷值 98 > x > 95""辛烷值≥98 - 低硫和芳香族值""辛烷值≥98 - 高硫和/或芳香族值"；

(10) 斯洛文尼亚：也禁止销售含铅汽油；

(11) 斯洛伐克：不再销售含铅汽油；

(12) 德国：无铅汽油按硫含量≤10mg/kg 和硫含量 >10mg/kg 分两档；

(13) 匈牙利：不再销售含铅汽油。当世界原油市场价格高于 50 美元/桶时适用较低税率；等于 50 美元/桶或更低时适用较高税率。

资料来源：欧盟网站，https：//ec. europa. eu/taxation_customs/tedb/advSearchForm. html? taxType = EDU_ENERGY.

8.2.5　奢侈品消费税税率

奢侈品消费税多采用从价税率，如澳大利亚对豪华汽车适用33%税率。2022年9月开始，加拿大政府对销售或进口价格超过10万加元的车辆和飞机以及销售价格超过25万加元的船只征收奢侈税（luxury tax）；奢侈税额以标的物应税价格的10%和高于起征点（10万加元）价格以上部分的20%①中以较低者为应纳税额。下面重点介绍希腊、韩国、印度尼西亚的奢侈消费税税率。

8.2.5.1　希腊奢侈品消费税税率

2010年，希腊开征奢侈品税，征税范围包括：动物皮毛（对爬行动物、鳄鱼、蜥蜴和野生动物以及鸟类、鱼类和水生动物的皮毛），及上述动物皮毛制品（含皮革鞋类、服装、服装配饰和其他毛皮制品等），真丝含量超过10%的地毯，天然或养殖珍珠、宝石和半宝石、合成宝石或重建宝石，钻石，珠宝首饰，金银首饰，其他贵金属或用贵金属包覆的金属制品，贵金属手表或用贵金属包覆的金属手表（含贵金属或贵金属包覆金属的表壳、表带和表链）等适用10%的税率；私人使用的飞机、水上飞机和直升机适用纳20%的税率。

对于珠宝首饰；金匠或银匠器皿及其部件；其他贵金属或用贵金属包覆的金属制品；天然或养殖珍珠、宝石或半宝石（天然、合成或重建）的物品等如税基低于每件商品1000欧元的，则免征奢侈税。

8.2.5.2　韩国奢侈品消费税税率

韩国的"个人消费税"中罗列了部分豪华产品征收较高的消费税，具体税率见表8.11。

---

①　如汽车价格为15万加元，纳税税额为1万加元，计算过程为（15－10）×20%＝1＜1.5＝15×10%。https：//www.canada.ca/en/services/taxes/excise－taxes－duties－and－levies/luxury－tax/technical－information/luxury－tax－notices.html.

表 8.11　　　　　　　　　　韩国奢侈品消费税税率

奢侈品	税率（%）
1. 销售价格超过 200 万韩元的下列产品，对超出部分征收： （1）豪华手表 （2）豪华地毯 （3）豪华包 2. 销售价格超过 500 万韩元的下列产品： （1）豪华皮毛及其制品（不包括兔皮和生皮毛） （2）珠宝（不包括工业用钻石、未加工的原石、原矿和散石）、珍珠、龟壳、珊瑚、琥珀、象牙及其制品（包括散石） （3）贵金属制品 （4）豪华家具（每件 500 万韩元或每套 800 万韩元）	20

资料来源：韩国财经部网站（https：//english. moef. go. kr/）. A Guide to Korean Taxation 2022 ［M/OL］. （2022 – 12 – 09）［2024 – 04 – 18］. https：//english. moef. go. kr/co/filedown. do? filePath =/upload/eco/2022/12/FILE_20221209085229_2. pdf&oriFileName = KOREAN_TAXATION_ 2022_full% 20version. pdf.

8.2.5.3　印度尼西亚奢侈品销售税税率

印度尼西亚在征收增值税的基础上附加征收"奢侈品销售税"，在生产和进口环节征收。奢侈品分为机动车和除机动车外的货物两类。奢侈品销售税的税率最低为 10%，最高为 200%。但目前根据货物的类型适用的税率在 10% ~ 125%。其中对机动车最低适用 15% 税率，最高适用 95% 税率（见表 8.12）。

表 8.12　　　　　印度尼西亚奢侈品销售税税率（不含机动车）

项目	税率（%）
豪华住房、套房、公寓、联排别墅等豪华住宅	20
热气球和可操控的热气球，其他无须推进力的飞行器	40
枪支子弹和枪支，用于国家保护或防御目的的除外	40
飞行器（直升机和其他飞行器），国家或商业航空运输目的的除外	50
枪和其他火器（出于国家保护或防御的目的的除外）	50
豪华游艇，即主要运送乘客的游轮、观光船和类似的水上运载工具，所有类型的渡轮和游艇，用于国家或公共交通用途的除外	75

资料来源：国家税务总局. 中国居民赴印度尼西亚投资税收指南 ［EB/OL］. https：// www. chinatax. gov. cn/chinatax/n810219/n810744/n1671176/n1671206/c2582395/5116207/files/ 203342ce51ef4d6fbe2177c395ecbc20. pdf.

8.3 各国消费税征税环节

从各国消费税实施情况看，消费税主要在应税产品的生产环节、进口环节以及应税服务提供环节。几乎所有的国家都对进口的应税消费品在进口时缴纳消费税。对于国内应税消费品还主要在生产环节征收消费税①，在批发和零售环节的主要是机动车消费税（注册税）和一些地方政府征收的消费税。如印度的州消费税在批发或零售环节征收，中央的消费税则在应税消费品的生产环节征收；意大利的地区燃油税对批发商和代理商征收。对于消费税应税服务征税时，大多数国家会对服务提供者征税，如韩国对娱乐场所征税就是面向娱乐服务提供者或经营者征收；也有对服务的消费者征税的情形，一般有经营者代扣代缴，如韩国对赛马场等相关的个人消费税由赛马场经营者代收。

8.4 各国消费税收入划分

税收收入划分主要由一个国家的政治体制和财政体制决定，目前将消费税收入作为中央税收入的国家较多，少部分国家将消费税收入归属地方收入。在收入划分上有以财政收入按比例分成的，如奥地利按62.8∶20.5∶11.7的比例在联邦、州和地方政府之间分配；泰国消费税收入的25%划归地方政府；有将消费税收入在中央和地方共享的，如法国、西班牙、葡萄牙等；也有地方政府独立征收消费税的，如意大利的机动车税，澳大利亚车辆税、博彩税等②。

① 《世界税制现状与趋势》课题组．世界税制现状与趋势（2021～2022）[M]．北京：中国税务出版社，2022：325－329.
② 《世界税制现状与趋势》课题组．世界税制现状与趋势（2021～2022）[M]．北京：中国税务出版社，2022：330.

8.5 外国消费税制度特征及启示

一种普遍适用的消费税征税模式并不存在，各国都会基于本国国情和征税目的选择合适的消费税征税模式。从世界各国消费税实践看，采用普遍征收增值税或货物劳务税的基础上对特定消费品征收消费税的模式的国家较多，主要呈现以下特征。

8.5.1 消费税"绿化"功能日益强化

随着全球气候问题的日益严峻，恶劣极端天气增多、海平面上升、生物多样性面临威胁等问题日益加剧，减少温室气体排放，推进全球减排，实现碳达峰、碳中和目标越来越成为人类的共识。越来越多的国家意识到通过税收来促进环境保护、节能减排。从各国的消费税实践看，烟、酒、燃油、机动车等传统消费税征税范围相对较为稳定。随着世界经济快速发展，从消费税占税收比重看，消费税在组织财政收入的功能并非各国唯一考量的目标。而消费税具有的消费引导、经济调节、收入再分配、环境保护等功能更多地被重视，尤其是消费税"绿化"度在不断提升。一些国家努力优化税率结构，不断提升具有环保功能的传统税目的税负，同时也开始将电子烟、一次性消费品等纳入消费税范畴，逐步扩大对污染产品、污染行为的征税。消费税制度的改革完善更加趋于"绿化"，消费税"绿化"功能正在被强化。

8.5.2 消费税引导"健康"消费功能被重视

消费税征税对象中烟、酒等具有成瘾性特征的消费品容易对消费者身体造成伤害，通过征税增加烟、酒消费负担，引导消费者减少对其消费，以减少此类消费品消费造成的社会负外部性，因此消费税本身具有良好的"健康税（health taxes）"属性。征收健康税不仅可以增加税收收入，还可以降低长期医疗费用、减少医疗不公现象[①]。根据世界卫生组织的建议，大多数国家都对烟等消费品征以重税。近些年，越来越多的国家将电子烟、含糖饮料等有害健康的产品纳入消费税征税范围，逐步增强了消费税"健康税"属性。

8.5.3 消费税税率呈上升趋势

随着全球经济变革、新冠疫情冲击等因素的影响，各国对烟、酒、能源消费品等税率进行了调整，基于消费税"绿化"功能和引导"健康"消费目的，很多国家不断提升相应税目的税率。此外一些国家也在调整机动车、奢侈品和特定服务消费税税率。虽不同税目的税率调整有增有减，但依然呈现上调趋势。这种税率上升趋势受全球疫情影响而有所减弱。

8.5.4 消费税以生产和进口环节征收为主

基于征管效率考虑，消费税在生产环节征收成本相对低，且更为便利、高效；基于消费税调节消费行为的考虑，在商品流通的末端环节征收消费税似乎更为有效。从各国消费税实践看，绝大多数国家依然选择在生产环节征收消费税；也有部分国家对于税源易于控制的机动车、与消费市场更为紧密的地方消费税在批发、零售环节征收，且大多控制在批发环节。

8.5.5 消费税作为中央税的国家较多

从各国实践看，把消费税作为中央税的较多，收入以中央收入为

[①] WHO manual on sugar-sweetened beverage taxation policies to promote healthy diets. (2022 – 12 – 13) [2024 – 04 – 14]. https：//www. who. int/publications/i/item/9789240056299.

主。地方消费税很大程度上与不同政体下的财政体制密切相关，此外，机动车和特定服务两项与地方紧密相关的应税事项纳入地方税的相对较多。

8.6 本章小结

通过对世界上其他国家消费税制度的分析，可以发现消费税调节功能日益被各国所重视。在收入分配调节上，一些国家扩大了对奢侈消费的征税，对于私人飞机、豪华车和船，以及高档皮具、娱乐性服务等征税对我国均具有十分重要的借鉴意义。在调节消费者消费行为方面，各国对烟、酒基本上都采用重税的形式；同时越来越多的国家开始扩大对有害健康的消费品的征税，比如征收含糖饮料消费税，也可以发现世界各国对征收健康税的重视。在税率设置上看，一些国家将税率与物价相挂钩；征税环节上依然以生产环节为主。总之，通过对世界上其他国家消费税制度的分析，对于优化和完善我国消费税制度具有一定的借鉴意义。

第9章

我国消费税制度改革
方向及政策建议

9.1 文献综述

9.1.1 文献回顾

9.1.1.1 关于消费税收入属性的定位研究

营业税改征增值税后，我国原有税收体系发生变化，亟待完善地方税体系。谢芬芳（2020）指出"营改增"之后，地方财政缺少了主体税源，迫切需要通过中央与地方收入划分改革和税收制度改革来补充地方财政税收收入，缓解地方财政收支压力。

为此关于消费税是否可代替原有营业税的地位，进而成为地方税的主体税种的有关探讨增多。一类观点认为消费税不宜作为我国地方税的主体税种。一是消费税自身属性使其不符合地方税特征。冯俏彬（2017）认为消费税不具备地方税所应有的"税基较窄、不易流动、外部性弱"等特点，因此不宜成为地方税。谷彦芳（2017）、陈少英（2020）等认为，如果将其划归为地方税种，不可避免地引发各地的税源争夺，甚至出现恶性税收竞争。一些学者认为只有将消费税定位为中央税种，才有助于发挥消费特有的经济调节功能，如尹音频和张莹（2014）、张学诞（2018）、龚辉文（2015）认为消费税作为中央税的理由主要是在于其税基分布不够均衡且征税的范围相对偏窄。李建军和屈丁林（2020）从税收分布、税收输出、税收竞争及税收征管来看，生产乃至批发环节消费税宜作为中央税，不宜作为地方税或共享税。二是地方政府收入冲动会造成反向激励。杨志勇（2014）认为以烟、酒、成品油、小汽车占主要收入来源的消费税如果作为地方主要收入，可能会造成地方政府基于收入的考虑而发展烟、酒等消费品的消费，因此不能作为地方主体税种。同样认为地方政府可能会基于财政收入的考虑而激励烟、酒等消费，出现 20 世纪 80 年代大量的酒厂、烟厂扩张发展乱象（葛静，2015）。三是消费税为主的地方税结构会加剧地方收入差距（谷彦芳，2017；王金霞和王佳莹，2018；等等）。还有学者则认为消费税收入的区域分配不均衡决定了其不适合作为地方主体税种，持类似观点的还有韩仁月和张春燕（2019）。

另一类观点是认为消费税适宜作为中央地方共享税。马海涛和任强（2016）研究发现一些国家都把消费税作为共享税。消费税作为共享税有利于统筹考虑中央与地方财权、事权的对应关系（王金霞和王佳莹，2018）。杨珊和杜亮（2023）认为目前我国消费税存在征收范围偏窄、征收环节靠前、作为中央税制约地方开拓税源的积极性等方面的问题，而消费税作为共享税，兼顾了中央宏观调控统一性和地方的差异性。也有学者认为消费税共享模式有利于调动中央和地方调控消费经济的积极性。段梦和娄峰（2023）指出在当前地方财政较为困难的背景下，弥补地方财政缺口应适时改革将消费税改为中央和地方共享税种，此外也可能产生经济溢出效应。厉荣和孙岩岩（2019），韩仁月和张春燕（2019）等则从成品油消费税的角度进行考察分析认为共享模式可以充分调动地方政府对消费税监管的积极性。

关于消费税中央和地方共享模式的探讨大致有三类："分成型共享税"（尹音频和张莹，2014）、"税基型共享税"（郑涵和汤贡亮，2017；

谷彦芳，2017）、"附加型共享税"（冯俏彬，2017）等。另外，刘仁济等（2021）认为我国消费税在短期内还难以成为地方税主体税种，但可以通过改革现行消费税制，使其成为地方税体系的重要组成部分。袁明（2023）则建议将高耗能、碳排放强，需要中央调控的消费税作为中央税，而对奢侈品征税项目应将征税环节后移，并将其收入划归地方。

9.1.1.2 关于完善消费税征税范围的研究

消费税具有"非中性"，开征消费税主要在于通过选择性地对一些商品征税，其目的在于调节、引导消费，消费税征税范围应该在整体拓宽具有奢侈品属性税目的基础上，并动态调整消费税征税范围（郑涵和汤贡亮，2017）。无论职能定位目标是什么，征税范围始终是决定消费税职能作用的广度。在调整消费税征税范围的原则上，王金霞和王佳莹（2018）主张坚持限制性课税原则；并认为应将实木家具、农药、化肥、不可降解的塑料制品和一次性容器等浪费资源、污染环境的品目纳入消费税征税范围。潘晓军和陈宏民（2001）认为我国应建立消费税征税范围的动态调整机制。

整体上看关于消费税征税范围的研究大致分为以下几方面：

一是基于增强消费税的消费调节功能而对一些消费品或消费行为征收消费税。如许建标（2018）提出可考虑将含糖饮料等纳入消费税征税范围。闫海和肖虎（2021）讨论了含糖饮料的消费具有理性成瘾特征，对其征税具有正当性，提出对含糖饮料征税可以引导健康消费；同时他们还建议将其税收收入专款专用。马海涛和王斐然（2021）建议不仅对含糖饮料征收消费税，还应对高糖、高盐食品征收"不健康食品"消费税；持类似观点的还有庞凤喜和王绿荫（2020），彭晓洁等（2023）。顾德瑞（2023）认为过度娱乐消费会对身心健康造成损害，对社会产生不利影响；因此主张对娱乐征收消费税。而赵亮（2014），潘纯（2021）从规范宠物饲养行为、增加税收收入等方面考虑，提出征收宠物消费税。

二是基于消费税收入再分配功能强化而主张扩大奢侈性消费的征

税。刘鹏（2020）认为我国奢侈品消费税具有较高的阶层累进性，且再分配效应显著为正，可以利用奢侈品消费税调节收入差距。潘晓军（2001）指出应将高级家政服务、高档美容健身、高档餐饮服务、夜总会、高档酒店服务等高端服务纳入消费税征收范围。蒲方合（2015）认为应将原消费税中的"小汽车""游艇"税目调整为"高档交通工具及其零部件"，并将私人飞机、游艇等供私人乘用的高档船舶纳入其中；增设"高档服饰""高档服务（如休闲度假消费、桑拿洗浴消费、高尔夫球场消费、夜总会消费等）""其他高档消费品（含高档家具、电器、文物、古董、字画、手表、茶叶、高尔夫球及球具等）"。谷彦芳（2017）主张对私人飞机、私人帆船、高档服饰、高档箱包等征收消费税。郑涵和汤贡亮（2017）还主张将高档皮具、高端茶座、俱乐部等，以及夜总会、桑拿按摩、游艺厅等纳入消费税征税范畴，以进一步发挥调节收入分配的作用。童锦治等（2017）指出随着消费税改革的推进，应逐步将高档消费品和高档服务纳入我国消费税征税范围。朱为群和陆施予（2018）建议将高档酒店、私人会所、高级航空服务等炫耀色彩浓、易区分界定的高级会员制消费新增"高级会员制消费"税目并将"高尔夫球及球具"税目纳入其中。王赟杰和郭敏（2020）认为应对赛马、棋牌室、歌舞厅、夜总会、高档桑拿、高档酒店以及私人会所等征收消费税。刘蓉和熊阳（2020）认为除了对私人飞机、高级实木家具、私人会所服务等征收消费税外，还可对高档住宅及别墅、星级酒店服务征收消费税。林曙敏（2021）也主张将高档消费及娱乐行为纳入消费税征税范围。陈建东和伍薆霖（2019）认为从调节城乡居民收入差距的角度出发，消费税的调节方向应将城镇居民对高档服务（如高档洗浴、高档餐饮等生活类服务和高尔夫、私人会所、高级俱乐部等娱乐性服务）消费纳入消费税征收范围。朱军等（2022）认为高档消费品消费税的实施要与当前经济发展相结合，应关注纳入征收范围内的高档消费品是否与居民的收入水平、消费水平相称。另外张德勇（2021）认为从当前消费拉动经济发展的实际需要、满足消费者品质化、个性化消费需求等层面考虑，短期内不宜将过多的高端消费纳入消费税征税范围。

此外，李波和王金兰（2014）主张取消对那些成为生活必需品的部分高档消费品征税。方杏村和徐盼盼（2022）认为"金银首饰"已逐渐成为居民生活日常装饰品，应取消征收消费税，还应取消对啤酒、黄酒等征收消费税。李宝锋和丁超凡（2023）也建议停止对普通啤酒、黄酒征收消费税。

三是基于环境保护、资源节约功能强化上主张将一些能源消费品和一次性消费品纳入消费税征税范围。贾康（2014），全胜奇（2015）等认为应将一些有害农药和化肥、包装物、塑料制品等污染性工业品以及废物与垃圾处理纳入消费税征收范围。此外，全胜奇（2015）提出应对煤炭、天然气、水能、风能等能源类产品征收资源税的同时叠加征收消费税。庞凤喜和王绿荫（2020）主张为增强消费税的环境保护功能，应将化学农药、有机化学原料、无机酸、无机盐、不可降解的一次性用品（包装物、塑料袋、容器）、含磷洗涤用品、一次性电池、天然气、煤炭等产品纳入消费税征税范围。李晶和王珊珊（2016）认为从长期看，应将电力、生活垃圾与排污、瓦斯天然气等"高污染、高环境风险"产品全部纳入课税范围。于佳曦和刘林林（2020）主张对塑料袋、一次性餐具、一次性包装物、酒店一次性客房用品等一次性消费品征收消费税。刘阳（2013）对我国开征电力消费税进行了探索性研究；朱军等（2022）则认为对于电力行业要谨慎实施消费税。

9.1.1.3 关于优化消费税税率结构的研究

税率决定消费税征收的深度，也决定了消费税功能实现的强弱。童锦治等（2017）认为分档税率有助于提高累进性和降低累退性，因此主张增加卷烟级次之间的税率差，并改革酒消费税税率为分档税率。孟莹莹（2014）主张维持卷烟消费税税率不变，对白酒消费税实行累进税率。

苏国灿等（2016）认为我国现行的烟、酒和成品油的消费税税率远低于其最优税率；田效先（2017）指出应探索进一步提高卷烟、葡萄酒、成品油消费税的税率。马蔡琛（2023）认为我国消费税税率结构的累进性有待提高，应进一步提高烟、酒、高耗能高污染应税消费品的税率；应以价格水平和服务水平为重要区分对奢侈性消费设定税率。邓伟（2021）指出应对小汽车、酒、成品油等税目增加差异性税率。庞凤喜和王绿荫（2020）指出为促进节能减排、资源节约，引导居民绿色消费，应提高实木地板、鞭炮焰火、木质一次性筷子、电池、涂料等具有资源类属性和高污染的消费品消费税税率；而对依据"奢侈程度"采取差别比例税率或差别定额税率。张学诞等（2017）主张按照量能课税的原则，依据消费品和消费行为价格档次，设定合理的税率级次与级距。刘鹏（2022）、黄洪等（2023）则建议对白酒、游艇、高档手表、高尔夫球及球具、高档化妆品等税目按照销售价格为基础采用超额累进税率。罗秦（2021）则提出对高耗能、高污染产品根据耗能、污染程度设计累进税率。李成和林颖（2021）建议适度降低小排量乘用车税率。

刘蓉和熊阳（2020）提出应适当降低高档化妆品消费税税率。万莹和徐崇波（2020）则主张针对白酒、红酒、贵重首饰及珠宝玉石等税目，依据价格的高低设计税率档次。李宝锋和丁超凡（2023）建议对烟酒消费税实行多档级差税率；对汽油消费税率设置多档税率，适当提高其税率。刘鹏（2020），张桔（2023）等主张提高奢侈性消费的消费税税率。

9.1.1.4 关于消费税征收方式改革研究

关于消费税征收方式的研究主要聚焦于价内税改为价外税形式。如李波和王金兰（2014）认为采用将消费税款与价格分离标注，可以增加消费者对消费税的感知，可增强纳税人纳税意识，有助于调节消费结构，正确引导居民消费。苏国灿等（2016）以烟、酒、成品油消费税为研究重点，也主张消费税采用价税分离方式，以增强消费税引导消费行为的作用。李冬妍等（2021）依据社会调查问卷数据，采用有序概率模型对白酒、卷烟、汽油三类商品进行价税分离实证分析，认为价税分列方式下消费者对烟、酒、成品油消费倾向会减少；并建议将白酒和卷烟在零售环节采用价税分列方式征收。罗秦（2021）主张将消费税改为价税分列方式，在销售发票上单列消费税税额，让消费者明白自己缴纳了多少消费税。

也有一些学者认为凸显消费税职能，应采用价税分列显示制度，如周波和王健（2021），钱海燕和周磊（2023）；等等。

9.1.1.5 关于改进消费税征税环节的研究

我国消费税主要在生产环节缴纳，较少税目在批发和零售环节缴纳消费税，因此学界关注比较多的还是消费税征税环节后移的问题。危素玉和游唐倩（2023）认为当前我国存在地区间消费税收入与相应消费水平不匹配、税收负担隐形化导致消费税的调节功能弱化、纳税人避税空间大等诸多问题，因此将部分税目的征税环节后移到批发或零售环节的条件已经具备。

潘晓军（2001）提出可将烟、鞭炮焰火、成品油、高档手表及高档首饰和部分奢侈品、摩托车、小汽车、游艇后移至零售环节征收消费税。与此同时应关注因消费税征税环节后移所带来的征税成本问题。方杏村和徐盼盼（2022）认为消费税征税环节后移，可提高收入再分配的效率、充实地方财力（段梦和娄峰，2023）；有助于最小化对市场的干预（程国琴，2020）。赖明勇等（2008）采用中国动态可计算一般均衡模型，对比分析了不同征税环节下燃油税征收效果，并认为燃油税适合于批发环节征收。刘磊和丁允博（2020）认为烟消费税可在生产、批发和零售环节征收，酒消费税可在生产和零售环节征收；而成品油暂不适合调整征收环节，当条件成熟后可后移至零售环节。另外，赵海益（2023）认为成品油和小汽车可以纳入消费税征收环节后移的品目范围，卷烟则不适合。

9.1.2 简评

关于我国消费改革的相关研究主要呈现以下几个特点：一是在营业税改征增值税后，从缓解地方财政收入压力等方面出发，国内学者更加关注消费税收入下划地方的相关研究。基于地方税特征、消费税功能定位等方面考虑，更多的学者主张将消费税定位为中央和地方共享税。同时部分学者基于现有数据就消费税下划地方的方式进行了模拟测算。二是基于消费税特有的功能，分析我国消费税在消费调节、收入再分配、环境保护等方面作用发挥情况。一些学者研究分析了占我国消费税收入比重较大的烟、酒、小汽车、成品油等具体税目对经济的调节作用；并对如何完善我国消费税制度提出对策建议。此外，我国学者也比较关注在我国推进共同富裕的大背景下，研究现行消费税制度存在的问题及优化完善，特别是如何更好地发挥消费税在收入再分配和促进社会公平中的积极作用方面进行了广泛的研究。三是基于国外消费税发展趋势和我国经济社会发展情况，在构建现代财税体系下对如何完善我国消费税制度进行讨论。有学者基于外国开征含糖消费税的情况，对我国开征含糖消费税进行探讨；也有对就增强我国消费税"绿化"功能展开研究，如有一些学者提出对"一次性消费品"征收消费税。四是基于如何更好地发挥消费税调节作用，部分学者对消费税征收模式、征收环节进行了广泛的探讨。这方面的研究主要关注消费税征税环节后移问题，消费税价税分离显示制度等。

　　整体看，党的十八大后，国内学者关于完善我国消费税制度的研究逐渐增多，学者们关注的领域更加宽泛，如关于消费税制度完善的法理研究，也有基于行为经济学的研究和讨论。从研究方法上看，关注我国消费税实证研究的文献有所增加，但在实证研究方面还有待进一步深入，同时实证分析也需要关注中国本土文化和居民消费观念等因素。

9.2　现行消费税制度存在的主要问题

9.2.1　消费税制度法律层次较低

党的十九大报告把坚持全面依法治国确立为新时代坚持和发展中国

特色社会主义的基本方略之一，指出"全面依法治国是中国特色社会主义的本质要求和重要保障"①。我们党把全面依法治国作为国家治理"深刻革命"来看待，党的二十大提出"在法治轨道上全面建设社会主义现代化国家"②。全面建设社会主义现代化国家的首要任务在于推进"高质量发展"，为此，党中央提出要"构建高水平社会主义市场经济体制，坚持和完善社会主义基本经济制度"③。高水平社会主义市场经济体制必然要求建立现代税收体系与之相配套，为此我国政府不断优化税制结构，加快推进税收法治化建设。2015年我国第一次对《中华人民共和国立法法》作出修订，明确将"税种的设立、税率的确定和税收征收管理等税收基本制度"从法律层面确定为"只能制定法律的事项"，为我国税收立法提供了法律依据。税收法治化进程是我国实施全面依法治国战略的重要内容；"税收法定原则"在法律层面的确认和强化，进一步加快了我国税收立法进程。目前，我国18个税种中已完成立法的有12个税种，但是消费税立法尚未完成。《中华人民共和国消费税法（征求意见稿）》于2019年12月3日向社会公布并征求意见，2023年全国人大公布的《十四届全国人大常委会立法规划》中消费税法和增值税法一同位列其中，消费税立法进程进一步加快。

消费税是我国第三大税种，2023年国内消费税为16118亿元，占全国税收收入的8.9%。目前消费法律制度主要还是以行政规则和部门规范性文件为主，法律层次较低，消费税立法进程相对较慢。国务院最近一次对《消费税暂行条例》进行较大修订还是在2008年，时间也已过去15年，在此期间也已完成了营业税改征增值税的重大税制改革，《消费税暂行条例》原有的相关内容已不能适用于当前经济社会发展需要。消费税在调节经济，促进社会发展方面的作用未能得到更好的发挥；2016年我国全面实施营业税改征增值税后，增值税的立法和消费税立法迫在眉睫。

---

① 习近平著作选读（第二卷）[M]. 北京：人民出版社，2023：17－22.
② 习近平著作选读（第一卷）[M]. 北京：人民出版社，2023：33.
③ 习近平著作选读（第一卷）[M]. 北京：人民出版社，2023：24.

9.2.2　消费税制度落后于经济社会发展

随着社会主义市场经济的发展，我国居民消费水平和消费结构都发生了巨大变化。一些原具有奢侈品性质的应税消费品（如部分高档化妆品）逐渐成为居民消费日用品；与此同时诸如私人飞机等高档消费日益增多，却未纳入消费税征税范畴。

从国际趋势看，消费税在组织财政收入方面的功能有弱化的趋势，我国也呈现这一态势。特别是我国实施"营业税改征增值税"以后，中央和地方财政收入结构发生变化，而作为中央税的消费税在平衡中央和地方财政收入的作用未能有效发挥，消费税收入划分机制需要改革。

9.2.3　消费税调节消费功能弱化

由于社会经济的飞速发展，再加上我国现有消费税征税范围的局限性，使得原有的消费调节功能未能有效发挥，消费税调节消费的累进作用被弱化。目前我国消费税税目中具有环保功能的项目较多，但是与当前日益丰富的消费结构相比还比较有限，消费税在促进环境保护和资源节约方面的调节功能依旧有限。比如对于大量的"一次性"消费品、消费增长飞速的"电子消费品"都尚未纳入消费税征税范畴。此外随着人民消费水平的提高，居民消费结构正在发生深刻变化，人们对一些不是很健康的消费品消费增长很快，也造成了新的健康问题和社会负外部性。如过量的糖类消费会导致肥胖、糖尿病、心血管疾病、蛀牙等，世界上一些国家将糖类消费品纳入消费税征税范围，但我国尚未将其纳入征税范围。

消费税税率结构与当前经济社会发展不相匹配，影响消费税调节作用的发挥。其在调节高档消费等方面不够理想，在引导健康消费方面的作用不够健全。由于消费税率设置的不科学，使得现有消费税制度在对烟、酒消费的调节上，缺乏对具有一定奢侈性的高档烟、酒的调节能力。

另外，基于征税效率的考虑我国消费税设定之初主要在生产环节征收消费税，后来扩展部分消费品在批发和零售环节征收消费税，但依然以生产环节为主。生产环节征收消费税的问题在于将消费税对个人消费的显性影响转为了隐性影响，往往导致消费者对消费税的感知下降，弱化了消费税对个人消费行为的调节作用。同时采用单一生产环节的征收方式，也为生产者规避税负埋下了隐患。生产者往往采用关联企业的方式，在生产环节以较低的出厂价销售给销售公司规避税负，再以较高的价格由销售公司销售出去，以达到减少消费税的目的，这也造成了对消费税的侵蚀，弱化了消费税的调节作用。

9.2.4 消费税收入再分配功能有待加强

"共同富裕是社会主义的本质要求，是中国式现代化的重要特征"，科学合理的消费税制度对推进"共同富裕"和社会主义现代化强国建设具有正向作用。消费税作为流转税主要通过对高档消费品、奢侈品进行征税，对生活必需品免税的方式发挥其在收入再分配中的调节作用。随着我国经济社会的发展，必需品的范围在变化，新型奢侈品消费在出现，但是我国消费税并未将部分奢侈品纳入消费税范畴。营改增前我国对高档消费服务征收营业税，比如娱乐业按20%征收营业税，可以弥补对服务消费的调节。营改增后服务业只按照6%的税率缴纳增值税，也未纳入消费税范畴，导致对部分高档服务缺乏税收调节。

总而言之，在推进中国特色社会主义现代化建设背景下，我国现行消费税在引导居民健康和绿色消费、缩小社会收入差距和促进收入公平分配、促进财政收入均衡发展等方面还存在不足，与社会主义现代化建设、税收法治建设的要求还有差距，亟待改革。

9.3　我国消费税改革方向

9.3.1　消费税改革相关政策

党的十八大以来，党中央、国务院出台了一系列推进财税体制改革政策文件，为我国消费税制度的完善指明了方向。党的十八大明确指出要"加快改革财税体制"，十八届三中全会进一步明确要"完善税收制度"，十八届五中全会具体指出要完善消费税制度。2013 年在《国务院批转发展改革委等部门关于深化收入分配制度改革若干意见的通知》中提出"合理调整"税目和税率，可见政府对消费税政策调整已经有了考虑，该《通知》明确地针对消费税中"部分"税目和税率，这种调整意图也主要基于我国经济社会发展实际进行。此外，2013 年的《通知》文件中也很明确的就消费税征税范围调整提出了方向，即纳入"高档娱乐消费""高档奢侈消费"。我国"十三五"规划纲要提出"将一些高档消费品和高消费行为纳入消费税征收范围"。党的十九大提出要发挥税收在"再分配调节"方面的作用，完善税收制度。在营业税改征增值税以及连续几年的大规模减税后，中央和地方收入状况发生很多变化，在此背景下为进一步调动地方积极性，有必要改革原有税收收入划分机制。2019 年国务院印发《实施更大规模减税降费后调整中央与地方收入划分改革推进方案》（以下简称《方案》），该《方案》中对消费税制度提出了新的改革方向，即"后移消费税征收环节并稳步下划地方"。这一改革思路改变了原有简单的扩大消费税范围、提高或减少消费税税率等改革举措，将消费税改革推向了消费税征税环节和政府收入分层的层面。同年 12 月《中华人民共和国消费税法（征求意见稿)》向社会公布，我国消费税立法被正式提上了日程。

我国"十四五"规划纲要在关于完善现代税收制度方面提出了从

健全地方税体系和健全直接税体系两方面来优化我国税收结构。党的二十大报告中也强调"加大税收、社会保障、转移支付"等措施的调节力度，以推动分配制度的完善。长期以来人们对所得税等直接税调节收入分配的作用关注得比较多，我国也在不断健全直接税体系；近些年对于间接税的收入分配效应的研究也不断增多，如何发挥间接税在调节收入分配中的作用在我国当前经济社会发展阶段具有积极的意义。当前，增值税、消费税等间接税依然占我国税收很大比重，因此进一步优化消费税等间接税制度，对更好地促进社会公平具有十分重要的现实意义。总的来说，推进我国消费税改革，应立足社会主义现代化强国建设目标，不断优化消费税征税范围和税率，科学设计消费税征收环节。

9.3.2 我国消费税功能定位

部分学者认为组织财政收入功能与环境保护、收入分配等功能之间存在矛盾，不应无限赋予消费税多重功能。组织财政收入功能是税收的基本职能，税收一旦开征天然具有了收入功能，只是其功能作用的大小问题而已。但消费税功能也不宜无限扩大，被赋予过多的功能，具体应根据经济社会发展情况而定，短期看应确定比较适中的功能定位模式。财政收入的税收基本功能相对稳定的基础上，结合中国特色社会主义现代化强国建设的需要适度发挥消费税其他功能。党的十八届三中全会通过的《中共中央关于全面深化改革若干重大问题的决定》对调整我国消费税制度进行了部署，此次调整重点围绕消费税的征税范围、税率和征收环节三个方面。根据中央整体部署，我国在 2014 年启动了新一轮消费税改革，逐步增强了消费税在环境保护、节约资源等方面的功能。十九届五中全会党中央提出"调整优化消费税征收范围和税率"，2022年我国将电子烟纳入消费税征收范围，进一步加大了消费税对烟类消费品的调节力度。党的二十大报告在"构建高水平社会主义市场经济体制"中要求进一步"优化税制结构"；同时对绿色财税政策在"推动绿色发展，促进人与自然和谐共生"方面的作用提出了新要求。因此从推

进我国社会主义现代化强国建设，构建与之相适应的现代财税体制要求
我国消费税改革方向不仅要继续发挥其在组织财政收入中的传统作用，
还应强化消费税"绿化"功能、收入再分配功能。

我国全面实施营业税改征增值税后，作为地方税的主体税种"营业
税"停止征收后，影响了地方财政的稳定性。为此我国政府提出将消费
税"稳步下划地方"的改革方案。学界也对此进行了较多的研究和探
讨，提出了不少的方案，如全部将消费税收入下划到地方，作为地方主
体税种；也有建议参照增值税将消费税转为中央和地方共享税种。不少
学者从消费税的功能定位、税制特点、税收竞争等角度研究认为消费税
不宜作为地方主体税种，收入分享型更加适合国情。

整体而言，复合型功能定位在一段时期内依然是我国消费税改革的
目标。在当前落实"结构性减税降费"政策的背景下消费税组织财政
收入的功能依然具有十分重要的意义，但是其在消费调节、收入再分
配、促进环境保护等方面的功能也应逐步强化。从长期趋势看，随着我
国新一轮财税体制改革深入，间接税比重会相对下降，消费税财政收入
组织功能会趋于弱化，调节功能将更加重要。

9.4　完善我国消费税制度的具体建议

9.4.1　加快消费税法立法

总结我国历次消费税改革成果，借鉴其他国家消费税经验，坚持整
体稳定原则，根据"税收法治"原则加快推进消费税立法工作。整体
上将现有《中华人民共和国消费税暂行条例》中较为成熟的内容以法
律的形式固定下来，同时应考虑法律的相对稳定性与消费税调节功能的
变化性的结合，对原则性纳税环节、税率形式、纳税地点和纳税期限等
内容作出明确规定。根据当前社会发展实际，适当扩大征税范围，增

设消费税税目；应考虑到消费税调节消费、生产的作用，应赋予国务院对税目和税率有限的动态调整权，以更好地发挥消费税宏观调控的调节作用。

9.4.2 完善消费税征税范围

我国消费税制度的完善，不仅是构建现代财税体系不可或缺的重要组成部分，也是社会主义现代化强国建设的要求。健全消费税征税范围是完善我国现代税收制度的重要组成部分。

9.4.2.1 适度纳入高档消费项目增强消费税调节作用

党的二十大报告明确指出"中国式现代化是全体人民共同富裕的现代化"，并强调"分配制度是促进共同富裕的基础性制度"①。我国的分配制度是坚持以按劳分配为主体、多种分配方式并存，构建初次分配、再分配、第三次分配协调配套的制度体系；税收调节属于收入再分配范畴。"合理调整部分消费税的税目和税率，将部分高档娱乐消费和高档奢侈消费品纳入征收范围。"② 消费税是收入再分配的重要手段之一，在中国式现代化进程中可以发挥更加积极作用，消费税主要通过对高档消费③征税实现对收入的再分配。对高档消费的征税不仅可以发挥消费税收入再分配作用，也有助于增强消费税引导合理消费、绿色消费的调节能力。从收入再分配角度而言，我国消费税征税范围的完善包含取消一些已逐渐成为居民日常用品的征税和增加高档消费的征税。随着经济发展和人民生活水平的提高，从满足人民对美好生活的需求看，应适当

---

① 高举中国特色社会主义伟大旗帜 为全面建设社会主义现代化国家而团结奋斗——在中国共产党第二十次全国代表大会上的报告 ［EB/OL］. (2022 - 10 - 16) ［2024 - 04 - 14］. https：//www. gov. cn/xinwen/2022 - 10/25/content_5721685. htm.

② 《国务院批转发展改革委等部门关于深化收入分配制度改革若干意见的通知》（国发［2013］6号）. ［EB/OL］. (2013 - 02 - 04) ［2024 - 04 - 14］. https：//www. gov. cn/zhengce/content/2013 - 02/04/content_1624. htm.

③ 高档消费属于相对概念，具有一定的时期性；主要涵盖奢侈品消费和奢侈性服务等，本书使用相对"中性"的"高档消费"。

缩小高档化妆品征税范围；同时将增长较快的高档消费品和高档消费服务纳入消费税范畴。

根据胡润研究院发布的《2024 胡润至尚优品——中国高净值人群品牌倾向报告》[①] 显示，2023 年中国高端消费市场规模达到 1.66 万亿元人民币。包括服装鞋帽、化妆品、珠宝、箱包和腕表等在内的传统奢侈品市场规模为 4900 亿元；增长最快的高端服务消费（如酒店、旅游和健康服务等），其市场规模达 830 亿元，同比增长接近 20%。同样是体验消费的代表，高端烟酒茶市场规模较 2022 年上升 300 亿至 3600 亿元；高端消费电子（含智能家电）市场规模为 1000 亿元；公务机和游艇市场规模为 80 亿元。另据中信保诚人寿与胡润研究院联合发布的报告显示，中国高净值家庭规模达到 211 万户，在私人飞机、游艇、赛马等奢侈消费支出达 120 万元，占该群体消费现金流出的 25%[②]。

我国现行消费税制度对奢侈消费调节存在盲区，目前仅对包含超豪华小汽车、游艇、高档化妆品、高档手表、贵重首饰及珠宝、玉石、高尔夫球及球具等几类高档消费品征税。尚未对高档、奢侈性消费服务征税，征税范围窄，消费税调节"奢侈消费"能力弱。在推进"共同富裕"，建设社会主义现代化强国背景下，可逐步将高档住房、高档电子产品、高档皮具用品、高档实木家具、私人飞机等非生活必需的消费品纳入征税范围，将新出现的一些高档的、具有较强奢侈性的消费品纳入消费税范畴，进一步丰富对奢侈性消费的征税范围，形成对奢侈品消费征税的动态调整机制。

随着我国经济社会发展，居民生活日益丰富，娱乐业也发展较快，而具有奢侈特征的娱乐项目和易沉迷特征的娱乐项目（如网络游戏）也日益增多，甚至出现了"泛娱乐化"的趋势。"泛娱乐化"冲击了健康生活，也影响了社会风气，容易诱发社会问题。沉迷性娱乐项目具有

① 胡润研究院. 2024 胡润至尚优品——中国高净值人群品牌倾向报告 [EB/OL]. (2024 - 03 - 29) [2024 - 04 - 14]. https：//www. hurun. net/zh - CN/Info/Detail？num = LAEI9ORFRLR2.
② 中信保诚人寿「传家」·胡润百富 2023 中国高净值家庭现金流管理报告 [EB/OL]. (2023 - 12 - 21) [2024 - 04 - 14]. https：//www. hurun. net/zh - CN/reports/Detail？num = UOWEX75XEWUP.

一定的上瘾性，也会给消费者造成身心伤害。整体而言沉迷性娱乐和奢侈性娱乐都会对社会造成负效应，容易导致"享乐主义""个人主义"，对社会主义核心价值观造成冲击，需要正确引导和调节。而在营业税改征增值税后，对于娱乐业（原营业税率为5%～20%）等生活服务业按6%或3%统一征收增值税，而增值税具有"税收中性"特点，这就导致对一些高档娱乐业的税收调节出现了空白。因此，建议将赛马、高档酒店、高档娱乐和奢侈性与炫耀性娱乐服务（如歌舞厅、KTV、练歌房、夜总会、音乐茶座、酒吧、网吧、网咖、网络游戏、手机游戏等①，以及高档俱乐部、高档洗浴中心、高档美容场所、高端商务座舱、豪华游轮旅游②，娱乐性演艺活动等）纳入消费税征税范畴。通过征收消费税可以引导健康消费，一定程度上可抑制奢靡浪费，同时也可以发挥收入再分配调节作用，引导消费者特别是青少年追求健康向上的文化消费。

9.4.2.2 健全消费税健康调节功能完善"健康税"

党的二十大报告指出"推进健康中国建设"，坚持"把保障人民健康放在优先发展的战略位置"，并"倡导文明健康生活方式"。烟、酒、糖等消费非常广泛，过量消费会对身体造成伤害，会对社会产生负外部性。吸烟会导致心血管和呼吸系统疾病、20多种不同类型或亚型的癌症③；2020年，我国15岁及以上人群吸烟率为25.6%，高于全球平均值22.3%④；我国每年因吸烟相关疾病所致的死亡人数超过100万，因

---

① 黄洪，等. 娱乐业征收消费税的依据、原则及构想 [J]. 税务研究，2020 (01)：69 – 73.

② 顾德瑞. 娱乐消费税的理论证成与制度设计 [J]. 上海财经大学学报，2023，25 (02)：137 – 152.

③ World Health Organization. World health statistics 2022：monito – ring health for the SDGs, sustainable development goals [M /OL]. (2022 – 05 – 19) [2024 – 04 – 14]. https：//www. who. int/publications/i/item/9789240051157.

④ World health statistics 2023：monitoring health for the SDGs, sustainable development goals [M /OL]. (2023 – 05 – 19) [2024 – 04 – 14]. https：//www. who. int/publications/i/item/9789240074323.

二手烟暴露导致的死亡人数超过 10 万①。过量饮酒也会对身体造成伤害，酒精摄入量对人体机能的影响往往呈"U"型或者是"J"型的关系，饮酒过量会损害肝脏、精神系统、心血管系统，可能造成肥胖，甚至导致癌症等（马金立等，2019）。

根据 2023 年世界卫生组织（WHO）统计报告上显示，2019 年我国 15 岁及以上人群人均纯酒精消费量增长为 5.7L，略高于 5.5L 的全球平均水平②。另外，肥胖［即体重指数（BMI）$>30kg/m^2$］问题特别是儿童肥胖问题也应值得关注，WHO 报告显示，2016 年我国儿童和青少年（5～19 岁）肥胖患病率 11.7%，成年人（18 岁以上）肥胖率 6.2%。高盐、高糖、高脂等不健康饮食可引起肥胖、心脑血管疾病、糖尿病及其他代谢性疾病和肿瘤等。另据国际糖尿病联盟（IDF）发布的《2021 全球糖尿病地图》显示，2021 年我国糖尿病患病人数（20～79 岁）超 1.4 亿，世界排名第一，并预测到 2030 年这个数字将超过 1.6 亿③。因此，《中国居民膳食指南 2022》建议中国居民"控糖限酒"，不喝或少喝含糖饮料；针对中国人体质建议每天摄入糖最好控制在 25g 以下（通常建议不超过 50g）。

2016 年 10 月，中共中央、国务院就印发了《"健康中国 2030"规划纲要》，明确提出"引导合理膳食"，并"开展控烟限酒"；到 2030 年，要使超重、肥胖人口增长速度明显放缓，15 岁以上人群吸烟率要降低到 20%。2019 年 8 月，中共中央、国务院发布《健康中国行动（2019～2030 年）》更加细化了"健康中国行动"的内容和规划。吸烟者存在显著的时间偏好不一致现象④，应通过提高烟草税负进一步倡导

① 健康中国行动推进委员会. 健康中国行动（2019—2030 年）［EB /OL］.（2019－07－15）［2024－04－14］. https：//www. gov. cn/xinwen/2019－07/15/content_5409694. htm.
② World health statistics 2023：monitoring health for the SDGs, sustainable development goals ［M /OL］.（2023－05－19）［2024－04－14］. https：//www. who. int/publications/i/item/9789240074323.
③ 数据来源国际糖尿病联盟（International Diabetes Federation），IDF Diabetes Atlas 10th edition. Brussels, Belgium；2021. Available at：https：//www. diabetesatlas. org ［EB/OL］.［2024－04－17］. https：//diabetesatlas. org/data/en/indicators/1/.
④ 王泽宇，郑榕. 时间偏好不一致与健康税理论逻辑——基于现时偏误的实验研究［J］. 经济问题，2024（05）：83－88.

健康消费。我国现行消费税将烟、酒等具有"上瘾性",以及过量消费会造成身体伤害的消费品纳入征税范畴,并设置较高税率。但是从引导健康消费的角度看还并不完善,应将部分非酒类饮品特别是含糖超过5%的饮料纳入消费税征税范围;长期看可以将征收范围适当扩展至高盐、高脂食品。

9.4.2.3 与资源税、环境保护税协同增强消费税"绿化"功能

资源税和环境保护税从不同的层面促进环境保护和资源的节约使用,消费税主要从消费的层面引导消费者"绿色消费",其功能有其特殊性,在促进环境保护的目标上和资源税、环境保护税一致,但调节作用又有所不同,消费税在促进"绿色消费"上依然可以有所作为。逐步增加对高污染、高能耗消费品征税,目前我国消费税中小汽车、成品油、木制一次性筷子、实木地板、电池、涂料等征税都具有一定的环保意义。随着我国电子商务快速发展,如一次性包装等"一次性消费品"使用量特别巨大,对生态环境也造成了不小的影响。但与此同时我国尚未对一次性塑料袋、一次性餐具、一次性包装物、酒店一次性客房用品等一次性消费品纳入征税范畴,因此有必要将"一次性消费品"纳入消费税征税范围,同时对于可降解、对环境友善性的一次性消费品免税,通过税收更好地引导消费者进行"绿色消费";也可促进生产者加大绿色环保投入,创新开发绿色环保产品。

9.4.3 优化消费税税率结构及计征方式

税率结构设计决定消费税调节的深度,影响消费税功能的实现。在落实"结构性减税降费"背景下消费税在组织财政收入、引导健康消费等角度看应适度增加对高档消费的征税。坚持量能课税原则,并结合国外消费税实施经验,最终依据我国实际设置消费税税率。第一,现行消费税中的烟、酒税目中包含部分具备奢侈消费属性的烟、

酒，因此需要将价格特别昂贵的烟、酒纳入"高档消费"范畴，适度提高消费税税率；对葡萄酒实行从量和从价复合计征的形式征收消费税。同时为增强消费税调节消费的作用，应对酒类消费税按照酒精度实行差别化的税率。第二，针对含糖饮料根据含糖量多少设置差别税率，税率采用从价税率形式。第三，适当提高高档消费适用税率，可将游艇、私人飞机、高档娱乐服务税率设置为 20%。第四，对于"一次性消费品"根据可回收性、计税便利性等考虑采用从量和从价相结合的税率结构。对一次性塑料袋、一次性餐具等采用从价税率，对酒店使用一次性用品等价格弹性小、计量单位规范的一次性消费品可采用从量计税方式；对可回收的一次性消费品采用较低税率，对不可回收的采用较高税率。

9.4.4　根据我国实际逐步优化消费税征收环节

税收征收环节的选择和确定是确保财政收入、方便纳税人纳税、适应税收征管能力、征税成本降低四个原则[①]。我国现行消费税主要在生产环节征收，而"十四五"规划明确"推进征收环节后移并稳步下划地方"。基于行为经济学理论和税收凸显性角度考虑，要实现消费税对消费者行为的引导和调节作用，在消费端并采用价税明示的方式更加有助于消费调节作用实现。但征税往往是一个复杂的系统性问题，受到各方因素的影响和制约，比如价格弹性、征管效率、地域文化差异等都可能影响到税收征收效果。因此消费税征收环节后移也并非都适合所有消费税税目，需要权衡各方因素最终选择相对合适的环节征收。此外，从国际实践看大多数国家消费税在生产环节征收。

征税环节的选择还与税收征管水平密不可分，随着数字中国建设步伐的加快，政务管理数字化水平大幅提升；税务系统"金税工程"的推进，也为我国消费税征税环节的后移改革提供了技术保障。在生产环

---

① 国家税务总局税收科学研究所课题组，靳东升，龚辉文，等. 消费税征收环节及收入归属的国际比较研究与借鉴［J］. 国际税收，2015（05）：6-10.

节征税相对而言征收效率高、成本低，但是会使生产企业负担增加。对于一些环境伤害性消费品的生产者而言，在生产环节征税使其负担的增加，反过来生产环节征税也一定程度上激发生产企业加大研发投入，进而促进节能环保产品的研发与生产。从理论上来看，烟、酒消费税在零售环节征收更加有助于调节消费者行为，但是烟、酒消费普及率高且零售商家多，在零售环节征收成本相对较高、征税效率低；相对于在零售环节征税而言，烟、酒消费税更加适合在生产、批发环节征收。对于销售主体相对集中的小汽车、摩托车、成品油消费税更加适合在零售环节征收，就小汽车而言在零售环节以不含零售价征收消费税，既可以为汽车生产企业减轻资金压力，也可以增加财政收入。对于部分高档消费，此类消费场景相对集中，则更加适合在零售环节征收。此外，在后移消费税征收环节的同时，有计划地进行"价税明示"制度也十分必要，可以通过价税明示增加消费者心理上的"税负痛感"，进而影响消费者消费行为，最终实现增强消费税调节消费的作用。

9.4.5 改革消费税为中央和地方共享税

我国在营业税改征增值税后，中央和地方税收收入结构发生变化，亟待建立新的税收分配制度。消费税作为具有调节属性的税种，很多国家将其作为中央税税种，少部分国家也将机动车和特定服务等纳入地方税。将消费税划为地方税，会加剧地方财政差距，也会诱使地方政府进行税收竞争，不利于消费税调节作用的发挥。结合我国实际，短期看我国消费税宜采用同增值税类似的财政收入分成制度，这既有助于消费税调节作用的发挥，也有助于激励地方政府扶持消费税税源。而从长期看，在完善消费税征税范围的同时，可将部分具有地方属性税目划归地方。此外，从社会调节角度看，在消费税收入使用上可探索纳入健康基金、环保基金，部分实现专款专用，以更好地发挥税收解决负外部性社会问题。

9.5　本章小结

本章主要回顾了关于改革完善我国消费制度的相关文献，结合经济社会发展情况对当前我国消费税制度中存在的问题进行了剖析，尤其是从"营业税改征增值税"后我国财税体制发生的巨大变化角度审视消费税制度。梳理了党的"十八大"以来我国税制改革，尤其是消费税改革相关政策文件，并就我国消费税功能定位、改革方向进行了分析。最后从推进我国高水平社会主义市场经济体制建设的角度，分别从消费税立法、完善消费税征税范围、优化税率结构设计、科学确定征税环节以及深化财政分配体制改革五个方面提出了深化我国消费税制度改革的建议。

参 考 文 献

［1］安忠平．完善消费税立法　促进社会公平［J］．法制与社会，2007（01）：19-20.

［2］敖汀．中国古代烟税沿革［J］．辽宁税务高等专科学校学报，2003（05）：22-23.

［3］［美］奥尔巴克，费尔德斯坦．公共经济学手册（第一卷）［M］．匡小平，黄毅，译．北京：经济科学出版社，2005.

［4］白彦锋，符旺．消费税对收入分配的调节作用研究——以江苏省为例［J］．公共经济与政策研究，2014（01）：105-112.

［5］［美］保罗·萨缪尔森，威廉·诺德豪斯．经济学（16版）［M］．萧琛，等译．北京：华夏出版社，1999.

［6］编委会．中华人民共和国现行税收法规及优惠政策解读（2023年权威解读版）［M］．上海：立信会计出版社，2023.

［7］［法］伯纳德·萨拉尼．税收经济学［M］．陈新平，王瑞泽，等译．北京：中国人民大学出版社，2002.

［8］财政部财税司．2006年消费税改革实用手册［M］．北京：中国财政经济出版社，2006.

［9］财政部 国家税务总局关于铂金及其制品税收政策的通知［J］．中华人民共和国财政部文告，2003（10）：10-11.

［10］财政部和国家税务总局．《中华人民共和国消费税法（征求意见稿）》公开征求意见［EB/OL］．（2019-12-3）［2024-03-02］．https：//www.chinatax.gov.cn/chinatax/n810356/n810961/c5140457/content.html.

［11］财政部 . 2023 年中国财政政策执行情况报告 ［EB/OL］. (2024 - 03 - 07) ［2024 - 04 - 03］. http: //www. mof. gov. cn/zhengwux-inxi/caizhengxinwen/202403/t20240307_3930117. htm.

［12］财政部 税务总局 . 关于对低污染排放小汽车减征消费税的通知 ［J］. 中华人民共和国国务院公报, 2001 (09): 27 - 28.

［13］财政部驻四川专员办综合处 . 对白酒生产企业消费税政策执行情况的调查分析 ［J］. 财政监督, 2006 (01): 47 - 49.

［14］柴逢国, 孙斌 . 唐朝酒税那些事儿 ［J］. 中国税务, 2022 (07): 78 - 79.

［15］陈椽 . 茶叶通史 (第二版) ［M］. 北京: 中国农业出版社, 2008.

［16］陈建东, 伍蒺霖 . 消费税对城乡居民收入分配的影响研究 ［J］. 税务研究, 2019 (06): 44 - 51.

［17］陈力朋 . 税收凸显性、税收感知度与居民行为偏好 ［D］. 武汉: 华中科技大学, 2019.

［18］陈力朋, 郑玉洁, 徐建斌 . 消费税凸显性对居民消费行为的影响——基于情景模拟的一项实证研究 ［J］. 财贸经济, 2016 (07): 34 - 49.

［19］陈少克 . 消费税地方税化: 应然功能及其实现——基于国家治理体系和治理能力现代化视角 ［J］. 税务与经济, 2020 (04): 89 - 94.

［20］陈少英 . 我国消费税收入归属的立法思考 ［C］//上海市法学会.《上海法学研究》集刊 (2020 年第 21 卷总第 45 卷).

［21］程国琴 . 从量能课税视角看消费税的立法完善 ［J］. 税务研究, 2020 (06): 64 - 69.

［22］程舒度, 秦景阜 . 烟酒税史 (上册) ［M］. 郑州: 河南人民出版社, 2018.

［23］程舒度, 秦景阜 . 烟酒税史 (下册) ［M］. 郑州: 河南人民出版社, 2018.

［24］崔惠玉, 王宝珠 . 消费税征收环节后移的政策效应分析——

基于三种收入分享方案的模拟 [J]. 财政科学，2022（08）：63 – 75，160.

[25] 邓伟. 消费税的立法逻辑及其展开——功能定位、课税原则与课税要素完善 [J]. 河南财经政法大学学报，2021，36（05）：42 – 52.

[26] 邓子基，唐文倩. 从新中国60年财政体制变迁看分税制财政管理体制的完善 [J]. 东南学术，2011（05）：31 – 39.

[27] 邓子基. 消费税的理论与实践 [J]. 税务研究，1997（04）：30 – 35.

[28] 董志勇. 行为经济学原理 [M]. 北京：北京大学出版社，2006.

[29] 段梦，娄峰. 中国消费税改革：经济效应与财力效应 [J]. 经济体制改革，2023（06）：132 – 141.

[30] 方杏村，徐盼盼. 消费税对城镇居民收入分配调节效应研究 [J]. 齐齐哈尔大学学报（哲学社会科学版），2022（05）：23 – 28.

[31] 费茂清，吴塞骥. 提高我国卷烟消费税税负的效应预测 [J]. 税务研究，2016（10）：45 – 50.

[32] 冯俏彬. 从整体改革视角定位消费税改革 [J]. 税务研究，2017（01）：38 – 41.

[33] 付广军. 中国税收统计与计量分析 [M]. 北京：中国市场出版社，2005.

[34] 高阳，李平. 部分OECD国家消费税的特征及借鉴 [J]. 国际税收，2015（05）：18 – 24.

[35] 葛察忠，王金南，高树婷. 环境税收与公共财政 [M]. 北京：中国环境出版社，2006.

[36] 葛静."营改增"后重构我国地方税体系的思路和选择 [J]. 税务研究，2015（02）：57 – 61.

[37] 各国税制比较研究课题组. 消费税制国际比较 [M]. 北京：中国财政经济出版社，1996.

[38] 龚辉文. 发展中国家消费税制比较及其启示 [J]. 国际税收，2015（05）：25 – 30.

［39］龚辉文．消费税征收范围的国际比较与启示［J］．涉外税务，2010（05）：22－25．

［40］谷彦芳．后营改增时代消费税改革的再思考［J］．税务研究，2017（05）：37－40．

［41］顾德瑞．消费税立法模式的转变：从综合型到组合型［J］．地方财政研究，2023（03）：72－79．

［42］顾德瑞．娱乐消费税的理论证成与制度设计［J］．上海财经大学学报，2023，25（02）：137－152．

［43］管治华，陈俊宇．现行消费税、绿色投资对碳排放的影响研究［J/OL］．青岛大学学报（自然科学版）：1－7［2024－04－02］．http：//kns．cnki．net/kcms/detail/37．1245．N．20231228．1400．002．html．

［44］郭宪，谢剑波．消费税的理论与实践研究——兼论促进和谐社会构建的我国消费税改革［J］．财会研究，2012（23）：19－23．

［45］郭旭．国民政府时期酒税制度研究（1927－1949）［J］．贵州社会科学，2019（09）：70－77．

［46］郭旭．清末民初酒税制度因革论［J］．贵州文史丛刊，2011（04）：25－32．

［47］国家税务总局．国家税务总局关于白酒消费税最低计税价格核定问题的公告［EB/OL］．（2015－05－19）［2024－03－12］．https：//fgk．chinatax．gov．cn/zcfgk/c100012/c5194544/content．html．

［48］国家税务总局税收科学研究所课题组，靳东升，龚辉文，等．消费税征收环节及收入归属的国际比较研究与借鉴［J］．国际税收，2015（05）：6－10．

［49］国家税务总局网站．财政部 国家税务总局关于调整化妆品消费税政策的通知［EB/OL］．（2016－09－30）［2024－03－18］．https：//fgk．chinatax．gov．cn/zcfgk/c102416/c5203660/content．html．

［50］国家税务总局网站．财政部 国家税务总局关于调整消费税政策的通知（财税〔2014〕93号）［EB/OL］．（2014－12－26）［2024－04－04］．https：//fgk．chinatax．gov．cn/zcfgk/c100012/c5208786/content．html．

［51］国家税务总局网站. 财政部 国家税务总局关于对超豪华小汽车加征消费税有关事项的通知［EB/OL］.（2016 – 11 – 30）［2024 – 03 – 18］. https：//fgk. chinatax. gov. cn/zcfgk/c102416/c5203630/content. html.

［52］国家税务总局网站. 关于香皂和汽车轮胎消费税政策的通知（财税［2000］145 号）［EB/OL］.（2000 – 12 – 28）［2024 – 04 – 04］https：//fgk. chinatax. gov. cn/zcfgk/c102416/c5202684/content. html.

［53］国家统计局. 国家统计局关于2022 年国内生产总值最终核实的公告［EB/OL］.（2023 – 12 – 29）［2024 – 04 – 08］. https：//www. stats. gov. cn/sj/zxfb/202312/t20231229_1946058. html.

［54］国家统计局. 中华人民共和国2023 年国民经济和社会发展统计公报［EB/OL］.（2024 – 02 – 29）［2024 – 03 – 03］. https：//www. stats. gov. cn/sj/zxfb/202402/t20240228_1947915. html.

［55］国务院办公厅关于限期停止生产销售使用车用含铅汽油的通知［EB/OL］.（1998 – 09 – 02）［2024 – 04 – 01］. https：//www. mee. gov. cn/zcwj/gwywj/201811/t20181129_676365. shtml.

［56］国务院关于实行分税制财政管理体制的决定［J］. 中华人民共和国国务院公报，1993（30）：1462 – 1467.

［57］国务院批准《关于征收烧油特别税的试行规定》［J］. 财政，1982（08）：20 – 21.

［58］［美］哈维·S. 罗森. 财政学（第六版）［M］. 赵志耘，译. 北京：中国人民大学出版社，2003.

［59］韩仁月，常世旺. 消费税适宜成为地方税吗？——基于山东省30 家酒类企业的调查［J］. 税务研究，2017（05）：34 – 36.

［60］韩仁月，张春燕. 论成品油消费税的完善——基于山东省地方炼油企业的调查分析［J］. 税务研究，2019（03）：10 – 14.

［61］韩振国. 扩展线性支出系统模型估计方法的修正及实证检验［J］. 重庆工学院学报（社会科学版），2007（01）：61 – 64.

［62］寒江，吴军. 悲剧不能再重演——山西朔州特大假酒中毒案

引发的思考 [J]. 中国酒，1998（02）：7-11.

[63] 郝春虹. 基于理论和计征环节的中国现行消费税税基诠释——兼论现行制度的缺陷与改进 [J]. 财经论丛，2009（04）：29-35.

[64] 郝春虹. 消费税调节居民收入差距效果测度——基于 ELES 模型方法 [J]. 财贸研究，2012，23（01）：102-109.

[65] 何辉. 我国消费税的收入分配效应与福利效应实证分析 [J]. 税务研究，2016（04）：20-24.

[66] 胡锦涛. 坚定不移沿着中国特色社会主义道路前进　为全面建成小康社会而奋斗（中国共产党第十八次全国代表大会上的报告）[EB/OL].（2012-11-17）[2024-04-08]. https：//www. 12371. cn/2012/11/17/ARTI1353154601465336_all. shtml.

[67] 胡润研究院. 2024 胡润至尚优品——中国高净值人群品牌倾向报告 [EB/OL].（2024-03-29）[2024-04-14]. https：//www. hurun. net/zh-CN/Info/Detail? num = LAEI9ORFRLR2.

[68] 黄凤羽，刘维彬. 强化消费税宏观调控能力的若干思考 [J]. 税务研究，2017（01）：22-27.

[69] 黄洪，等. 娱乐业征收消费税的依据、原则及构想 [J]. 税务研究，2020（01）：69-73.

[70] 黄洪，张世敬，甘宇星. 税收政策促进消费的主要目标与具体思路 [J]. 税务研究，2023（09）：44-49.

[71] 黄家强. 应税消费品的界定、识别与调整——基于法律、技术与政治互动的税收逻辑 [J]. 财经理论与实践，2019，40（03）：155-160.

[72] 吉黎，唐米. 小汽车消费税下划改革对地方财力的影响 [J]. 财会研究，2021（12）：13-18.

[73] [美] 加里·贝克尔. 口味的经济学分析 [M]. 李杰，王晓刚，译. 北京：首都经济贸易大学出版社，2000.

[74] 贾康，张晓云. 中国消费税的三大功能：效果评价与政策调整 [J]. 当代财经，2014（04）：24-34.

［75］贾丽．白酒消费税细节近期有望出台五粮液茅台对是否提价态度不明［N］．证券日报，2009－06－24（B02）．

［76］健康中国行动推进委员会．健康中国行动（2019～2030年）［EB/OL］.（2019－07－15）［2024－04－14］．https：//www. gov. cn/xin-wen/2019－07/15/content_5409694. htm.

［77］蒋大鸣．中国盐业起源与早期盐政管理［J］．盐业史研究，1996（04）：4－11.

［78］蒋洪，于洪．从需求弹性计量看我国消费课税税负归宿［J］．当代财经，2004（05）：32－35.

［79］蒋震．中国消费税改革研究［M］．北京：中国税务出版社，2017.

［80］柯美成．理财通鉴：历代食货志全译（上/下册）［M］．北京：中国财政经济出版社，2007.

［81］［美］克里斯托弗·贝里．奢侈的概念：概念及历史的探究［M］．江红，译．上海：上海人民出版社，2005.

［82］赖明勇，肖皓，陈雯，等．不同环节燃油税征收的动态一般均衡分析与政策选择［J］．世界经济，2008（11）：65－76.

［83］李宝锋，丁超凡．消费税调节居民收入分配效应研究——基于可计算一般均衡模型的分析［J］．管理现代化，2023，43（01）：38－46.

［84］李波，郭伟铨，刘小勇，罗喆．中国含糖饮料征税的收入分配效应评估——来自微观个体模拟分析的证据［J］．财经论丛，2023（09）：25－35.

［85］李波，王金兰．消费税公平收入分配的机理与改革路径［J］．中国财政，2014（04）：44－45.

［86］李昌益．我国高档化妆品消费税改革研究［J］．投资与合作，2023（05）：169－171.

［87］李成，林颖．小汽车消费税征收环节后移并下划地方改革研析［J］．税务研究，2021（09）：43－49.

［88］李冬妍，陆泽宇．实行价税分列促进我国消费税调节作用的发挥［J］．税务研究，2021（04）：77－83.

［89］李宏敏．中美消费税的比较与经验借鉴［J］．经济研究导刊，2021（09）：102－104.

［90］李建军，屈丁林．中国消费税零售环节征收测算、地区分布及收入划分［J］．地方财政研究，2020（02）：10－18.

［91］李晶，王珊珊．污染品消费税效用研究［C］//中国总会计师协会．2015年度中国总会计师优秀论文选．《中国学术期刊（光盘版）》电子杂志社，2016：10.

［92］李升．税制结构优化研究：基于税负归宿的视角［J］．税务研究，2015（01）：58－62.

［93］李升．消费税的经济效应研究［J］．财政科学，2022（05）：98－108.

［94］李万甫．商品课税经济分析［M］．北京：中国财政经济出版社，1998.

［95］李万甫．税收转嫁的均衡分析［J］．税务与经济（长春税务学院学报），1995（03）：6－11.

［96］李万甫．消费税的经济分析与政策取向［J］．税务研究，1996（09）：17－21.

［97］李炜光．消费税调整应防止税收的"替代效应"［J］．新理财，2006（05）：15－17.

［98］李颖．城乡居民间接税税负率的测算与评价［J］．中南财经政法大学学报，2016（04）：57－65，95.

［99］李颖．商品税及税负转嫁对居民消费影响的实证研究［J］．经济与管理评论，2015，31（04）：79－86.

［100］厉荣，孙岩岩．改革完善成品油消费税制度浅议［J］．税务研究，2019（03）：15－19.

［101］林白鹏，臧旭恒．消费经济学大辞典［M］．北京：经济科学出版社，2000.

[102] 林枫. 明代中后期的盐税 [J]. 中国社会经济史研究, 2000 (02): 19-26.

[103] 林曙敏. 我国消费税制度发展现状与改革方向研究 [J]. 中国管理信息化, 2021, 24 (10): 165-166.

[104] 凌大珽. 中国酒税史略 (上) [J]. 中国税务, 1988 (02): 61-63.

[105] 凌大珽. 中国酒税史略 (下) [J]. 中国税务, 1988 (03): 62-63.

[106] 刘成龙, 王周飞. 基于收入分配效应视角的税制结构优化研究 [J]. 税务研究, 2014 (06): 15-22.

[107] 刘德成. 中国财税史纲 [M]. 北京: 中国社会科学出版社, 2016.

[108] 刘洪升. 北洋初期的盐务改革与中国盐务近代化的开端 [J]. 历史教学, 2005 (09): 29-33.

[109] 刘华, 陈力朋, 周琦深. 税收凸显性对卷烟消费行为的影响——基于情景模拟的实证研究 [J]. 税务研究, 2016 (10): 40-44.

[110] 刘经华. 民国初期建立食盐中央集权征税制述论 [J]. 盐业史研究, 2002 (03): 3-11.

[111] 刘磊, 丁允博. 减税降费背景下的消费税问题探讨 [J]. 税务研究, 2020 (01): 39-43.

[112] 刘磊, 周阳. 中国绿色税收指数研究 [J]. 税务研究, 2023 (04): 111-118.

[113] 刘明慧, 王静茹. 消费税、经济增长与绿色投资——基于我国30个省份面板数据的动态门槛效应研究 [J]. 税务研究, 2020 (01): 57-63.

[114] 刘念. 中国消费税的收入分配效应研究 [D]. 上海: 上海财经大学, 2021.

[115] 刘鹏. 我国消费税承接共同富裕的因由与路径——推进消费税改革的新契机 [J]. 地方财政研究, 2022 (10): 76-82.

［116］刘鹏. 中国奢侈品消费税的收入再分配效应测度［J］. 天津商业大学学报, 2020, 40（04）: 60 - 68.

［117］刘仁济, 杨得前, 孙璐. 消费税作为地方税主体税种的可行性研究［J］. 财政科学, 2021（09）: 11 - 21, 28.

［118］刘蓉, 熊阳. 消费税对收入再分配的公平与福利效应——基于 2017 年中国家庭金融调查数据的分析［J］. 税务研究, 2020（06）: 45 - 50.

［119］刘珊, 杜亮. 减税降费背景下消费税制改革——基于地方财政的可持续发展［J］. 湖南财政经济学院学报, 2023, 39（04）: 5 - 13.

［120］刘树艺. 从我国奢侈品消费现状看消费税的改革［J］. 财会研究, 2011（19）: 17 - 19.

［121］刘阳. 试论电力消费税取代阶梯电价的可能性［J］. 南京工业大学学报（社会科学版）, 2013, 12（01）: 55 - 63, 70.

［122］刘杨, 危素玉. 消费税改革中品目调整考量与权衡——以白酒与小汽车对比为例［J］. 地方财政研究, 2020（02）: 38 - 44.

［123］刘怡, 聂海峰. 城镇居民的间接税负担: 基于投入产出表的估算［J］. 经济研究, 2010, 45（07）: 31 - 42.

［124］刘艺, 肖胤玺, 陈莉薇, 李乐, 陈雨欣. 基于纳税环节后移的小汽车消费税改革研究［J］. 湖北经济学院学报（人文社会科学版）, 2023, 20（02）: 58 - 62.

［125］刘宇飞. 当代西方财政学［M］. 北京: 北京大学出版社, 2000.

［126］刘佐. 中国税制改革 50 年［J］. 当代中国史研究, 2000（05）: 65 - 73.

［127］卢正刚, 罗微. 中国食盐专营制度的历史变迁和改革刍议［J］. 中共福建省委党校学报, 2014（04）: 69 - 75.

［128］罗秦. 新发展格局下的消费税改革再思考［J］. 税务研究, 2021（04）: 56 - 63.

［129］马蔡琛, 管艳茹, 白铂. 促进高质量发展的消费税改革探索［J］. 税务研究, 2023（02）: 37 - 44.

［130］马海涛，任强.消费税征管政策：中美比较及启示［J］.财政科学，2016（01）：24－34.

［131］马海涛，王斐然.是否应该征收含糖饮料消费税？——基于消费税职能的探讨［J］.财经论丛，2021（10）：15－24.

［132］马金立，刘玉环，阮榕生，等.酒类与人体健康关系的生理生化研究进展［J］.中国酿造，2012，31（01）：4－8.

［133］马克思.《政治经济学批判》导言［M］//马克思，恩格斯.马克思恩格斯全集：第46卷上册.北京：人民出版社，1979.

［134］马念谊，苏畅，黄永凤.东盟国家特别消费税制比较及启示［J］.税务研究，2021（09）：63－69.

［135］马勇.中国白酒三十年发展报告（上）［J］.酿酒科技，2016（02）：17－22.

［136］［美］曼昆.经济学原理（第四版）［M］.北京：清华大学出版社，2009.

［137］茅孝军.迈向地方税的消费税改革：制度基础与风险防范［J］.地方财政研究，2020（02）：29－37.

［138］孟莹莹.基于地方主体税种重构的消费税改革展望［J］.经济纵横，2016（08）：105－109.

［139］孟莹莹.基于供需弹性计量的消费税税负归宿分析［J］.求索，2013（06）：11－14.

［140］孟莹莹.消费税收入再分配效应的实证分析［J］.统计与决策，2014（08）：95－98.

［141］孟莹莹.中国消费税的经济效应研究［D］.成都：西南财经大学，2012.

［142］孟莹莹.中国消费税的经济效应研究［M］.北京：经济科学出版社，2018.

［143］聂海峰，刘怡.间接税负担对收入分配的影响分析［J］.经济研究，2004（05）：22－30.

［144］聂海峰，岳希明.间接税归宿对城乡居民收入分配影响研究

[J].经济学（季刊），2013，12（01）：287-312.

[145] 潘纯.宠物消费税税收体系构建研究 [J].阜阳职业技术学院学报，2021，32（01）：102-104.

[146] 潘晓军，陈宏民.具有网络外部性特征产业的消费税与产品差异化分析 [C]//中国科学技术协会，国家自然科学基金委员会管理学部，中国系统工程学会青年工作委员会.管理科学与系统科学研究新进展——第6届全国青年管理科学与系统科学学术会议暨中国科协第4届青年学术年会卫星会议论文集.大连理工大学出版社，2001：10.

[147] 庞凤喜，王绿荫.消费税改革的目标定位及制度优化分析 [J].税务研究，2020（01）：44-49.

[148] 彭海艳.国外税收累进性及再分配效应研究综述 [J].南京社会科学，2008（03）：12-20.

[149] 彭海艳，伍晓榕.税收累进性测量方法之比较 [J].统计与决策，2008（20）：48-50.

[150] 彭晓洁，等.对含糖饮料征收消费税：政策考量与具体建议 [J].税务研究，2023（02）：62-68.

[151] 蒲方合.再论我国消费税的功能定位及其制度重构 [J].税务与经济，2015（06）：71-77.

[152] 钱海燕，周磊.汽车消费税职能定位研究 [J].渤海大学学报（哲学社会科学版），2023，45（04）：80-84.

[153] 钱穆.中国经济史 [M].北京：北京联合出版公司，2014.

[154] 全胜奇.我国消费税的功能定位与改革重点 [J].河南财政税务高等专科学校学报，2015，29（02）：1-3，15.

[155] 任长江.基于市场均衡理论的消费税税负分担研究 [J].焦作工学院学报（社会科学版），2002（01）：28-30.

[156] 石坚，胡德伟，毛正中，等.提高中国烟草税税负的经济影响分析 [J].财贸经济，2010（02）：57-63.

[157] 史锦华，罗添元.成品油消费税的居民收入分配效应探讨 [J].税务研究，2012（06）：50-52.

[158]《世界税制现状与趋势》课题组.世界税制现状与趋势(2021~2022)[M].北京:中国税务出版社,2022.

[159]《世界税制现状与趋势》课题组.世界税制现状与趋势(2023)[M].北京:中国税务出版社,2023.

[160] 世界卫生组织(WHO)/郑榕(译).世界卫生组织烟草税政策和管理技术手册(2021)[M].合肥:安徽科学技术出版社,2023.

[161] 宋文玉.我国消费税制度优化探析[J].税务研究,2015(04):36-42.

[162] 苏国灿,童锦治,黄克珑.我国消费税税率与征税环节的改革及其福利效应分析——以烟、酒和成品油为例[J].财政研究,2016(09):19-29.

[163] 孙开,金哲.环境保护视角下的消费税改革路径[J].税务研究,2012(06):40-43.

[164] 唐慧斌.构建和谐社会过程中的税收责任[J].税务研究,2006(11):9-10.

[165] 唐明,凌惠馨.消费税征税环节后移品目的选择研究——基于数值模拟分析[J].财贸研究,2022,33(01):53-71.

[166] 唐明,卢睿.消费税下划地方改革的政策效应及分享方案设计——基于数值模拟[J].财贸研究,2020,31(06):68-84.

[167] 唐明,席馨.消费税下划地方央地收入分享机制构建研究[J].中央财经大学学报,2023(03):13-30.

[168] 陶立新.消费税效应与供求弹性之间关系的数学推理[J].企业经济,1990(02):29-31.

[169] 田蓉,王星颖,闫鸿鹏.消费税改革对地方财政收入的影响——基于数值模拟与量化分析[J].财政科学,2023(06):34-49.

[170] 田效先.我国消费税现存问题及改革思路探讨[J].地方财政研究,2017(11):88-91,98.

[171] 田志伟,汪豫.中国税制的居民收入分配效应研究[J].国际税收,2020(07):12-17.

［172］田志伟 . 中国五大税种的收入再分配效应研究 ［J］. 现代财经（天津财经大学学报），2015，35（08）：33－43.

［173］童锦治，苏国灿，刘欣陶 . 我国消费税的收入再分配效应分析 ［J］. 税务研究，2017（01）：15－21.

［174］［美］托斯丹·邦德·范伯伦 . 有闲阶级论——关于制度的经济研究 ［M］. 蔡受百，译 . 北京：商务印书馆，1964（2005重印）.

［175］万莹 . 我国流转税收入分配效应的实证分析 ［J］. 当代财经，2012（07）：21－30.

［176］万莹，徐崇波 . 成品油消费税税率和税负水平的国际比较研究 ［J］. 当代财经，2016（02）：43－51.

［177］万莹，徐崇波 . 我国消费税收入分配效应再研究 ［J］. 税务研究，2020（01）：50－56.

［178］汪昊，娄峰 . 中国间接税归宿：作用机制与税负测算 ［J］. 世界经济，2017，40（09）：123－146.

［179］王国忠，刘骏民 . 经济行为研究的理性与非理性前提——经济学研究范式的演变及其在当代的整合 ［J］. 天津社会科学，2004（05）：85－89，93.

［180］王洪军 . 唐代的茶叶产量、贸易、税茶与榷茶——唐代茶业史研究之二 ［J］. 齐鲁学刊，1989（02）：43－49.

［181］王慧 . 减税降费背景下消费税征收环节后移的改革研究 ［J］. 中国管理信息化，2022，25（24）：151－153.

［182］王金霞，王佳莹 . 新时代消费税职能定位的思考 ［J］. 税务研究，2018（10）：93－97.

［183］王绿荫 . 消费税税负分配与经济税源的适应性研究 ［J］. 地方财政研究，2022（07）：86－95.

［184］王文甫，刘亚玲 . 消费税征收环节后移改革的品目范围研究 ［J］. 税务研究，2021（04）：70－76.

［185］王德祥，赵婷 . 我国间接税对城乡居民收入分配的效应分析 ［J］. 审计与经济研究，2016，31（02）：100－110.

[186] 王延才. 中国白酒行业发展报告 [J]. 酿酒科技, 2001 (05): 17-20.

[187] 王赟杰, 郭敏. 消费税功能测评与改革思路探究 [J]. 财会通讯, 2020 (10): 150-153.

[188] 王泽宇, 郑榕. 时间偏好不一致与健康税理论逻辑——基于现时偏误的实验研究 [J]. 经济问题, 2024 (05): 83-88.

[189] 危素玉, 游唐倩. 消费税征税环节后移改革的相关问题探讨 [J]. 西部财会, 2023 (06): 21-24.

[190] 文化娱乐税条例 [J]. 中华人民共和国国务院公报, 1956 (18): 417-419.

[191] 文化娱乐税条例施行细则 [J]. 中华人民共和国国务院公报, 1956 (18): 419-422.

[192] 吴清泉. 税制改革与产业结构调整 [J]. 发展研究, 2002 (06): 27-29.

[193] 吴勇毅. 消费税大调整, 白酒行业或在洗牌中重生 [J]. 酿酒, 2009, 36 (05): 17-19.

[194] 伍红, 王昊. "双碳"目标下的我国消费税优化——基于节能减排视角的分析 [J]. 税务研究, 2023 (02): 45-50.

[195] 武亚军, 宣晓伟. 环境税经济理论及对中国的应用分析 [M]. 北京: 经济科学出版社, 2002.

[196] [英] 锡德里克·桑福德 (邓力平, 杨灿明, 许建国等译). 成功税制改革的经验与问题 (2、3、4卷) [M]. 北京: 中国人民大学出版社, 2001.

[197] 习近平著作选读 (第一卷) [M]. 北京: 人民出版社, 2023.

[198] 习近平著作选读 (第二卷) [M]. 北京: 人民出版社, 2023.

[199] 项怀诚. 十三年来国家财政改革与发展回顾 [J]. 中国党政干部论坛, 2002 (11): 3-8.

[200] 谢芬芳. 基于收入功能的消费税改革研究 [J]. 经济研究导刊, 2020 (32): 120-122.

[201] 谢贞发，夏宁潞，吴惠萍．消费税向地方税转型的改革研究 [J]．税务研究，2020（06）：56－63.

[202] 邢树东．税收弹性：基于中国数据的实证分析 [M]．北京：经济科学出版社，2011.

[203] 徐春秀，顾建平．微观经济学 [M]．北京：中国财政经济出版社，2004.

[204] 徐进．论商品税对个人收入分配的调节作用 [J]．当代经济研究，2006（12）：51－54.

[205] 许建标．我国消费税改革"四大热点"问题辨析 [J]．税务研究，2018（07）：42－47.

[206] 许建国，蒋晓慧．西方税收思想 [M]．北京：中国财政经济出版社，1996.

[207] 薛肖艳．对一次性消费品征收消费税的探讨 [J]．商场现代化，2023（18）：4－6.

[208] 闫海，肖虎．含糖饮料征税的正当性、全球经验与制度设计 [J]．税收经济研究，2021，26（05）：1－5.

[209] 杨珊，杜亮．减税降费背景下消费税制改革——基于地方财政的可持续发展 [J]．湖南财政经济学院学报，2023，39（04）：5－13.

[210] 杨世能．消费税本质追溯、功能检思与边界探讨 [J]．地方财政研究，2018（09）：25－33.

[211] 杨晓妹，唐金萍，王有兴．消费税改革与地方财力均衡——基于后移征收环节与调整收入划分的双重视角分析 [J]．财政研究，2020（10）：89－101.

[212] 杨杨，杜剑，束磊．我国间接税与收入分配公平关系的实证分析 [J]．税务与经济，2012（05）：66－72.

[213] 杨志勇．消费税制改革趋势与地方税体系的完善 [J]．国际税收，2014（03）：6－11.

[214] 姚敏．消费税扩围至高档娱乐服务的理论检视与实施路径——基于税法基本原则的探讨 [J]．财政监督，2019（08）：26－31.

［215］要客研究院.《2023 中国奢侈品报告》［EB/OL］.（2024 - 02 - 23）［2024 - 04 - 14］.https：//www. yaok. com/news/shownews. php? id = 186.

［216］叶晨.消费税改革对地方财力均衡的影响分析［J］.北方经贸，2023（05）：44 - 47.

［217］叶金育，顾德瑞.消费税法上的"应税消费"——兼论消费税立法中的税目体系构造［J］.地方立法研究，2019，4（05）：1 - 22.

［218］叶青.酒与税［J］.税收征纳，2022（10）：33 - 35.

［219］易丹辉.数据分析与 Eviews 应用［M］.北京：中国人民大学出版社，2009.

［220］尹磊，王晓.我国消费税制度优化探析［J］.税务研究，2023（02）：51 - 56.

［221］尹音频，张莹.消费税能够担当地方税主体税种吗？［J］.税务研究，2014（05）：27 - 31.

［222］于佳曦，刘林林.对一次性消费品征收消费税的探讨［J］.税务研究，2020（01）：64 - 68.

［223］袁红兵.消费税主导效应拓展及其制度创新［J］.江西社会科学，2014，34（03）：63 - 67.

［224］袁明.消费税与"双碳"目标耦合的功能选择及规范调适［J］.福州大学学报（哲学社会科学版），2023，37（06）：94 - 103.

［225］［美］约翰·伊特韦尔，皮特·纽曼，默里·米尔盖特，等.新帕尔格雷夫经济学大辞典［M］.北京：经济科学出版社，1996.

［226］岳瑾明.民国初期北洋政府盐税体制改革浅析［J］.党史博采（理论），2017（05）：41 - 44.

［227］岳希明，张斌，徐静.中国税制的收入分配效应测度［J］.中国社会科学，2014（06）：96 - 117，208.

［228］岳树民，薄彦婷.消费税与绿色创新——基于我国上市公司的经验证据［J］.国际税收，2023（05）：39 - 50.

［229］云酒团队.白酒从量计税 20 年：五毛钱带来的巨变［J］.

企业观察家，2021（05）：60-63.

［230］政务院．特种消费行为税暂行条例［J］．山东政报，1951（01）：100-101.

［231］曾康华．当代西方税收理论与税制改革研究［M］．北京：中国税务出版社，2011.

［232］曾康华．计量财税建模与应用［M］．北京：清华大学出版社，2014.

［233］曾庆宾，何志静．税制改革与产业结构优化［J］．暨南学报（哲学社会科学版），2005（03）：20-22，29-137.

［234］曾仰丰．中国盐政史［M］．上海：东方出版中心，2020.

［235］张斌．税收制度与收入再分配［J］．税务研究，2006（08）：18-22.

［236］张桔．奢侈性服务征收消费税在法律中的可行性分析［J］．法制博览，2023（18）：34-37.

［237］张伦俊．税收与经济增长关系的数量分析［M］．北京：中国经济出版社，2006.

［238］张守文．论税法上的"可税性"［J］．法学家，2000（05）：12-19，129.

［239］张树山．消费税实务［M］．北京：中国财政经济出版社，1998.

［240］张学诞．基于共享税视角下我国消费税制度改革的思考［J］．国际税收，2018（11）：54-57.

［241］张学诞，许文，梁季等．消费税改革研究：基于共享税的考虑［J］．财政科学，2017（12）：66-89.

［242］张阳．中国流转税税负归宿分析［J］．财经论丛，2008（05）：28-33.

［243］张德勇．加快构建新发展格局的消费税改革探讨［J］．税务研究，2021（04）：64-69.

［244］赵艾凤，马骁．消费税对城镇居民收入差距的调节效果分析

[J]. 税务研究, 2017 (05): 23 - 28.

[245] 赵海益. 小汽车消费税征收环节后移研究 [J]. 税务研究, 2023 (02): 57 - 61.

[246] 赵吉祥. 消费税改为中央地方共享税的思考 [J]. 江苏商论, 2022 (10): 16 - 19.

[247] 赵亮. 我国征收宠物消费税的法律思考 [J]. 经济师, 2014 (03): 93 - 94.

[248] 郑涵, 汤贡亮. 从消费税职能定位看营改增全面实施后的消费税改革 [J]. 税务研究, 2017 (01): 28 - 32.

[249] 郑家驹. 消费税理论探源 [J]. 中央财政金融学院学报, 1995 (02): 58 - 59.

[250] 郑榕, 崔凤. "健康中国 2030" 控烟目标的实现与烟草消费税改革路径 [J]. 国际税收, 2022 (09): 57 - 64.

[251] 《中华民国工商税收史》编委会. 中华民国工商税收史: 货物税卷 [M]. 北京: 中国财政经济出版社, 2000.

[252] 《中华民国工商税收史》编委会. 中华民国工商税收史 (盐税卷) [M]. 北京: 中国财政经济出版社, 1999.

[253] 《中华民国工商税收史》编委会. 中华民国工商税收史: 中华民国工商税史纲 [M]. 北京: 中国财政经济出版社, 2000.

[254] 中华人民共和国中央人民政府网站. 习近平在第七十五届联合国大会一般性辩论上发表重要讲话 [EB/OL]. (2020 - 09 - 22) [2024 - 04 - 14]. https://www. gov. cn/xinwen/2020 - 09/22/content_ 5546168. htm.

[255] 中新社. 稳定信心 中国不断改善税收营商环境 [EB/OL]. (2023 - 06 - 15) [2024 - 03 - 03] https://www. chinatax. gov. cn/china- tax/n810219/n810780/c5205375/content. html.

[256] 中信保诚人寿「传家」·胡润百富 2023 中国高净值家庭现金流管理报告 [EB/OL]. (2023 - 12 - 21) [2024 - 04 - 14]. https:// www. hurun. net/zh - CN/reports/Detail? num = UOWEX75XEWUP.

［257］中央人民政府网. 国务院关于印发实施更大规模减税降费后调整中央与地方收入划分改革推进方案的通知［EB/OL］.（2019 - 09 - 26）［2024 - 04 - 20］. https：//www. gov. cn/gongbao/content/2019/content_5442267. htm.

［258］中央人民政府网. 国务院批转发展改革委等部门关于深化收入分配制度改革若干意见的通知（国发〔2013〕6 号）［EB/OL］.（2013 - 02 - 04）［2024 - 04 - 14］. https：//www. gov. cn/zhengce/content/2013 - 02/04/content_1624. htm.

［259］中央人民政府网站. 关于促进消费扩容提质加快形成强大国内市场的实施意见（发改就业〔2020〕293 号）［EB/OL］.（2020 - 02 - 28）［2024 - 04 - 04］. https：//www. gov. cn/zhengce/zhengceku/2020 - 03/13/content_5490797. htm.

［260］中央人民政府网. 中共中央关于全面深化改革若干重大问题的决定［EB/OL］.（2013 - 11 - 15）［2024 - 04 - 20］. https：//www. gov. cn/zhengce/2013 - 11/15/content_5407874. htm.

［261］中央人民政府网. 中共中央关于制定国民经济和社会发展第十三个五年规划的建议［EB/OL］.（2015 - 11 - 03）［2024 - 04 - 20］. https：//www. gov. cn/xinwen/2015 - 11/03/content_2959432. htm.

［262］中央人民政府网. 中华人民共和国国民经济和社会发展第十四个五年规划和 2035 年远景目标纲要［EB/OL］.（2021 - 03 - 13）［2024 - 04 - 20］. https：//www. gov. cn/xinwen/2021 - 03/13/content_5592681. htm.

［263］中央人民政府网. 中共中央关于制定国民经济和社会发展第十四个五年规划和二〇三五年远景目标的建议［EB/OL］.（2020 - 11 - 03）［2024 - 04 - 20］. https：//www. gov. cn/zhengce/2020 - 11/03/content_5556991. htm.

［264］中央人民政府网. 中国共产党第十九届中央委员会第五次全体会议公报［EB/OL］.（2020 - 10 - 29）［2024 - 04 - 20］. https：//www. gov. cn/xinwen/2020 - 10/29/content_5555877. htm.

［265］中央人民政府网.中华人民共和国国民经济和社会发展第十三个五年规划纲要［EB/OL］.（2016－03－17）［2024－04－20］. https：//www. gov. cn/xinwen/2016－03/17/content_5054992. htm? url_type＝39&object_type＝webpage&pos＝1&wd＝&eqid＝d711305a0036394400000006656dba97.

［266］周波，李玉琦.中国消费税职能定位及改革策略研究［J］.财经问题研究，2021（09）：83－92.

［267］周波，王健.我国消费税征收环节后移相关问题研究［J］.税务研究，2021（09）：32－36.

［268］周传飞.消费税征收环节调整的分析及建议［J］.湖南税务高等专科学校学报，2023，36（02）：60－63.

［269］朱福兴.消费税归宿的均衡分析及启示——从税收负担归宿的均衡分析谈消费税改革［J］.苏州市职业大学学报，2003（04）：17－20.

［270］朱军，邹韬略，张敬亭.中国未来消费税制改革的经济效应与政策选择［J］.经济与管理评论，2022，38（03）：67－75.

［271］朱为群，陆施予.我国奢侈品消费税改革探讨［J］.税务研究，2018（07）：28－34.

［272］朱为群.消费课税的经济分析［M］.上海：上海财经大学出版社，2001.

［273］Agaku I T, Egbe C O, Ayo－Yusuf O A. Potential revenue from taxing e-cigarettes and comparison of annual costs of daily e-cigarette use versus daily cigarette smoking among South African adults［J］. Tobacco Induced Diseases, 2021.

［274］Alshamleh O, Jenkins G P, Ekici T. Excise tax incidence：the inequity of taxing obesity and beauty［J］. Applied Economics, 2023：1－13.

［275］Anderson S P, De Palma A, Kreider B. Tax incidence in differentiated product oligopoly［J］. Journal of Public Economics, 2001, 81（2）：173－192.

［276］ Anderson S P, De Palma A, Kreider B. The efficiency of indirect taxes under imperfect competition ［J］. Journal of Public Economics, 2001, 81 （2）: 231 −251.

［277］ Ataguba J E O. Alcohol policy and taxation in South Africa: an examination of the economic burden of alcohol tax ［J］. Applied Health Economics and Health Policy, 2012, 10: 65 −76.

［278］ Atkinson A B, Stiglitz J E. The Design of Tax Structure: Direct Versus Indirect Taxation ［J］. Journal of Public Economics, 1976, 6 （1 − 2）: 55 −75.

［279］ Belgium: 2021. Available at: https: //www. diabetesatlas. org ［EB/OL］. ［2024 − 04 − 17］. https: //diabetesatlas. org/data/en/indicators/1/.

［280］ Carbonnier C. Who pays sales taxes? Evidence from French VAT reforms, 1987 − 1999 ［J］. Journal of Public Economics, 2007, 91 （5 − 6）: 1219 −1229.

［281］ Chouinard H, Perloff J M. Incidence of federal and state gasoline taxes ［J］. Economics Letters, 2004, 83 （1）: 55 −60.

［282］ Colman G J, Remler D K. Vertical equity consequences of very high cigarette tax increases: if the poor are the ones smoking, how could cigarette tax increases be progressive? ［J］. Journal of Policy Analysis and Management: The Journal of the Association for Public Policy Analysis and Management, 2008, 27 （2）: 376 −400.

［283］ Datta A. The incidence of fuel taxation in India ［J］. Energy Economics, 2010, 32: S26 −S33.

［284］ Falbe J. The ethics of excise taxes on sugar-sweetened beverages ［J］. Physiology & Behavior, 2020, 225: 113105.

［285］ Fletcher J M, Frisvold D, Tefft N. Can soft drink taxes reduce population weight? ［J］. Contemporary Economic Policy, 2010, 28 （1）: 23 −35.

［286］ Fullerton D, Metcalf G E. Tax incidence ［J］. Handbook of Public Economics, 2002, 4: 1787-1872.

［287］ Gentry W M, Hubbard R G. Distributional implications of introducing a broad-based consumption tax ［J］. Tax Policy and the Economy, 1997, 11: 1-47.

［288］ Goldin J, Homonoff T. Smoke gets in your eyes: cigarette tax salience and regressivity ［J］. American Economic Journal: Economic Policy, 2013, 5 (1): 302-336.

［289］ Gruber J, Köszegi B. Tax incidence when individuals are time-inconsistent: the case of cigarette excise taxes ［J］. Journal of Public Economics, 2004, 88 (9-10): 1959-1987.

［290］ Hambali M L. The Urgency of Sugar Sweetened Beverages Excise Policy: A Literature Study for Implementation in Indonesia ［J］. Bisnis & Birokrasi: Jurnal Ilmu Administrasi dan Organisasi, 2022, 29 (1): 19-31.

［291］ Harberger A C. The incidence of the corporation income tax ［J］. Journal of Political Economy, 1962, 70 (3): 215-240.

［292］ Hofman K J, Stacey N, Swart E C, et al. South Africa's Health Promotion Levy: Excise tax findings and equity potential ［J］. Obesity Reviews, 2021, 22 (9): e13301.

［293］ Hryszko K, Szajner P. Economic Effects of Changes in the Excise Tax on Tobacco Products in Poland ［J］. Zagadnienia Ekonomiki Rolnej, 2023, 375 (2): 22-50.

［294］ Kakwani N C. Measurement of Tax Progressivity: an International Comparison ［J］. The Economic Journal, 1977, 87 (345): 71-80.

［295］ Lluch C. The extended linear expenditure system ［J］. European Economic Review, 1973, 4 (1): 21-32.

［296］ Loomis J B, Revier C F. Measuring regressivity of excise taxes: a buyers index ［J］. Public Finance Quarterly, 1988, 16 (3): 301-314.

［297］ Madden D. An analysis of indirect tax reform in Ireland in the

1980s [J]. Fiscal Studies, 1995, 16 (1): 18 – 37.

[298] Mansour M, Petit P, Sawadogo F. How To Design Excise Taxes on Alcoholic Beverages [J]. IMF How To Notes, 2023, 2023 (004).

[299] Manthey, Jakob, et al. "The Impact of Raising Alcohol Taxes on Government Tax Revenue: Insights from Five European Countries. " Applied Health Economics and Health Policy (2024): 1 – 12.

[300] Michael J. Moore. Death and Tobacco Taxes [J]. The RAND Journal of Economics, 1996, 27 (2): 415 – 428.

[301] Musgrave R A, Thin T. Income tax progression, 1929 – 48 [J]. Journal of Political Economy, 1948, 56 (6): 498 – 514.

[302] OECD (2022), Consumption Tax Trends 2022: VAT/GST and Excise, Core Design Features and Trends, OECD Publishing, Paris, [M/OL]. (2022 – 11 – 30) [2024 – 02 – 08]. https://doi. org/10. 1787/6525a942 – en.

[303] Porter M E, Linde C. Toward a new conception of the environment-competitiveness relationship [J] . Journal of Economic Perspectives, 1995, 9 (4): 97 – 118.

[304] Poterba J M. Lifetime incidence and the distributional burden of excise taxes [J]. American Economic Review, 1989, 79 (2): 325 – 330.

[305] Rajemison H, Haggblade S, Younger S D. Indirect tax incidence in Madagascar: updated estimates using the input-output table [J]. Cornell Food and Nutrition Policy Program Working Paper, 2003 (147).

[306] Rock S M. Measurement of Tax Progressivity: Application [J]. Public Finance Quarterly, 1983, 11 (1): 109 – 120.

[307] Rovira P, Kilian C, Neufeld M, et al. Fewer cancer cases in 4 countries of the WHO European region in 2018 through increased alcohol excise taxation: a modelling study [J]. European Addiction Research, 2021, 27 (3): 189 – 197.

[308] Saez E. Direct or indirect tax instruments for redistribution:

short-run versus long-run [J]. Journal of Public Economics, 2004, 88 (3 – 4): 503 – 518.

[309] Scutella R. The final incidence of Australian indirect taxes [J]. Australian Economic Review, 1999, 32 (4): 349 – 368.

[310] Sipes K N, Mendelsohn R. The effectiveness of gasoline taxation to manage air pollution [J]. Ecological Economics, 2001, 36 (2): 299 – 309.

[311] Sterner T. Fuel taxes: An important instrument for climate policy [J]. Energy Policy, 2007, 35 (6): 3194 – 3202.

[312] Suits D B. Measurement of tax progressivity [J]. The American Economic Review, 1977, 67 (4): 747 – 752.

[313] Teng A, Snowdon W, Tin S T W, et al. Progress in the Pacific on sugar-sweetened beverage taxes: a systematic review of policy changes from 2000 to 2019 [J]. Australian and New Zealand Journal of Public Health, 2021, 45 (4): 376 – 384.

[314] The WorldBank. Global SSB Tax Database [DB/OL]. (2023 – 11 – 01) [2024 – 04 – 17]. https://datacatalog. worldbank. org/search/dataset/0063310.

[315] WHO manual on sugar-sweetened beverage taxation policies to promote healthy diets. (2022 – 12 – 13) [2024 – 04 – 14]. https://www. who. int/publications/i/item/9789240056299.

[316] Wilson Prichard. What Might an Agenda for Equitable Taxation Look Like? [J]//Working Papers 13822, Institute of Development Studies, International Centre for Tax and Development, 2018.

[317] World Health Organization. Fiscal policies for diet and prevention of noncommunicable diseases: technical meeting report, 5 – 6 May 2015, Geneva, Switzerland [M /OL]. (2016 – 09 – 19) [2024 – 04 – 14]. https://iris. who. int/handle/10665/250131.

[318] World Health Organization. (2010). WHO technical manual on

tobacco tax administration. World Health Organization [M/OL]. (2012 – 06 – 16) [2024 – 04 – 14]. https：//iris. who. int/handle/10665/44316.

[319] World Health Organization. World health statistics 2022：monitoring health for the SDGs, sustainable development goals [M /OL]. (2022 – 05 – 19) [2024 – 04 – 14]. https：//www. wlo. int/publications/i/item/ 9789240051157.

[320] World health statistics 2023：monitoring health for the SDGs, sustainable development goals [M /OL]. (2023 – 05 – 19) [2024 – 04 – 14]. https：//www. who. int/publications/i/item/9789240074323.

[321] Younger S D, Sahn D E, Haggblade S, et al. Tax incidence in Madagascar：an analysis using household data [J]. The World Bank Economic Review, 1999, 13 (2)：303 – 331.

[322] Zasimova L, Kolosnitsyna M. Exploring the relationship between drinking preferences and recorded and unrecorded alcohol consumption in Russian regions in 2010 – 2016 [J]. International Journal of Drug Policy, 2020, 82：102810.

[323] Zhong Y, Auchincloss A H, Lee B K, et al. The short-term impacts of the Philadelphia beverage tax on beverage consumption [J]. American Journal of Preventive Medicine, 2018, 55 (1)：26 – 34.

附　　录

附录一　我国现行消费税税目税率表

税目	税率		
	生产（进口）环节	批发环节	零售环节
一、烟			
1. 卷烟			
（1）甲类卷烟	56% 加 0.003 元/支	11% 加 0.005 元/支	
（2）乙类卷烟	36% 加 0.003 元/支		
2. 雪茄烟	36%		
3. 烟丝	30%		
4. 电子烟	36%	11%	
二、酒			
1. 白酒	20% 加 0.5 元/500 克（或者 500 毫升）		
2. 黄酒	240 元/吨		
3. 啤酒			
（1）甲类啤酒	250 元/吨		
（2）乙类啤酒	220 元/吨		
4. 其他酒	10%		
三、高档化妆品	15%		
四、贵重首饰及珠宝玉石			
1. 金银首饰、铂金首饰和钻石及钻石饰品			5%
2. 其他贵重首饰和珠宝玉石	10%		
五、鞭炮焰火	15%		
六、成品油			
1. 汽油	1.52 元/升		

税目	税率		
	生产（进口）环节	批发环节	零售环节
2. 柴油	1.2 元/升		
3. 航空煤油	1.2 元/升		
4. 石脑油	1.52 元/升		
5. 溶剂油	1.52 元/升		
6. 润滑油	1.52 元/升		
7. 燃料油	1.2 元/升		
七、摩托车			
1. 气缸容量 250 毫升	3%		
2. 气缸容量在 250 毫升（不含）以上的	10%		
八、小汽车			
1. 乘用车（按发动机气缸容量（排气量）分档设定税率）			
（1）气缸容量≤1.0 升	1%		
（2）1.0 升＜气缸容量≤1.5 升	3%		
（3）1.5 升＜气缸容量≤2.0 升	5%		
（4）2.0 升＜气缸容量≤2.5 升	9%		
（5）2.5 升＜气缸容量≤3.0 升	12%		
（6）3.0 升＜气缸容量≤4.0 升	25%		
（7）4.0 升＜气缸容量	40%		
2. 中轻型商用客车	5%		
3. 超豪华小汽车	按子税目 1 和子税目 2 的规定征收		10%
九、高尔夫球及球具	10%		
十、高档手表	20%		
十一、游艇	10%		
十二、木制一次性筷子	5%		

税目	税率		
	生产（进口）环节	批发环节	零售环节
十三、实木地板	5%		
十四、电池	4%		
十五、涂料	4%		

注：依据《关于促进消费扩容提质加快形成强大国内市场的实施意见》（发改就业〔2020〕293号），高档手表、贵重首饰和珠宝玉石的消费税由进口环节后移至零售环节征收。

附录二 现行消费税税目注释

税目	注释
一、烟	
1. 卷烟	
（1）甲类卷烟	包括进口卷烟；白包卷烟；手工卷烟。比例税率：每标准条（200支）调拨价（不含增值税）≥70元；定额税率：每标准箱（5万支）
（2）乙类卷烟	比例税率：每标准条（200支）调拨价（不含增值税）＜70元；定额税率：每标准箱（5万支）
2. 雪茄烟	指以晾晒烟为原料或者以晾晒烟和烤烟为原料，用烟叶或卷烟纸、烟草薄片作为烟支内包皮，再用烟叶作为烟支外包皮，经机器或手工卷制而成的烟草制品。包括各种规格、型号的雪茄烟
3. 烟丝	指将烟叶切成丝状、粒状、片状、末状或其他形状，再加入辅料，经过发酵、储存，不经卷制即可供销售吸用的烟草制品。 包括以烟叶为原料加工生产的不经卷制的散装烟，如斗烟、莫合烟、烟末、水烟、黄红烟丝等
4. 电子烟	指用于产生气溶胶供人抽吸等的电子传输系统，包括烟弹、烟具以及烟弹与烟具组合销售的电子烟产品。烟弹是指含有雾化物的电子烟组件。烟具是指将雾化物雾化为可吸入气溶胶的电子装置
二、酒	
1. 白酒	按定额税率计税时，体积重量换算标准为500毫升换算为1斤，不按酒精度折算。 用甜菜酿制的白酒比照薯类白酒征税

税目	注释
2. 黄酒	包括各种原料酿制的黄酒和酒精度≥12度的土甜酒；1吨=962升
3. 啤酒	包括包装和散装的啤酒以及饮食业、商业、娱乐业举办的啤酒屋（啤酒坊）自酿的啤酒；计量单位换算标准为1吨=988升，无醇啤酒比照啤酒征税
（1）甲类啤酒	每吨出厂价（含包装物及包装物押金）≥3000元（不含增值税）适用250元/吨
（2）乙类啤酒	每吨出厂价（含包装物及包装物押金）<3000元的适用220元/吨
4. 其他酒	包括粮糠麸白酒，其他原料白酒、土甜酒、复制酒、果木酒、汽酒、药酒；用稗子酿制的白酒比照糠麸酒征税
三、高档化妆品	包括①高档美容；②修饰类化妆品；③高档护肤类化妆品；④成套化妆品销售价格或进口完税价格（不含增值税）在10元/毫升（克）或15元/片（张）及以上的为高档美容、修饰类化妆品和高档护肤类化妆品
四、贵重首饰及珠宝玉石	
1. 金银首饰、铂金首饰和钻石及钻石饰品	金、银首饰、金银合金首饰（是指金基、银基合金首饰）和金银镶嵌首饰（是指镶嵌金、银和金基、银基合金的首饰） 钻石（含钻石毛坯和未镶嵌成品钻石；在零售环节征收消费税）
2. 其他贵重首饰和珠宝玉石	包括各种珠宝首饰和经采掘打磨、加工的各种珠宝玉石
五、鞭炮焰火	不含体育上用的发令纸，鞭炮药引线
六、成品油	
1. 汽油	计量单位换算标准为1吨=1388升
2. 柴油	计量单位换算标准为1吨=1176升
3. 航空煤油	计量单位换算标准为1吨=1246升，现暂缓征收消费税
4. 石脑油	计量单位换算标准为1吨=1385升

税目	注释
5. 溶剂油	计量单位换算标准为 1 吨 = 1282 升
6. 润滑油	计量单位换算标准为 1 吨 = 1126 升
7. 燃料油	计量单位换算标准为 1 吨 = 1015 升
七、摩托车	
	1. 发动机气缸容量 250 毫升
	2. 发动机气缸容量在 250 毫升（不含）以上的
八、小汽车	电动汽车不属于本税目征收范围
1. 乘用车	含驾驶员座位≤9 座
	（1）发动机气缸容量（排气量，下同）在 1.0 升（含 1.0 升）以下的
	（2）发动机气缸容量在 1.0 升以上至 1.5 升（含 1.5 升）的
	（3）发动机气缸容量在 1.5 升以上至 2.0 升（含 2.0 升）的
	（4）发动机气缸容量在 2.0 升以上至 2.5 升（含 2.5 升）的
	（5）发动机气缸容量在 2.5 升以上至 3.0 升（含 3.0 升）的
	（6）发动机气缸容量在 3.0 升以上至 4.0 升（含 4.0 升）的
	（7）发动机气缸容量在 4.0 升以上的
2. 中轻型商用客车	10 座≤含驾驶员座位在内≤23 座（不含车身长度≥7 米的商用客车）
3. 超豪华小汽车	每辆零售价格 130 万元（不含增值税）及以上的乘用车和中轻型商用客车
九、高尔夫球及球具	①高尔夫球；②高尔夫球杆（含球杆的杆头、杆身和握把）；③高尔夫球包（袋）
十、高档手表	高档手表指销售价格（不含增值税）每只在一万元（含）以上的各类手表
十一、游艇	8 米≤艇身长度≤90 米，有发动机、可水上漂浮移动，主要用于水上运动和休闲娱乐等非牟利活动的各类机动艇

税目	注释
十二、木制一次性筷子	又称卫生筷子；未经打磨、倒角的木制一次性筷子属于本税目征税范围
十三、实木地板	包括①实木地板；②实木指接地板；③实木复合地板；此外还包含用于装饰墙壁、天棚的侧端面为榫、槽的实木装饰板和未经涂饰的素板
十四、电池	范围包括：原电池、蓄电池、燃料电池、太阳能电池和其他电池 免税电池有：①无汞原电池；②金属氢化物镍蓄电池（又称"氢镍蓄电池"或"镍氢蓄电池"）；③锂原电池；④锂离子蓄电池；⑤太阳能电池；⑥燃料电池；⑦全钒液流电池
十五、涂料	指涂于物体表面能形成具有保护、装饰或特殊性能的固态涂膜的一类液体或固体材料之总称

资料来源：据《中华人民共和国消费税暂行条例》《中华人民共和国消费税暂行条例实施细则》《财政部国家税务总局关于调整和完善消费税政策的通知》等资料整理。

附录三　党的 "十八大" 以来关于我国税制改革相关政策

党的会议或文件	时间	内容
党的十八大	2012 年 11 月 8 日	加快改革财税体制，健全中央和地方财力与事权相匹配的体制，完善促进基本公共服务均等化和主体功能区建设的公共财政体系，构建地方税体系，形成有利于结构优化、社会公平的税收制度①
《国务院批转发展改革委等部门关于深化收入分配制度改革若干意见的通知》	2013 年 2 月 3 日	合理调整部分消费税的税目和税率，将部分高档娱乐消费和高档奢侈消费品纳入征收范围

党的会议或文件	时间	内容
党的十八届三中全会	2013 年 11 月 12 日	完善立法、明确事权、改革税制、稳定税负、透明预算、提高效率,建立现代财政制度,发挥中央和地方两个积极性。要改进预算管理制度,完善税收制度,建立事权和支出责任相适应的制度
中共中央关于全面深化改革若干重大问题的决定	2013 年 11 月 12 日	调整消费税征收范围、环节、税率,把高耗能、高污染产品及部分高档消费品纳入征收范围②
党的十八届五中全会	2015 年 10 月 29 日	建立健全现代财政制度、税收制度
中华人民共和国国民经济和社会发展第十三个五年规划纲要	2016 年 3 月 17 日	完善消费税制度。将一些高档消费品和高消费行为纳入消费税征收范围③
党的十九大	2017 年 10 月 18 日	健全以税收、社会保障、转移支付等为主要手段的再分配调节机制,强化税收调节,完善直接税制度并逐步提高其比重
《国务院关于印发实施更大规模减税降费后调整中央与地方收入划分改革推进方案的通知》	2019 年 9 月 26 日	后移消费税征收环节并稳步下划地方。按照健全地方税体系改革要求,在征管可控的前提下,将部分在生产(进口)环节征收的现行消费税品目逐步后移至批发或零售环节征收,拓展地方收入来源,引导地方改善消费环境。先对高档手表、贵重首饰和珠宝玉石等条件成熟的品目实施改革,再结合消费税立法对其他具备条件的品目实施改革试点。改革调整的存量部分核定基数,由地方上解中央,增量部分原则上将归属地方,确保中央与地方既有财力格局稳定。具体办法由财政部会同税务总局等部门研究制定④
党的十九届五中全会	2020 年 10 月 29 日	建立现代财税金融体制⑤
中华人民共和国国民经济和社会发展第十四个五年规划和 2035 年远景目标纲要	2021 年 3 月 12 日	调整优化消费税征收范围和税率,推进征收环节后移并稳步下划地方⑥

续表

党的会议或文件	时间	内容
党的二十大	2022 年 10 月 16 日	健全现代预算制度，优化税制结构，完善财政转移支付体系⑦

注：①胡锦涛．坚定不移沿着中国特色社会主义道路前进　为全面建成小康社会而奋斗（中国共产党第十八次全国代表大会上的报告）［EB/OL］.（2012－11－17）［2024－04－08］. https：//www. 12371. cn/2012/11/17/ARTI1353154601465336_all. shtml.

②中央人民政府网．中共中央关于全面深化改革若干重大问题的决定［EB/OL］.（2013－11－15）［2024－04－20］. https：//www. gov. cn/zhengce/2013－11/15/content_5407874. htm.

③中央人民政府网．中华人民共和国国民经济和社会发展第十三个五年规划纲要［EB/OL］.（2016－03－17）［2024－04－20］. https：//www. gov. cn/xinwen/2016－03/17/content_5054992. htm? url _ type ＝ 39&object _ type ＝ webpage&pos ＝ 1&wd ＝ &eqid ＝ d711305a0036394400000006656dba97.

④中央人民政府网．国务院关于印发实施更大规模减税降费后调整中央与地方收入划分改革推进方案的通知［EB/OL］.（2019－09－26）［2024－04－20］. https：//www. gov. cn/gongbao/content/2019/content_5442267. htm.

⑤中央人民政府网．中国共产党第十九届中央委员会第五次全体会议公报［EB/OL］.（2020－10－29）［2024－04－20］. https：//www. gov. cn/xinwen/2020－10/29/content_5555877. htm.

⑥中央人民政府网．中华人民共和国国民经济和社会发展第十四个五年规划和 2035 年远景目标纲要［EB/OL］.（2021－03－13）［2024－04－20］. https：//www. gov. cn/xinwen/2021－03/13/content_5592681. htm.

⑦习近平著作选读（第一卷）［M］. 北京：人民出版社，2023：24.